政府、銀行和房地產的合作與衝突

基於動態博弈視角的房價調控均衡政策探索研究

劉 暢 著

目　錄

第一章　全球房價調控政策整理與總結 / 1

　第一節　房地產市場價格決定及影響因素 / 1

　第二節　中國房地產發展歷史及歷年房價調控政策 / 10

　　　一、中國房地產發展的歷史階段 / 10

　　　二、中國房價調控政策 / 13

　第三節　國外歷年房價調控政策 / 17

　　　一、美國 / 17

　　　二、英國 / 18

　　　三、德國 / 19

　　　四、法國 / 20

　　　五、日本 / 22

　　　六、其他典型國家 / 22

　　　七、結論 / 27

　第四節　總結與分析 / 28

　　　一、房價上漲，福利損失幾何 / 28

　　　二、房價上漲，「天花板」在哪 / 30

第二章　中國房價調控政策評估與績效分析 / 32

　第一節　社會福利、社會成本的測量與估算方式 / 32

　　　一、社會福利因子 / 32

二、成本因子／35

第二節　樓市迷局中某商業銀行住房抵押貸款信用風險實證分析／38

　　一、引言／38

　　二、研究方法／39

　　三、實證分析／42

　　四、結論／46

第三節　基於社會成本干預模型研究的房價調控政策績效評估／47

　　一、引言／47

　　二、文獻綜述／47

　　三、抑制性調控政策對社會成本壓力測試模型構建／48

　　四、實證分析／51

　　五、降低社會成本，提高房價調控政策績效的對策和建議／56

第四節　基於 ARIMA 模型和干預分析的房價調控政策績效再評估／57

　　一、導論／57

　　二、文獻綜述／58

　　三、理論基礎／59

　　四、實證分析／61

　　五、研究結果與分析／63

　　六、結論／65

第五節　中國房地產調控政策靈敏度與情景分析／66

　　一、引言／66

　　二、文獻綜述／67

　　三、理論模型／68

　　四、實證分析／74

　　五、結論及建議／91

第六節　基於經濟結構調整、經濟增長、金融市場穩定視角的「後危機」時代房價調控政策建議與對策 / 91

　　一、引論 / 91

　　二、文獻綜述 / 92

　　三、理論框架 / 94

　　四、實證研究 / 95

　　五、建議與對策 / 105

第三章　政府、銀行、房地產商博弈模式研究 / 107

第一節　政府、銀行、房地產商三方關係研究 / 107

　　一、政府、銀行與房地產商的博弈框架 / 107

　　二、政府、銀行與房地產商的博弈解讀 / 107

　　三、結論 / 109

第二節　博弈類型的研究與決策均衡問題 / 109

　　一、動態博弈文獻綜述 / 109

　　二、博弈類型 / 111

　　三、博弈論的幾個經典模型 / 114

　　四、博弈模型在中國經濟政策制定領域應用研究概述 / 124

第三節　政府、銀行、房地產商博弈模式研究的合理方法 / 133

　　一、問題的提出 / 133

　　二、國內外研究現狀及分析 / 134

　　三、結論 / 138

第四章　房價調控政策博弈行為研究 / 140

第一節　銀行間動態博弈仿真研究 / 140

　　一、引言 / 140

　　二、文獻綜述 / 141

　　三、數學模型和算法 / 142

四、實證結果／152

五、結論／158

第二節 銀行與房地產商之間的博弈研究／158

一、引言／158

二、文獻綜述／160

第三節 模型與算法／162

一、不完全信息動態博弈模型／162

二、概率轉移矩陣估計／170

三、馬爾科夫決策過程與DQN算法／172

四、實證結果／174

五、結論／178

第五章 國內外房價調控政策評價／180

第一節 中國歷年房價調控政策評價／180

第二節 國外歷年房價調控政策評價／181

一、美國／181

二、英國／182

三、德國／182

四、法國／184

五、日本／184

六、其他典型國家／185

第六章 房價調控政策仿真與模擬／188

第一節 政策集合的生成與可行政策集合分析／188

一、橋模型／188

二、人工智能算法／194

第二節 最優可行房價調控政策集合與經濟分析／197

一、第一個橋：從政策到宏觀變量／197

二、第二個橋：建立宏觀因子分別對社會福利和社會成本的影響的

　　　　模型 / 200

　　三、不受限政策模擬 / 201

　　四、受限政策模擬 / 206

　第三節　政策總結 / 209

參考文獻 / 213

附錄 / 222

第一章　全球房價調控政策整理與總結

第一節　房地產市場價格決定及影響因素

　　自從市場化改革以來，中國的房地產市場經歷了不同的發展階段，也隨著經濟的發展不斷走向成熟。房地產市場價格的決定及影響因素有很多，房地產既受到傳統的供給因素的影響，同時由於其自身的特殊性又會受到其他因素的影響：

　　（1）房地產市場價格。房地產市場價格是影響房地產供給的首要因素，因為在成本既定的情況下，市場價格的高低將決定房地產開發企業是否盈利和盈利多少。一般而言，當價格低於某一特定水準，不會有房地產供給；高於這一水準，才會產生房地產供給，而且供應量隨價格的上升而增加，隨價格的降低而減少。

　　（2）土地價格和城市土地的數量。土地價格是房地產成本的重要組成部分，中國城市中目前土地費用占商品房總成本的30%左右。土地價格的提高將提高房地產的開發成本，對此房地產開發商一般會採用兩種可選對策：一是增加容積率，使單位建築面積所含的地價比重下降，消化地價成本的上升，從而有利於增加房地產供應；二是縮小生產規模和放慢開發進度，從而會引起房地產供給的減少。

　　城市房地產的供給能力，在很大程度上取決於能夠供給城市使用的土地數量。一般來說，一個國家經濟發展水準越高，特別是農業生產力水準越高，則可提供給城市使用的土地就越多。換言之，城市土地的供給水準必須與經濟發展，特別是農業發展水準相適應。改革開放以來，中國農業發展迅速，為城市土地的擴大創造了條件。

　　（3）資金供應量和利率。由於房地產的價值量大，開發建設需要投入大

量資金，除自有資本金投入外，還需銀行等金融機構開發貸款的支持。據統計，房地產開發資金中直接和間接來自銀行貸款的金額約占總金額的60%，依存度很高。因此，國家的貨幣政策對房地產供給的影響極大。貨幣供應量緊縮，對企業的開發貸款減少，建設資金緊缺，必然導致房地產供給量下降；反之，貨幣供應量擴張，對企業的開發貸款增加，建設資金充裕，則房地產供給量上升。同時，房地產開發貸款利率的高低也會對房地產供給帶來重大影響，若銀行的貸款利率提高，會增加利息成本，在銷售價格不變的情況下勢必減少利潤，影響開發商積極性，導致供給量減少，反之則相反。所以，銀行的信貸政策是調節房地產供給的重要因素。

（4）稅收政策。稅收是構成房地產開發成本的重要因素，中國目前各種相關稅費占房地產價格的10%~15%。如果實行稅收優惠政策，減免稅收和稅收遞延，就會降低房地產開發成本，使同量資金的房地產實物量的供給增加，會提高開發商盈利水準，從而吸引更多的社會資本從事房地產開發，最終增加房地產的供給量。反之，若增加稅費，則會直接增加房地產開發成本，使同量資金的房地產實物量的供給減少，降低開發商盈利水準，使開發商縮小其投資規模，甚至將資本轉移到其他行業中去，從而導致房地產的供給量減少。

（5）建築材料供應能力和建築能力。建築材料如鋼材、木材、水泥、平板玻璃以及建築陶瓷等，其供應能力是制約房地產開發規模和水準的物質基礎。建築能力包括建築技術水準、裝備水準、管理水準以及建築隊伍的規模等因素，是決定房地產供應水準的直接因素。改革開放以來，中國建材工業和建築業有了長足的發展，技術水準、裝備水準、管理水準及職工隊伍素質都有很大的提高，建築材料供應能力和建築能力基本上已能滿足房地產生產的需要，但近年來也出現建築材料供應緊張的狀況。所以，房地產供給水準也必須與建材的供應能力相適應。

（6）房地產開發商對未來的預期。這種預期包括對國民經濟發展形勢、通貨膨脹率、房地產價格、房地產需求的預期，以及對國家房地產信貸政策、稅收政策和產業政策的預期等，其核心問題是房地產開發商對盈利水準即投資回報率的預期。若預期的投資回報率高，開發商一般會增加房地產投資，從而增加房地產供給；若預期的投資回報率低，開發商一般會縮小房地產投資規模或放慢開發速度，從而會減少房地產供給。

（7）經濟活動與房價。房價和產出缺口可以衡量實際GDP和實際趨勢GDP的百分比差額，能夠暗示房價和經濟週期的轉折點。但有的國家實際房價水準的轉折點慢於經濟週期的轉折點，因為實際房價通常只在經濟週期的峰

頂（谷底）變得消極（積極）。有的國家即使經濟活動放緩，房價也在上升，但這也不意味經濟活動與房價的聯繫減弱。如「9/11」事件之後，股市證券泡沫爆裂造成房價與經濟活動的關係減弱被恐怖活動進一步強化，使得資金從股市轉向了其他資本市場，倒使房市猛漲。因此，實際上可以說房價引導著實體經濟甚至是宏觀經濟的發展。

經濟活動中，通貨緊縮、通貨膨脹、貨幣衝擊都有可能對房價產生重要影響。

理論上貨幣衝擊最初的影響可能是對靈活資產價格產生影響，而靈活資產價格和頑固商品價格或是勞動力價格的結合可能會導致資產價格的「過度調整」。證券市場、銀行市場、金融經濟市場的資產價格和不動產價格緊密相連，兩者相互作用、相互影響。如果這些市場正好一片欣欣向榮，房地產的價格也會受此影響。

（8）個人投資借貸與房價。房價的持久變化影響著家庭感知和終身財富，而家庭感知與終身財富又反過來影響著家庭的消費借款計劃，因為大多數人想在生命週期中平穩消費，更希望自己的資產能夠平穩增值。1995—2000年，大部分發達國家的統計數據顯示，房產在家庭財產中佔有相當大的比例。但從股市崩盤以後，以及2000年來房市暴漲來看，房產在全部家庭金融財產中的重要性進一步增強。人們的期望——租金或是資產升值，就是投資房地產動力的源泉。人們希望投資能夠穩定升值帶來收益。有的家庭可以直接購買投資，有的只能靠按揭或是借貸。而借貸能力與借貸資本家調控價格或是利息上漲也有一定的關係，這取決於當時經濟的結構和抵押借貸市場的結構。這樣，如果房屋所有者為了更多的投資，抬高房屋價格，房價便會上漲。

（9）利率匯率與房價。利率對房地產投資規模的影響主要體現在利率作為投資的機會成本對房地產總投資的影響。在投資收益不變的條件下，利率上升導致投資成本增大，使得投資收益低的投資者退出投資領域，而抑制了房地產投資需求。相反，利率下跌抑制了投資成本，刺激投資需求增長。

利率作為投資活動的槓桿，其變化會影響房地產投資結構的變化。其影響主要通過部門、地區、行業的預期收益率對比關係來體現。利率越高，越集中於期限短、收益高的項目。

利率與兩個團體有關——高端投資者和低端投資者。高端投資者主要是持有自有資金，對利率變化不敏感；而低端投資者的資金來源主要是銀行貸款，對利率的變化更加敏感。

匯率，也稱為匯價，即買賣外匯的價格。一般而言，匯率變動導致短期資

本存放行流動，當然，匯率誘因需要與其他投資誘因結合在一起，才能促使資金的流入。外資企業通常一方面投資房地產公司的股票債券等，對於這方面來說，由於證券市場已經脫離生產活動獨立運行，因此，匯率對房地產市場的影響是間接的。另一方面來炒作房地產本身，房地產的短期投資者會利用一段時間的地產價格或是價格的變動來進行低買高賣的投機操作。在投資期間，如果市場匯率發生變化，投資的實際回報率會更高，加大對房地產的投資，也提高了房價；反之道理相同。

另外對房地產價格的影響因素還有很多，由於篇幅原因我們不一一列舉，比如徐靜和武樂杰（2009）總結了影響房地產價格的十個因素：①成本費用因素，包括土地、建築物建造成本、其他費用。②房地產供求因素，包括住房需求量、房地產開發量等。③經濟因素，包括宏觀經濟狀況、物價狀況、居民收入狀況等。④人口因素，包括人口密度、家庭結構等。⑤社會因素，包括社會治安、城市化水準、消費心理等。⑥行政（政策）因素，包括土地與住房制度、房地產價格政策等。⑦區域因素，包括所處地段的市政基礎設施、交通狀況等。⑧個別因素，包括朝向、結構、材料、功能設計、施工質量等。⑨房地產投機因素，投機者在房地產市場中的投機活動。⑩自然因素，包括自然環境、地質、地形、地勢及氣候等。

（10）房地產價格的政策。近十年來，房地產市場日趨火熱，居高難下的房地產價格也成了與人們生活息息相關的話題。雖說政府已出抬許多穩定房價的政策，但是房價仍然堅挺，上升的趨勢並沒有被明顯抑制。以下部分將從政策的角度出發對房地產價格的政策進行深入探討。

①「新國八條」（2011年1月26日）。

為了進一步做好房地產市場的調控工作，逐步解決城鎮居民住房問題，促進房地產市場平穩健康發展，國務院繼2010年5月的「國10條」後，於2011年1月底出抬《國務院辦公廳關於進一步做好房地產市場調控工作有關問題的通知》（「新國八條」）對全國樓市進行引導，隨後各地政府陸續出抬各地執行細則，對樓市進一步進行調控。其中重點內容有：

第三條：「調整完善相關稅收政策，加強稅收徵管調整個人轉讓住房營業稅政策，對個人購買住房不足五年轉手交易的，統一按其銷售收入全額徵稅。稅務部門要進一步採取措施，確保政策執行到位。加強對土地增值稅徵管情況的監督和檢查，重點對定價明顯超過周邊房價水準的房地產開發項目，進行土地增值稅清算和稽查。加大應用房地產評估技術加強存量房交易稅收徵管工作的試點和推廣力度，堅決堵塞『陰陽合同』產生的稅收漏洞。嚴格執行個人

轉讓房地產所得稅徵收政策。」

這樣一來，住房就不會被輕易地轉手，房價增長趨勢也可以相對地得到抑制。

第四條：「強化差別化住房信貸政策（銀行政策）對貸款購買第二套住房的家庭，首付款比例不低於60%，貸款利率不低於基準利率的1.1倍。中國人民銀行各分支機構可根據當地人民政府新建住房價格控制目標和政策要求，在國家統一信貸政策的基礎上，提高第二套住房貸款的首付款比例和利率。銀行業監管部門要加強對商業銀行執行差別化住房信貸政策情況的監督檢查，對違規行為要嚴肅處理。」

加強對住房信貸的管理，提高第二套住房貸款的首付比例，降低了銀行貸款的流出。提高貸款利率，一方面降低了人們追逐住房的熱度，另一方面銀行對信貸情況的監督檢查也遏制了房地產泡沫的產生。

② 「京十五條」（2011年2月16日）。

以「國八條」為指導，北京市於2011年2月16日出抬了《北京市人民政府辦公廳關於貫徹落實國務院辦公廳文件精神進一步加強本市房地產市場調控工作的通知》（「京十五條」）的細則，對本市具體辦法加以規定。其中：

（四）嚴格執行國家關於個人轉讓住房的個人所得稅徵收政策。財政部門會同稅務、住房城鄉建設等部門根據市場情況及時動態調整存量房交易最低計稅價格，堅決堵塞「陰陽合同」產生的稅收漏洞。

（五）實行差別化土地增值稅預徵率。房地產企業應當在新開盤項目銷售前，將項目的土地成本、建安成本和銷售價格等報送住房城鄉建設部門備案，經稅務部門核定，對定價過高、預計增值額過大的房地產開發項目提高土地增值稅預徵率，具體辦法由稅務部門會同住房城鄉建設部門制定公布。

（六）加強對土地增值稅清算情況的監督和檢查。對已經達到土地增值稅清算標準但不申請清算、定價明顯超過周邊房價水準的房地產開發項目，進行重點清算和稽查。

北京作為中國的首都，也是國內房價靠前的城市。該項政策出抬後，北京的房價猛漲趨勢得到了較好的控制，在中國的各個城市中也起到了示範作用。

③ 「國五條」（2013年2月20日）。

（一）完善穩定房價工作責任制。各直轄市、計劃單列市和除拉薩外的省會城市要按照保持房價基本穩定的原則，制定並公布年度新建商品住房價格控制目標。建立健全穩定房價工作的考核問責制度。

（二）堅決抑制投機投資性購房。嚴格執行商品住房限購措施，嚴格實施

差別化住房信貸政策。擴大個人住房房產稅改革試點範圍。

（三）增加普通商品住房及用地供應。2013年住房用地供應總量原則上不低於過去五年平均實際供應量。

（四）加快保障性安居工程規劃建設。配套設施要與保障性安居工程項目同步規劃、同期建設、同時交付使用。完善並嚴格執行准入退出制度，確保公平分配。2013年年底前，地級以上城市要把符合條件的外來務工人員納入當地住房保障範圍。

（五）加強市場監管。加強商品房預售管理，嚴格執行商品房銷售明碼標價規定，強化企業信用管理，嚴肅查處仲介機構違法違規行為。推進城鎮個人住房信息系統建設，加強市場監測和信息發布管理。

（11）金融房貸緊縮政策。這裡的金融房貸緊縮政策主要是指信貸緊縮，即經營貸款的金融機構（銀行）提高貸款標準，以高於市場利率水準的條件發放貸款，甚至不願發放貸款，從而導致信貸增長下降。

根據國務院指示，銀保監會也表示要做好差別化信貸政策。近年以來，央行連續加息和提高存款準備金率，導致銀行信貸額度緊張，不少銀行取消了此前貸款的利率優惠，並嚴格審查和執行開發貸款程序。目前北京的各金融機構和北京住房公積金管理中心對貸款購買第二套住房的家庭，執行「首付款比例不低於60%，貸款利率不低於基準利率的1.1倍」的政策。此項政策旨在減少流動性，對住宅類房產市場有一定的影響，因其執行的貸款利率接近或到達目前商業項目的利率水準，所以對商業項目而言，因減少或抵消了之前的利率差異，反而出現了短期的利好現象。

在中國，十個買房九個貸款，當進入市場的資金得到有效控制過後，能夠或是願意首付更高比例買房的家庭只占少部分，這樣一來，買房所能獲取的利潤就會有所下降，進而房產流動減少，房價也很難被炒作起來。

（12）徵收房產稅政策。房產稅是以房屋為徵稅對象，按房屋的計稅餘值為計稅依據，向產權所有人徵收的一種財產稅。現行主要作用是提高產權持有人的持有成本，均衡資產貧富差異、打擊炒房客，對過高房價地區理論上有一定的房價抑製作用，但其中關聯問題比較複雜。財政部宣布兩地試點該政策之後，重慶與上海先後出抬細則，並於2011年2月前開始實施。但是上海的房價卻絲毫不受影響，迅猛上升。

對於房產稅這一政策，很多城市都很快會落實下來，但是房地產作為中國經濟的支柱產業，如果房產稅這一政策在全國範圍內都落實下來，無疑是向房地產行業潑了一盆冷水，房地產業的熱度會大幅度下降。政府會審慎選擇這樣

的做法，預計房產稅政策只會在一些房價過於高的城市進行施行，最終的結果就是同線城市的房價保持在同一個水準。

（13）銀行、房地產商和政府在房地產市場中的作用。在解析銀行、房地產商、政府在房地產市場中的作用之前，先明確一下銀行、房地產商、政府三者之間的關係。首先，它們三者都是站在房地產市場中供給這一端的，先由政府依法賣給房地產開發商一塊土地，銀行再給這塊土地以貸款的形式注入一定的資金，房地產商中的開發商在此基礎上在法律框架內對這塊土地進行基礎設施、房屋建設，建成後將房屋投入房地產市場，這時開發商和銀行還會有一次聯繫，最後開發商會將剩餘的住房抵押給銀行來進行資金回籠。在整個交易過程中，政府則出抬一系列政策對房地產價格進行有效的管理與調控。

①銀行。從2008年美國次貸危機和後來的西班牙銀行危機的發展歷程可以看到，銀行的貸款以及決策對房地產市場的穩定發展具有重要的作用。

銀行與房地產市場也有千絲萬縷的聯繫，銀行信貸對調節房價起著關鍵性的作用，是既影響到開發商籌劃同時也影響到消費者購房的一個因素。甚至銀行如果信貸出現嚴重錯誤還會導致房地產行業的崩塌。銀行信貸在穩定住房價格和遏制住房價格惡性抬高等方面起著積極作用。以下將要探討銀行在房地產市場中的作用機制以及如何利用銀行促進房地產業的健康有序的發展。

在房地產的各個領域中都可以看見銀行的影子。房地產開發商在建房之初，從土地的購買到住房的修建，其中很大一部分資金不是開發商自己投入的，而是以貸款的方式找銀行墊付；修建完工之後，出售房產，有很多人是不會全額付款買房的，這時候又會有銀行貸款的介入，開發商進行資金回籠，這時候就只剩下銀行與個人之間的關係了。

中國房地產市場購買規律是「十房九貸」，即普通人群購買房產絕大部分是利用銀行按揭貸款購買房子。筆者看來，金融調控政策收緊房地產市場可能會橫盤於市，樓市調控並不是打壓房地產市場，只是控制房價大幅上漲。全國房地產市場金融降槓桿全面實施，首套房貸利率平均上浮25%~30%；二套房首付款提高40%以上，房貸利率上調35%，而且審批要求非常嚴格。房貸收緊主要是抑制居民高槓桿購買房產，而居民槓桿率上升是投資房產。銀行金融降槓桿及提高房貸利率，對剛需購房者無疑是雪上加霜。樓市調控政策主要是控制經濟支付能力差的人群買房，此舉對抑制剛需購房效果顯著，對投資投機炒房作用不明顯。

②房地產商。房地產商，是指從事房地產開發、經營、管理和服務活動，並以營利為目的進行自主經營、獨立核算的經濟組織。

A. 房地產開發商。它所從事的是房地產業中最基本、最主要的物質生產活動，同時在城市建設中扮演不可或缺的角色。房地產開發的根本目的是為人類的生活與生產提供滿意的活動空間。

房地產開發商是在依法取得的土地上，按照土地的使用性質和要求進行基礎設施、房屋建設的公司，它主要的工作就是進行房地產開發。《中華人民共和國城市房地產管理法》第二條指出：「房地產開發，是指在依據本法取得國有土地使用權的土地上進行基礎設施、房屋建設的行為。」通過對這一概念的解讀，我們可以看出：首先，房地產開發是一個包括項目選擇、勘察設計、招標施工、工程管理的動態過程；其次，它必須要在法律的框架內進行；最後，它的對象是基礎設施建設和房屋建設，包括工業建築、公共建築、民用建築。

作為城市建設中不可或缺的一部分，房地產開發商開發房地產商品的目的是在注重社會效益和環境效益的前提下，通過實施開發過程來獲取直接的經濟利益。從這個意義上來說，房地產開發公司與其他一般工業企業無差別，只是它生產出來的產品是一般工業企業從事物質生產的基礎。

開發商的財務目標也有所不同。有的公司為了盡快回收資金，減少風險，加快資金週轉而直接將開發出來的產品出售；也有的公司從保值、增值的角度出發，將開發出的產品出租，保持一段時間的穩定收益，再根據市場前景決定是繼續出租還是出售；有些資金雄厚的公司也會與商務經營公司合股經營。

雖說從市場供給的角度出發，開發商為房地產市場注入了新的產品，但是無論從何種角度看，盈利始終都是房地產企業的首要目的。

B. 投資公司。中國進入社會主義市場經濟以後，國家宏觀調控能力有所增強，但微觀操作能力卻有所下降，投資主體朝多元化發展，湧現出相當數量的投資公司。作為投資主體，投資公司也和其他公司企業一樣以獲取經濟利益為直接目的。在房地產市場中，商業投資銀行也就扮演著投資者這一角色，當然不只有銀行，也包括一些從事商務經營活動的公司。它們不是通過出售房地產產品直接迅速獲取收益，而是長期通過穩定經營獲得利潤，或者直接購買房產從事商業活動。商業銀行在這其中可以說是一個很典型的例子。

C. 承包商。承包商是指有一定生產能力、技術裝備、流動資金，具有承包工程建設任務的營業資格，在建築市場中能夠按照業主的要求提供不同形態的建築產品，並獲得工程價款的建築業企業。按照進行生產的主要形式的不同，分為勘察、設計單位，建築安裝企業，混凝土預制構件、非標準件製作等生產廠家，商品混凝土供應站，建築機械租賃單位，以及專門提供勞務的企業等；按照承包方式不同，分為施工總承包企業、專業承包企業、勞務分包

企業。

　　許多房地產開發商是沒有自己的建築隊伍的，進而有了承包商這一角色，市場上許多建築公司都具有承包商這一職能。參與開發建設的首要目的都是獲取直接經濟利益，同時還伴隨著一些其他不同的目的。

　　當然，承包商在開發項目的建設過程中也起著非常重要的作用。當它僅作為建築商時，其收益與建造成本以及工期有關。有些公司為了增大利潤甚至粗制濫造以降低成本、縮短工期。有些明智的公司會選擇擴展自己的業務範圍，購買土地使用權、資金籌措、組織行銷等，甚至在建築行業不景氣時還會搖身一變成為投資者來開發房產。

　　③政府。政府也是涉足房地產各個領域的一個重要角色。政府及政府機構在房地產市場的運行過程中，既是房地產市場規則的制定者，同時也擔負著對房地產市場監督管理的職能。

　　開發商從購買土地使用權時就開始不斷地與政府的土地管理、城市規劃、房地產管理等部門打交道，以獲取投資許可證、土地使用權、規劃許可證、開工許可證、房地產產權證書等。作為公眾利益的代表人，政府也對房地產市場其他參與者的行為產生著影響。

　　房地產市場常常被政府用來作為一個「經濟調節器」，房地產行業是中國市場經濟的支柱產業，與房地產有關的收入是中央和地方政府財政收入的一個重要來源。所以房地產開發商和投資者都必須認真考慮政府的有關政策和對開發的態度，來評估該政策對自己所開發或投資項目的影響。

　　近20年來，政府在房地產市場中也耗費了大量的精力，密切關注房地產的發展，並且為此頒布了一系列法律法規，比如《中華人民共和國城市規劃法》《中華人民共和國城鎮國有土地使用權出讓和轉讓暫行條例》《中華人民共和國土地管理法》等。不僅如此，各級地方人民政府也頒布了一系列有關住房開發、經營、稅收、管理的具體規定。這些也促進了房地產市場中的各個參與者對政府政策的理解，也為房地產商預測未來的市場需求，確定投資方向提供了重要依據。

　　總體看來，政府對房地產市場的調控目的主要也就是在現有的人力、物力、財力等條件約束下，最大限度地改善城鎮居民的生活條件、生活環境及生活質量，對稀缺資源進行有效的分配，最大限度地提高社會福利。具體調控方法如下：

　　A. 調節市場中房地產需求與供給的矛盾，在需求與供給的總量上進行宏觀調控。

  B. 調整房地產開發的投資結構，統籌佈局，確保城市風貌。
  C. 籌集建設資金，開發市政基礎設施和城市各種配套設施，提高居民的生活質量。
  D. 協調房地產開發的社會效益、環境效益、經濟效益。
  E. 對住房價格進行有效的管理與調控。

第二節　中國房地產發展歷史及歷年房價調控政策

一、中國房地產發展的歷史階段

（一）初步形成時期（1978—1992年）

1978年之前的20多年中，中國幾乎沒有房地產市場，沒有房地產業，房產的唯一供給就是計劃經濟時代特有的福利房分配形式。1978—1991年，隨著住房制度改革和土地使用制度改革的啓動與推進，房屋和土地既是產品和資源，又是商品和資產的認識由淺入深，房地產價值逐漸顯化，房地產市場初步形成。

（二）房地產過熱時期（1992—1995年）

1992年下半年至1993年上半年，中國許多地區驟然掀起了房地產熱潮，房地產開發公司急遽增加，房地產開發投資高速增長。

（三）市場調整時期（1995—1998年）

1994年繼續1993年下半年的宏觀調控。1995—1997年仍然實施適度從緊的財政政策和貨幣政策。但從1996年開始，經濟已由短缺轉變為相對過剩，產品賣不出去，企業停產，工人下崗；1997年又遇亞洲金融風暴。隨著整個經濟出現「通貨緊縮」，房地產市場進入了低潮。

（四）培育新的經濟增長點時期（1998—2003年）

從1998年以後，延續了近半個世紀的福利分房制度被徹底改變，隨著把住宅業培養成為新的經濟增長點的制度改革，以及各項政策措施的出抬和貫徹落實，中國房地產市場和房地產業進入了新的發展時期。

（五）房價快速上漲時期（2003—2009年）

2003年以後，房地產投資快速增長，房地產價格大幅上漲，住房供應結構不合理矛盾突出，房地產市場秩序比較混亂，百姓住房難問題越來越突出，行業「過熱」的跡象進一步顯現。政府相繼出抬「國八條」「國十條」等政策措施對房地產市場進行調控。

（六）房價螺旋式上升時期（2009年至今）

2008年之後，房地產價格又進入了刺激→過熱→緊縮→蕭條→刺激的循環之中，2009—2012年、2012—2014年、2014年至今，反覆的政策以及城市發展的不平衡，導致了房地產市場分化現象明顯，一線城市和部分二線城市房價暴漲，甚至翻倍，三四線城市房價漲幅有限。

表1-2-1為1991—2017年中國住房制度市場化改革的重要文件匯總。

表1-2-1　1991—2017年中國住房制度市場化改革的重要文件匯總

時間	名稱	文件內容
1991年6月	《關於繼續積極穩妥地進行城鎮住房制度改革的通知》	提高公有住房租金；出售公有住房；推行住房建設共同投資（國家、集體、個人）體制；建立住房基金；發展住房金融業務等
1991年12月	《關於全面推進城鎮住房制度改革的意見》	確定住房制度的總目標（逐步實現住房商品化，發展房地產業）、分目標、基本原則；進一步對提租與補貼、售房、住房基金、住房金融、住房投資及建設、住房權屬等問題的政策予以明確
1992年6月	《關於住房制度改革中財政稅收政策的若干規定》	細化政府、企業、行政事業單位和個人有關住房資金的徵計
1994年7月	《關於深化城鎮住房制度改革的決定》	全面推行住房公積金制度；推進租金改革；穩步出售公有住房；加快經濟適用房的開發建設；推進城鎮住房制度改革等
1998年7月	《關於進一步深化城鎮住房制度改革加快住房建設的通知》	停止住房實物分配，逐步實行住房分配貨幣化；繼續推進公有住房改革；培育和規範住房交易市場；加快經濟適用房建設；發展住房金融等
2003年8月	《關於促進房地產市場持續健康發展的通知》	增加普通商品住房供應，控制高檔商品房建設；建立和完善廉租房制度；完善住房補貼制度；發展住房信貸；完善個人住房貸款擔保機制；改進規劃管理，調控土地供應等
2007年8月	《關於解決城市低收入家庭住房困難的若干意見》	進一步建立健全城市廉租房制度；改進和規範經濟適用住房制度；加快推進舊城住宅區和集中成片棚戶區的綜合整治及改造等

表1-2-1(續)

時間	名稱	文件內容
2008年12月	《關於促進房地產市場健康發展的若干意見》	加大保障性住房建設力度；鼓勵普通商品住房消費；取消城市房地產稅等
2010年1月	《關於促進房地產市場平穩健康發展的通知》	增加保障性住房和普通商品住房有效供給；加大差別化信貸政策執行力度；實施差別化的住房稅收政策；加快推進保障性安居工程建設等
2010年9月	《關於2010年深化經濟體制改革重點工作的意見》	建立健全保障性住房規劃建設管理體制；加快廉租住房、公共租賃住房和經濟適用住房建設；推進城市和工礦區棚戶區改造等
2011年1月	《關於進一步做好房地產市場調控工作有關問題的通知》	加大對保障性安居工程建設的支持力度；增加公共租賃住房供應；強化差別化住房信貸政策；加強對企業土地市場准入資格和資金來源的審查；合理引導住房需求等
2013年2月	《關於繼續做好房地產市場調控工作的通知》	嚴格執行商品住房限購措施；嚴格實施差別化住房信貸政策；增加普通商品住房及用地供應；加快保障性安居工程規劃建設；加快建立和完善引導房地產市場健康發展的長效機制等
2013年6月	《關於城鎮化建設工作情況的報告》	推進農業轉移人口市民化；推動城鄉發展一體化；建立市場配置和政府保障相結合的住房制度等
2014年9月	《關於進一步做好住房金融服務工作的通知》	對擁有多套住房家庭、及非本地居民的住房貸款禁令一併取消
2015年3月	《關於個人住房貸款政策有關問題的通知》《關於調整個人住房轉讓營業稅政策的通知》	二套房最低首付比例調整為不低於40%；個人住房轉讓免徵營業稅的期限由購房超過5年下調為超過2年（330新政）
2016年6月	《關於加快培育和發展住房租賃市場的若干意見》	明確表示鼓勵發展住房租賃企業，鼓勵個人依法出租自有住房，允許將商業用房等按規定改建為租賃住房
2017	—	全國有近110個城市及相關部委發布了房地產調控政策，出抬文件或規定的次數超過250次

二、中國房價調控政策

近年來，中國城鎮住房市場上房價與居民購買力之間的矛盾十分突出，政府部門用以調控房價的行政管制手段典型體現為經濟適用房和限價房。然而，通過對這類限價房產的社會福利與效率效應的分析發現：如果對住房上漲的控制不是基於對市場供求關係的改善，而是單純的限價管制，不僅不能達到控制價格的政策預期目標，反而會因為抑制產量導致社會福利淨損失，而且會因為在流通分配過程中的尋租行為和商品錯誤配置而產生多重福利損失。

我們從需求端和供給端兩個角度，對國家房地產調控進行分析。

2015年11月10日，中共中央總書記、國家主席、中央軍委主席、中央財經領導小組組長習近平主持召開了中央財經領導小組第十一次會議，研究經濟結構性改革和城市工作。習近平發表重要講話強調，推進經濟結構性改革，要針對突出問題、抓住關鍵點。要促進過剩產能有效化解，促進產業優化重組。

縱觀中國房地產歷年來的調控政策，按照其對房地產的作用目的，可以分為抑制性和扶持性兩種。隨著近年來房價的持續走高，抑制性逐漸成為房地產調控政策的基調。該政策的本質特點在於對房地產業及其上下游或與之相關的銀行業起到直接的打壓作用。

政府作為「政府、房地產業及其上下游、銀行」三個節點中的關鍵節點，其往期政策都會對當下與將來的政策制定提供借鑑和參考。及時吸取教訓、總結經驗，可以改善政策的傳導效果，防止政策失誤進一步推動房地產市場的畸形發展。因此對相關抑制性政策進行科學的評估和分析，尋找其失效的原因並提出針對性建議有著重要意義。本節概括了抑制性房地產政策的傳導和疊加兩套機制。

將房地產及其上下游看成實體經濟的代表，銀行作為虛擬經濟的代表。政府作為政策的制定者對以上兩者進行干預，同時又受其反作用不斷加強或調整其政策。三者相互影響，其博弈結果表現為房價水準的波動。該過程可以被拆解為三種具體的二元傳導模式：

一是銀行與房地產業通過信貸資金緊密聯繫，風險高度相關。陳俊剛（2013）指出，銀行融資預計占房地產全部開發資金的60%~70%，房地產資金高度依賴於商業銀行，並通過信貸依賴關係把自身風險和銀行牢牢綁定在一起。

二是房地產下游消費者在信貸環節中起著風險推動作用。許多購房者不顧自身經濟能力，湧入房地產市場，導致房地產市場的交易膨脹。

三是政府在房地產調控中扮演多重角色。首先，構建保障房體系等政府支出手段在房地產調控中扮演疏導角色。政府通過加強保障房體系對房地產行業進行間接干預，在一定程度滿足一部分低收入人群的需要，進而抑制房價。其次，現行土地及土地使用權政策尤其是壟斷供給制度影響商品房開發的成本，抬高房價並加劇了房地產泡沫破裂的風險。最後，稅率提高對房地產業的影響具有多面性。稅率的提高一方面增加了房地產開發商的資金成本，打擊投機性住房；另一方面也會進入商品房的成本中，推高房地產價格，存在一定的稅收轉嫁機制。

在對房地產業、銀行、政府三個結點進行兩兩分析後，按照政府、銀行、房地產業等各個結點傳導效果和作用進行傳導關係的相互連接，得出三者的疊加機制模型，並將其拆分成以下五條疊加鏈：

（1）政府→房地產下游購買者→房地產業→政府。首先，隨著政府對城鎮化建設的推動，城市化趨勢轉化成為房地產市場的剛需。其次，在中國資本市場很不發達，居民投資渠道和品種單一的情況下，老百姓把目光投向了樓市，這便產生了投資投機的需求，從而導致房價走高。

（2）政府→房地產業→政府。從政府方來看，一方面現行土地制度容易引發房地產泡沫過重的問題，另一方面地方政府過度依賴土地財政。由於土地資源數量有限，在未來不能取得相應收入的情況下財政必然會捉襟見肘。從政府的「推動」角色來看，「過火」推動往往造就的是更長時期的抑制，而從政府的「抑制」角色來看，抑制往往適得其反。

（3）政府→房地產業→銀行→政府。政府能夠通過對房地產的限制和改革向銀行發出抑制信號：①從行業門檻來看，越來越高的行業准入門檻使不合規的房地產開發項目面臨中斷，加上銀根緊縮，房地產資金鏈面臨斷裂的風險，最終轉嫁給銀行形成壞帳。②從融資方式上來看，馬凌指出，對於銀行貸款之外的融資方式，如房地產信託、股權融資、REITS等，政府都有很大的限制，使得房地產資金來源只能向單一的銀行信貸不斷集中，加劇銀行風險。

（4）政府→銀行→房地產業→政府。政府擴張型的貨幣政策使大量銀行信貸資金被投放到房地產市場，對房地產產生了如下三個方面的影響：①風險方面。房地產信貸高度依賴商業銀行，信貸資產的質量和經營效益與房地產市場的關聯度太大，隱藏著巨大的風險隱患。②房價方面。鄭海濤等利用四個直轄市的行業數據進行分析，得出銀行體系的金融風險影響房地產價格的波動，其因果關係穩定性較差，短期有影響，長期將逐漸減小的結論。③發展與保障方面。董雙全等指出，商業銀行給房地產提供貸款，促進了房地產供給的增

加。另外，銀行對房地產企業貸款證券化的功能是在出現危機後進行信用隔離。

前四個疊加鏈反應政府直接對房地產及其上下游施加影響，最後一個疊加鏈反應政府通過對銀行的調控間接影響房地產，最終導致三個結果——房價升高、房地產企業和商業銀行風險不斷累積、社會福利流失。

（一）供給端

1. 鼓勵性質的政策

①2006年8月：建設部出抬廉租房管理實施辦法，逐步落實住房保障政策。

②2006年9月：完善二手房市場交易管理。

③2007年8月：《國務院關於解決城市低收入家庭住房困難的若干意見》頒布，迴歸保障、健全廉租住房制度。

2. 強制性質的政策

①2003年6月：出售的房屋開始徵收房地產稅。

②2004年3月：監察部、國土資源部共同下發文件，要求從2004年8月31日起，所有經營性的土地一律都要公開競價出讓。

③2004年5月：對高爾夫球場、會展中心、物流園區、大型購物中心等項目進行清理，對土地管理的嚴格控制，抑制房地產投資過快的增長。

④2004年12月：嚴禁非法壓低地價招商；嚴格規範地方政府土地管理，抑制通過土地招商帶來的土地流失和固定資產投資的增加。

⑤2005年5月：國家稅務總局、財政部、建設部日前聯合下發《關於加強房地產稅收管理的通知》，房屋轉讓開徵營業稅。

⑥2005年9月：中國農業銀行總行下發《關於積極穩健發展二手房貸款業務的通知》，明確二手房貸款必須集中在個人住房貸款管理經驗豐富、風險控制能力較強的經辦機構辦理。

⑦2008年1月：國務院重拳打擊囤地。

⑧2009年5月：為加強房地產開發企業的土地增值稅收管理，規範土地增值稅清算工作，國家稅務總局制定《土地增值稅清算管理規程》。

⑨2009年12月：財政部、國土資源部、中國人民銀行、監察部等公布了《關於進一步加強土地出讓收支管理的通知》，將開發商拿地的首付款比例提高到了五成，且分期繳納全部價款的期限原則上不超過一年。而此前各地土地出讓大多執行20%～30%的首付政策。

(二) 需求端

1. 鼓勵性質的政策

①2005年7月：商業銀行個人徵信系統開始聯網，個人購買第二套以上住房不再享受優惠利率。

②2008年3月：免徵出租廉租住房租金收入的營業稅、房產稅，住房用地城鎮土地使用稅和免徵廉租房和經濟適用住房的印花稅。

③2010年：在國內各大城市房價狂飆的情形下，1月10日，國務院出抬「國十一條」，嚴格二套房貸款管理，首付不得低於40%；4月2日，財政部下發通知稱，對兩個或兩個以上個人共同購買90平方米及以下普通住房，其中一人或多人已有購房記錄的，該套房產的共同購買人均不適用首次購買普通住房的契稅優惠政策。

④2013年3月：國務院出抬「國五條」及其細則，多個城市公積金貸款政策收緊。

⑤2010年9月：國土資源部和住建部繼續發力，聯合發布了《關於進一步加強房地產用地和建設管理調控的通知》，從用地的角度進行規範調控。9月29日，財政部、國家稅務總局、住房城鄉建設部聯合發布新五條，取消個人所得稅優惠政策。

2. 強制性質的政策

①2003年6月：中國人民銀行出抬對「五大行業」限制投放信貸資金的政策，其中包含房地產行業，發布《關於進一步加強房地產信貸業務管理的通知》，規定對於個人購買高檔住房、兩套以上（含兩套）的按揭，要求各商業銀行調高首付比例和利率水準。

②2006年4月：中國人民銀行將房貸利率在不到18個月的時間內第三次提高。

③2006年7月：建設部出抬171號「外資限炒令」，以打擊房地產投資。

④2007年9月：中國人民銀行規定以家庭為單位，第2套住房貸款首付不得低於40%，利率不得低於基準利率的1.1倍，嚴厲打擊炒房行為。

⑤2009年5月：發改委提出將由財政部、稅務總局、發改委、建設部負責研究開始徵發物業稅。

⑥2011年1月：國務院常務會議推出房地產市場調控措施，要求房價上漲過快的城市要從嚴制定和執行住房限購措施；對已有1套住房者限購1套、擁有2套及以上住房者暫禁購房。

第三節　國外歷年房價調控政策

中國房地產業起步較晚，相比其他國家尚處於不成熟的階段，各項調控機制尚未建立健全，市場化水準有待提高。因此我們應該借鑑和學習國外成熟的調控政策。

以下分別羅列主要典型國家（美國、英國、德國、法國、日本）以及其他幾個發達國家的房產調控政策。

一、美國

近100多年來，美國房地產市場發展十分成熟，這種成熟來自其完善的金融體系與市場為主的產業特色。其完善的金融體系、高度市場化、完善的稅制三位一體，產生了房地產信託投資基金，保障了美國房地產市場的秩序。美國在過去的100多年中，房價平均內生（幾何）增長率為3%左右，除1995—2007年的房地產大牛市直到次貸危機，其餘年份扣除通脹之後漲幅均不大。

（一）供給端

1. 鼓勵性質的政策

1965年，一是租賃公共住房計劃，即允許公共住房承租戶長期或短期向私有房產主租賃住房，政府提供租金差額補貼；二是「交鑰匙計劃」，由地方政府住房機構給予優惠政策，鼓勵私有建築商承建新住房或改建舊住房，竣工後以預先商定的價格購買或支付，轉為公有住房；三是收購存量住房或低於規範標準的舊住房，維修改建後向公有住房承租戶出租。

1974年，紐約市的住房政策從直接建設公共住宅轉為發放租金優惠券。政府給受保障租戶發放租金優惠券，優惠券可直接用來抵扣房租。

1986年的稅務改革開啓了低收入房屋稅收抵免計劃，通過減免稅收，吸引開發商建設可負擔住宅，提高可負擔住宅的供應量。低收入房屋稅收抵免計劃成為紐約市提供可負擔住房的重要工具，並在過去的30多年一直不斷被改進。

2014年，紐約市政府公布了針對紐約五區的十年住房計劃（Housing New York Plan），計劃投入414億美元，新建和改造20萬套的可負擔住房，滿足超過50萬紐約人的居住需求。

2. 強制性質的政策

1937年羅斯福總統簽署了《低租住房法》，明確規定了公有住房建設所涉及的土地徵用、建築成本、建築標準、住戶標準、資金計劃和管理機構，該法的頒布實施標誌著美國政府開始解決低收入居民的住房問題。

1990年，美國《國家可負擔住房法》強調，住房應該是可負擔的，可負擔住房的標準是房租不超過收入的30%；取消商品房自主定價的權利，房價由國家物價部門加以宏觀調控；停止二手房交易，使得商品房失去投機機會，僅供租出。房管局物價局聯合出抬政策，從法律層面嚴厲打擊價格詐欺行為；推出商品房自主撮合交易平臺，讓商品房也可以像證券期貨一樣進行撮合交易；建立真實免佣金的仲介平臺。在稅收方面，對房地產消費和投資影響比較明顯的是房地產稅。美國50個州都已開徵房地產稅，稅率一般為1%至3%，政府還出抬了一些有利於普通消費者購房的規定。比如，在有70套以上的住宅項目中，開發商必須將至少10%的住房出售給為當地社區服務的人，一個住宅項目中只有部分房屋可以出售給準備將所購房屋作為投資用的客戶，這個比例最大不能超過總量的10%。自住房如果居住不滿兩年就出售，屋主必須繳納高額罰金。

（二）需求端

需求端主要為鼓勵性質的政策。

2006年6月29日，美國聯邦儲備委員會宣布：將聯邦基金利率再次提高0.25個百分點，使其從5%上升到5.25%。住房貸款房貸嚴格，規定居民月供不能超過月收入的38%。

2. 強制性質的政策

強制性質的政策主要有：提高第一套房產的首付比例；通過地產稅、過戶費、賣房佣金來限制富人炒房；一個人在同一個小區裡只能購買一套住房，個人購房時必須說明購房是為了自住還是用於出租；出租房屋貸款利率要高於自住房屋貸款利率，出租房屋所得租金還必須按規定納稅。

二、英國

（一）供給端

供給端主要為強制性質的政策，即強制建房，對未按照計劃建房的地方政府，採取懲罰措施。

（二）需求端

1. 鼓勵性質的政策

（1）首次買房者如果購買新建的住宅的話，就可以獲得少於市場價格

20%的優惠的政策。

（2）所有年收入少於 8 萬英鎊的家庭將能夠選擇購買部分產權而並不是整個房產，由此使得購房壓力緩解。「共享產權」計劃即允許人們購買部分的房產產權，同時還可於之後漸漸逐步增加購買剩餘的產權，對於房產中剩餘的尚未購買的產權部分，還可以交租的方式來予以使用。

（3）於倫敦首次買房或移民英國後買房，房產價格不高於 60 萬英鎊的，五年之內可享受 40%的無息貸款優惠。

（4）「購房權」計劃，即已於政府機構提供的廉租房內居住的居民，依據自己居住的年份時間，有權享受以優惠價格購買他們現在正居住的房屋。

2. 強制性質的政策

2016 年 4 月 1 日起，針對購買額外住宅房產的買房者，倘若買房出租的投資者或購買二套房的買房者，將額外徵收 3%的印花稅。

三、德國

（一）供給端

1. 鼓勵性質的政策

一是高額稅收。根據德國法律規定，發生房地產交易，需要繳納的稅費是：不動產購置稅為買價的 3.5%（柏林和漢堡地區為 4.5%）；地產公證費為 1%～2%，通常是買價的 1.5%；土地註冊費為買價的 0.5%左右，有些情況下包含在公證地產費之中；房地產仲介服務費一般是買價的 7%，有的仲介公司稍低。只有當房產是文物，而且維護費用超過房產收益時，才可以提出免稅申請。

二是為限制房地產頻繁交易而出抬的一系列政策。例如：若轉賣價等於或低於原購價格，則房主不需要繳納所得稅；以私人名義購置並用於自住的房產，並使用 10 年以上，則轉賣時不需要繳納增值稅；若 10 年內轉賣房產，則須根據轉賣盈利所得繳納稅款，稅額根據買主的收入而定。

三是住房合作社金融制度。德國政府建有 210 萬棟住房，為 500 萬德國人提供住房。

2. 強制性質的政策

一是出抬《住宅建築法 II》，規定開發商必須建造滿足各個階層需求的房屋，這些房屋在面積大小、房屋設施和租金或購買能力等方面要分層次。

二是不批大塊土地給開發商。事實上政府手裡也沒有很多大塊的儲備用地，多數土地掌握在私人手裡。房地產開發商如果想成片開發，需要和不同的

個人打交道、不停地協商，一來時間成本太高，二來經濟上也不劃算。由於德國基本法對私人財產嚴格保護，房地產商不可能強制拆遷或強制購買土地，因此，如果其中只要有一個人刁難或不同意，就無法形成連片開發。如果不能連片開發，就不可能形成一個又一個的房地產大項目。沒有集中的大項目，就不會形成大的房地產市場。

三是嚴厲遏制投機性需求和開發商暴利，若開發商制定房價超過合理房價的20%，購房者可以向法院提起訴訟。

(二) 需求端

需求端主要為鼓勵性質的政策。

一是德國政府推行「社會住房」和「住房金」等政策，以資助低收入家庭滿足住房需求。「社會住房」政策指的是政府通過補貼，使低收入家庭獲得質優價廉的租用房。「住房金」政策指的是對低收入家庭購房或租房提供補貼，使他們獲得合適的住房。

二是鼓勵租房。德國《民法》規定，出租者無權將租戶趕走，租金上漲幅度3年內不得超過20%。如果出租者上漲房租的幅度超出了法律規定的上限，租戶有權向法院提起訴訟，法院將判決租金上漲無效。租房合同簽訂之後，房主不能隨意收回住房，更不能任意漲價。租賃合同可以簽訂三年、五年、十年甚至無期限，即使物價出現快速增長，也不能更改合同、要求租房者增加租金，除非合同中有明確的約定。而且，一旦出現房屋需要修繕的情況，費用由房主承擔。由於租房者的權益受到法律的切實保護，所以超過50%的德國人選擇租房，而不是買房。

三是支持自建住房。為了鼓勵居民擁有自己所有的住宅，法律規定，居民自有自用的住宅（不包括度假村）本身不需要繳納房產稅，只需要繳納房基地的土地交易稅。

四是房屋互助儲金信貸社，為社員提供無息建房貸款，額度為費用的60%~70%，期限為20年。

四、法國

(一) 供給端

1. 鼓勵性質的政策

政府大力推行廉租房制度，對房產所有者徵收重稅。法國的購房者必須向政府交納多種與房屋有關的稅，除地皮稅外，還需交納住房稅或空房稅。由於高稅收的存在，投機者需要讓房價大幅度上揚才有利可圖，但這種情況在法國

很難出現，因此，長期以來房地產市場都不是法國人投資或財產保值的重要領域。

2. 強制性質的政策

法國政府規定，各大城市必須建設一定數量的廉租房，其比例約為總住房面積的15%~20%。低收入居民在考慮住房時，首先考慮申請廉租房，房屋買賣市場中買方人數因此變少，房價自然因需求量不高而處於穩定狀態。

法律還規定房產主的第二、第三住宅，須交納比主要住宅高出一倍的房產稅。在巴黎等大城市，人們還必須租出自己不住的剩餘住房，否則要交納房產空置稅。這是為了迫使房產擁有者出租住房，滿足市場對住房的需求。

購入房產用於出租的，則房東必須先拿出租金收入的15.5%用於交納社會分攤金，隨後剩下的納入房東一年收入總額，根據超額累進稅率交納個人所得稅。

（二）需求端

1. 鼓勵性質的政策

（1）廉租房制度。廉租房的基準房租比普通私人住房的房租低一半左右。同時政府規定廉租房占所有住房的比例，以保證廉租房的供應。足夠數量的廉租房供應降低了購買住房的需求。

（2）提高貸款利率。短期貸款利率的提高增加了商業貸款成本，控制了房地產投資過熱，長期貸款利率的提高增加了購房成本，降低了購房需求。

（3）嚴格規範租房市場。首先，法律保護房客的居住權利。只要是不帶家具的長期出租房產，只要房客按時付房租、遵守居住的規矩，則房東一般無權隨意取消租約，也不能任意上漲房租。租約法律規定必須以3年為一個起碼出租期，最多可達9年。在此期間，除非房東自己無房、自己子女無房或出售房產，否則不能驅逐房客。租約自然延續。其次，房東租金水準必須按照當地平均水準來制定，只能按國家公布的建築指數上漲標準來上漲房租。最後，在房租高企的巴黎地區還發布了按街區設立的最高房租標準，強力限制房租的水準，以保護租房客的利益。

2. 強制性質的政策

法國限制外國機構來法國炒房，卻不限制外國人來法國購房自住。前者是阻止市場大幅波動，後者則是保持市場的購買力與活力。

任何個人或機構購房必須通過公證人，由後者代繳有關各類交易稅款，而稅務機構也擁有任何個人或機構名下房產的所有信息，甚至掌握出租房產的房客姓名等資料。

五、日本

(一) 供給端

1. 鼓勵性質的政策

基於財產權的保護和土地價值的社會性和外部性的認識，日本對失地農戶既不是廉價剝奪，也不是任憑和遷就農戶的漫天要價。根據《新市街地開發法》和《都市計劃法》，失去土地的農民首先可以獲得與其宅地及地面建築物等價的貨幣補償，並優先獲得經公團開發後的平價住宅用地的權利。同時，農戶還可獲得農地按原農業用途的土地價格補償，並使用這個補償款和低息信貸支持購買一定的平價住宅用地，按照規劃建成商品出租房出租。

2. 強制性質的政策

日本1989年頒布了《土地基本法》。該法明確規定，土地不可作為投機交易的對象。鑒於土地與公共利益關係所具有的特點，規定土地優先用於公共福利。

土地在其所在區域隨社會經濟條件的變化而增值時，應對土地權利的獲得者按土地增值徵收適當稅負。

由於農民的土地財產補償被控制在一個合理的區間內，整理和從事一級土地開發的公團為非營利組織，除基礎設施建設和整理費用外，不得在土地上加價，而中標建設住宅的房產商也根本不能改變地價，只能在房屋的設計建設上盈利，住宅土地的價格就不可能很高，從而新建住宅的價格也就沒有拔高的空間。

(二) 需求端

1. 鼓勵性質的政策

房產交易稅和仲介費占到房價的5%~8%。

所購買房產在五年以內交易，繳納39%的房產增值部分所得稅；五年以上的，房產繳納20%。

2. 強制性質的政策

強制性質的政策主要有兩項：一是租公房者定期搬家制度。公房居住兩年以上必須重新抽籤搬家到新的地方。二是嚴格的收入審核機制。超出規定收入的居民不允許租住公房，部分白領可住，但收取房費較高

六、其他典型國家

(一) 韓國

1. 供給端

(1) 鼓勵性質的政策。

1961 年韓國政府制定了首個《經濟開發 5 年計劃》，以促進住房建設和供應。為了解決日益突出的住房矛盾，1963 年頒布首個住房法律《公營住宅法》擴大公房的供給。

韓國政府確立了多渠道建設住房、重點建設小戶型住房的基本方針。

為了控制高房價，盧武鉉政府出抬了一系列抑制房價的政策和措施。例如 2005 年開始，推出「籌資建設 100 萬套低收入和無房戶的住房」「提高 30%住房銷售資本收益稅」等。到了 2007 年，政府再次把資本收益稅提高到 60%。

文在寅政府擴大住房供給。每年提供 17 萬戶的公共租賃房，為新婚夫妻提供可以申購的公共住房。

（2）強制性質的政策。

進入 20 世紀 70 年代後期，為了抑制房價和住房投機行為，韓國政府出抬了《商品房上限價政策》《抑制不動產投機措施》等政策。

針對土地投機行為的盛行，韓國政府出抬了《地價公示制度》。

2017 年 8 月 2 日，新一輪樓市調控政策陸續出抬，包括：指定投機過熱地區，阻止投機資金繼續流入；加強對投機性房產的調查力度等。

2. 需求端

（1）鼓勵性質的政策。

2005 年 8 月 31 日，韓國政府推出《不動產綜合對策》，從實現房地產市場交易透明化、遏制投機慾望和擴大供給三個方面，給房地產市場降溫。

韓國廢除過去以個人為單位對房地產徵稅的辦法，改為以家庭擁有的房地產總值為徵稅對象，明顯擴大了房地產徵稅的基數。

為了解決住房建設資金短缺的問題，政府成立了大韓住宅公社（1962 年）和韓國住宅銀行（1967 年）兩家國有機構限制抵押貸款次數，採取累進制住房交易所得稅制度，只有一套房產則交易稅減免，且必須持有兩年以上。

（2）強制性質的政策。

強制性質的政策主要有：一是購買 9 億韓元以上住宅者，將增加交納綜合房地產稅。二是強化以實際需求為中心的房地產需求管理。提高轉讓所得稅，2 套房產所有者提高 10%，3 套房產所有者提高 20%。三是加強對擁有多套房產的人群的調查和金融監控。

（二）俄羅斯

1. 供給端

（1）鼓勵性質的政策。

一是加快危舊房改造，推動經濟適用房建設。二是大力發展租賃市場，加

快實施「租購同步」的長效機制。三是在水電供暖方面向房地產公司提供資金支持，以推動房價下降和供給增加。

（2）強制性質的政策。

一是嚴厲打擊住房建設和銷售領域腐敗現象和哄抬房價的炒作行為。二是打擊住房供應環節中的官商勾結行為。三是對住房建設的用地劃撥進行把控，通過競拍的方式分配土地使用權。

2. 需求端

（1）鼓勵性質的政策。

一是利率繼續收緊，房地產成本增加。二是利用財務槓桿，檢查消費信貸。抵押貸款借出的資金只能用於商業或消費，不能用於購房。三是通過向居民推薦信譽良好的房地產公司，以保障居民以合理價格獲得住房。

（2）強制性質的政策。

強制性質的政策主要為限制銷售，越來越多的城市跟進。

（三）澳大利亞

澳大利亞政府主要通過需求端實施了鼓勵性質的政策，主要有以下三個方面：

（1）澳大利亞政府提高了專門針對房貸的利率。

（2）壓縮無本金貸款在市場上所占的份額。

（3）澳政府還決定取消對投資者的稅收優惠。

（四）巴西

巴西政府主要通過需求端實施了鼓勵性質的政策，主要有以下兩個方面：

（1）增加了月收入在1,800（約合人民幣3,000元）到2,350（約合人民幣4,000元）巴西雷亞爾之間的中等收入帶，並提高了月收入在2,350巴西雷亞爾以上家庭的房貸利息。

（2）過去，月收入在1,600雷亞爾以下的家庭可以購買完全由政府補貼的住房，貸款須在10年內還清但沒有任何利息。根據城市部發布的條款，這個收入標準將調整為月收入1,800雷亞爾。

（五）加拿大

1. 供給端

供給端鼓勵性質的政策。

溫哥華開徵1%的房屋空置稅。

2. 需求端

（1）鼓勵性質的政策。

聯邦政府出抬了收緊按揭政策，對首付低於 20% 的借款人進行壓力測試，影響大批首次購房者。

（2）強制性質的政策。

為穩定國內房地產市場，卑詩省推出 15% 外國買家稅。

（六）墨西哥

1. 供給端

（1）鼓勵性質的政策。

鼓勵性質的政策主要有：一是方便企業獲得建造福利住房的土地，二是實施優惠政策鼓勵建築業商人開發廉價的經濟適用房。

（2）強制性質的政策。

2006 年 4 月，墨西哥參議院通過議案，將 1984 年的《聯邦住房法》修改為《住房法》。修改後的《住房法》最主要的目的是幫助最貧困家庭、待業人員獲得居住權。

為抑制高檔住宅的開發，墨西哥政府上調此類住宅土地使用許可申請費和抵押貸款利率，控制貸款規模，同時提高產權評估等行政收費和稅收標準。銀行和全國性抵押貸款機構也根據房屋預定售價規定階梯式貸款利率，房價和利率成正比，以減少高價房的開發。借助民間三大住房基金機構力量，為墨西哥人設計、提供不同類型的購房貸款方案。

2. 需求端

需求端主要為鼓勵性質的政策。

（1）建立政府發放貧困家庭補助的透明機制。

（2）簡化低收入人口的貸款和儲蓄手續。

（七）挪威

1. 供給端

供給端主要為鼓勵性質的政策，比如增加房屋供應量。該國在 2017 年建成約 38,000 個房屋，高於早先估計的 33,000 戶，是自 1979 年以來的最高數量。

2. 需求端

需求端也主要為鼓勵性質的政策。

（1）為了遏制房價快速上漲，政府在 2017 年 1 月 1 日實施了更嚴格的抵押貸款規則。這些規定特別側重於限制奧斯陸的房價。借款上限低於借款人總收入的五倍。

（2）國家房屋銀行向住戶提供優惠利率。所有者住房按有效率低於出租

房屋徵稅。所有者住房是豁免資本利得稅。所有者占用者獲得抵押貸款利息的稅收減免。

（八）新西蘭

新西蘭政府主要通過一些強制性的政策來控制房價，比如禁止外國人在新西蘭買房。

據新西蘭當地媒體報導，由於新西蘭房產具有較好的投資價值，因此附近亞洲國家和歐美英語國家的投資者都喜歡來新西蘭買房。由於住宅供應量原本不高，外國買家的湧入就容易推高新西蘭房價。奧克蘭市的華裔人口僅占10%，卻買下了該市約40%的住宅，很多買家可能是通過學生簽證或者旅遊簽證來新西蘭買房的。儘管這一驚人數據在新西蘭引發激烈爭議，但是中國買家肯定是推高新西蘭房價的主力軍。

（九）義大利

義大利政府主要通過供給端實施了調控房價的政策。

1. 鼓勵性質的政策

（1）政府出售國有住宅和用地。為了減少房地產領域的投資現象，同時也是為了幫助政府度過財政赤字難關，早在2001年和2002年，義大利政府就分別啟動了名為SCIP1和SCIP2的計劃，以較為便宜的價格向社會出售了總價值66億歐元的國有住宅和用地。2006年年底，義大利政府又啟動名為FIP的計劃，預計將再次出售33億歐元的地產。業內人士預期，政府在未來幾年將會出售總價值達150億歐元的地產，這對平抑房地產市場價格將起到一定的積極作用。

（2）增強住房政策的靈活性。義大利住房的傳統手段是為工薪階層提供住房，並且降低住房的成本。但是，現在，義大利政府轉變了看法。它認為，在人的生命週期中，住房需求是不斷變化的，因此住房市場應該是高度靈活的，而不應僅僅降低住房成本等，當然，這也是必要的。現在，義大利住房市場上只有不到20%的住房是用來出租的，80%是自有住房，這當然是一件好事，但是它也造成了市場不靈活。因此，目前義大利的租住房屋只是次優選擇，但是從長期看，租住房屋是戰略性的政策，因為這樣看來經濟和制度更加靈活。過去20年，義大利對住房市場的監管，包括控制租金的增長，減少第一套住房的財產稅，為最低收入階層提供保障住房等。而現在，新建住房主要用於出租，以提高住房使用效率和流動性；對住房的轉讓，予以減稅，這也是為了增加流動性。

2. 強制性質的政策

（1）政府提供住房保障。義大利基礎設施與交通部部長馬泰奧利 2009 年宣布，政府開始實施「在未來五年建造 10 萬住宅」的住房計劃。他說，新建房可出售可出租，受惠者為低收入家庭，包括年輕夫婦、老人、離家求學的學生、租屋被收回者以及在義大利生活至少十年或在義大利生活五年、有合法居留的移民。

（2）提升居民的住房水準。義大利政府認為，不僅要人人有房住，還要居住舒適。比如說沒有暖氣的住房，沒有衛生間的住房，還有那些非自願的同住房（子女因為買不起房而被迫與父母居住在一起），這些情況正在設法予以解決。

（十）新加坡

1. 供給端

（1）鼓勵性質的政策。新加坡的民用住宅由組屋和商品房組成。組屋類似於中國的經濟適用房和廉租房，建設組屋的土地由政府無償劃撥，建設商品房的土地需通過批租有償使用。

（2）強制性質的政策。

①新加坡對組屋的交易進行嚴格限制；②對業主出售購買時間不足 1 年的房屋徵收高額的房產稅，從而抑制「炒房」和商品房價格暴漲。

2. 需求端

需求端主要為強制性質的政策。

符合政府配房條件的住戶一律排隊等候政府分配住房。低收入者可以享受廉價租房待遇，中等收入者可以享受廉價購房待遇。

（十一）哈薩克斯坦

哈薩克斯坦保護競爭署副署長庫安迪科夫稱，該署計劃強制要求建材生產商協調其建材的價格。庫安迪科夫說：「根據總統的指示，當前保護競爭署正在與其他國家機關就降低住房價格的問題進行研究。我們已經對水泥市場進行了分析，確定了占據主導地位的大型供貨商。這些供貨商被列入了國家名錄，對他們將實施價格監控。」

七、結論

不難看出，調控房價最主要的手段，從供給端看，主要是推動經濟房的建設，增加房源的供應量。從需求端看，主要是提高購房條件，限制外地人買房或者富人買房。

第四節　總結與分析

隨著經濟週期的波動，近年全球房價都在上漲。中國為了熨平經濟週期，出抬了很多調控和鼓勵政策。調控並不是要放棄市場主導的房地產價格，而是抑制房價過快上漲以及大幅波動。另外，金融週期、貨幣週期和信貸週期在經濟週期中起著不同的影響和作用。

根據古典二分法和貨幣中性理論，長期來看，房價的上漲是無法避免的，但是短期來看房價還受到經濟週期的影響（短期、中週期、長期、超長期、綜合期）。著名的經濟週期理論有基欽週期、朱格拉週期、庫茲涅茨週期、康德拉季耶夫週期等。1936年，偉大的經濟學家熊彼特以他的「創新理論」為基礎，對各種週期理論進行了綜合分析後提出了新的週期理論，即熊彼特週期。熊彼特認為，每一個長週期包括6個中週期，每一個中週期包括3個短週期。短週期約為40個月，中週期約為9～10年，長週期為48～60年。他以重大的創新為標誌，劃分了如下週期：

（1）基欽週期（短週期）。基欽週期又稱「短波理論」。1923年英國的約瑟夫·基欽觀察到廠商生產過多時，就會形成存貨，就會減少生產，由此總結得出短週期長度大概在40個月，他在《經濟因素中的週期與傾向》中把這種2～4年的短期調整稱之為「存貨」週期。

（2）．朱格拉週期（中週期）。1862年法國醫生、經濟學家克里門特·朱格拉在《論法國、英國和美國的商業危機以及發生週期》一書中首次提出市場經濟存在著9～10年的週期波動。這種中等長度的經濟週期被後人一般稱為「朱格拉週期」，也稱「朱格拉」中週期。

（3）庫茲涅茨週期。庫茲涅茨週期亦稱庫茲涅茨循環，由美國經濟學家庫茲涅茨·西蒙提出而得名。庫茲涅茨通過對19世紀到第二次世界大戰以前的美國經濟發展的研究，發現許多生產部門尤其是基礎工業部門的經濟增長率，約15～22年呈現有規則的波動，其原因是人口（特別是移民）的波動。

（4）康德拉季耶夫週期。俄國經濟學家康德拉季耶夫於1925年提出資本主義經濟中存在著50～60年一個的週期，故稱「康德拉季耶夫」週期，也稱長週期。

一、房價上漲，福利損失幾何

福利首先是同人的生活幸福相聯繫的概念。在英語裡，「福利」是

welfare，它是由 well 和 fare 兩個詞合成的，意思是「好的生活」。我們應該將地產業看作社會福利體系的一個重要組成部分，而非過分強調其「支柱產業」的地位。

房價上漲一方面可以給擁有住房的家庭帶來財富效應，增加其家庭福利；另一方面，又會給沒有住房的家庭增加購房負擔，帶來預算約束效應，造成家庭福利損失。因此，房價上漲對居民總福利的影響，關鍵是看財富效應和預算約束效應孰大孰小。實證研究表明，1999—2006 年中國房價上漲造成的城鎮居民戶均福利淨損失為 216 元/年，占同期城鎮居民年均可支配收入的 2.24%，即房價上漲帶來的約束效應大於福利效應，對社會福利影響弊大於利。

房地產業是國民經濟的支柱產業，住房問題既是經濟問題，也是社會問題，同時是社會福利問題。對房地產市場出現的問題，要充分認識其危害。住房價格上漲，將直接影響城鎮居民改善住房條件，加重中低收入家庭的生活負擔，不利於經濟結構的調整，也增加了金融市場的潛在風險。

黨的十九大進一步強調：「堅持房子是用來住的、不是用來炒的定位，加快建立多主體供給、多渠道保障、租購並舉的住房制度，讓全體人民住有所居。」2017 年 12 月中央經濟工作會議提到「完善促進房地產市場平穩健康發展的長效機制，保持房地產市場調控政策連續性和穩定性，分清中央和地方事權，實行差別化調控」。

2004—2014 年，可以看作是中國政府摸著石頭過河的 10 年，從需求端調控無力，轉而嘗試供給端調控，即 2015 年提出的「供給側改革」。圖 1-4-1 為 2005 年 7 月至 2017 年 7 月每輪調控後的房價變化趨勢。

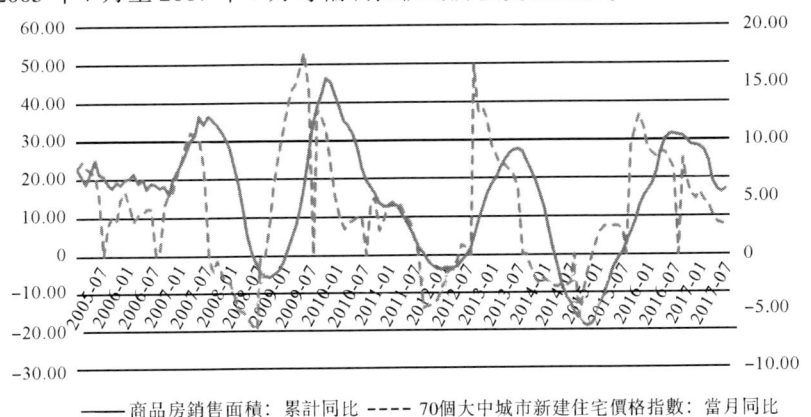

—— 商品房銷售面積：累計同比　---- 70 個大中城市新建住宅價格指數：當月同比

圖 1-4-1　2005 年 7 月至 2017 年 7 月每輪調控後的房價變化趨勢
數據來源：國家統計局資料。

與市場上排號搖號、開盤售罄的現象相比，很多地區的商品房空置面積確實逐年上升（見圖1-4-2），側面反應了高房價與購買力的矛盾逐年增加。

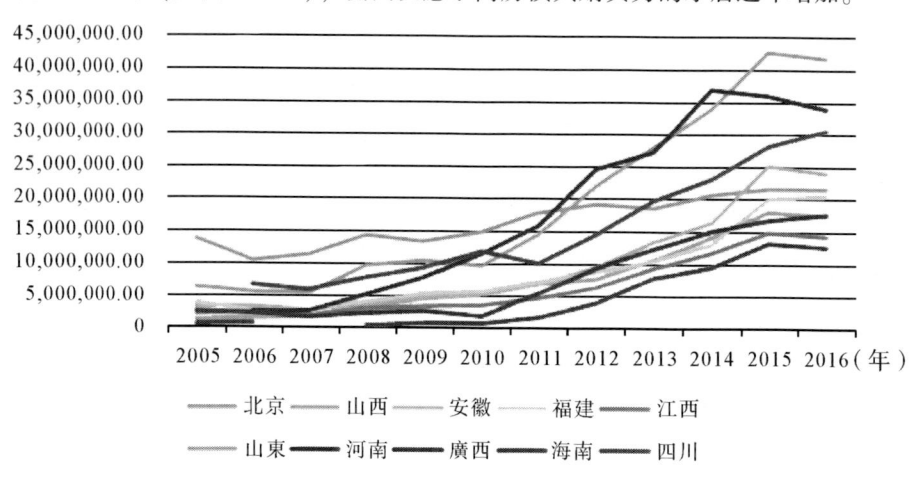

圖1-4-2　地區商品房空置面積

數據來源：國家統計局資料。

圖1-4-3為中國房屋（住宅）平均銷售價格。

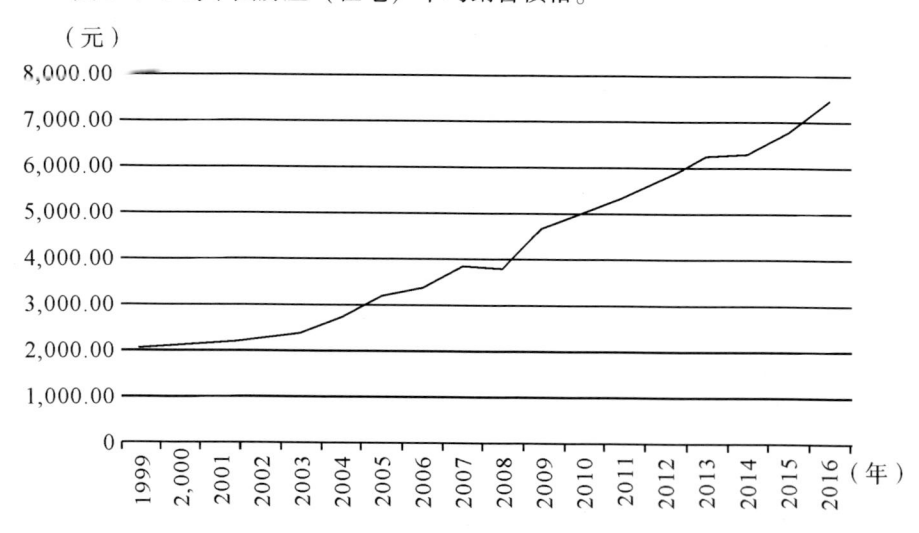

圖1-4-3　中國房屋（住宅）平均銷售價格

數據來源：國家統計局資料。

二、房價上漲，「天花板」在哪

根據世界銀行發布的研究報告，一國住宅產業在人均GDP 300美元時開

始起步；至 1,300 美元時，進入穩定的快速增長期，至 1,500 美元時達到增速的峰值，一直到 8,000 美元時才進入平穩期。世界各國經濟發展的歷史表明，當人均 GDP 超過 1,000 美元時，進入消費升級階段，對大宗商品如房屋、汽車和品牌產品的消費需求加速，並推動自身經濟的高速增長。中國自 2001 年人均 GDP 超過 1,000 美元後，開始帶動一系列的大宗商品的消費。2003 年，中國人均 GDP 為 1,270 美元，住房消費開始進入快速增長期，2005 年中國人均 GDP 已超過 1,500 美元，住房消費增速超過 20%。自 2001 年中國房地產消費市場的興旺拉開了中國進入消費升級週期的序幕。另一國際經驗表明，當人均 GDP 達到 300 美元時，住宅產業開始起步；在 600~800 美元時，住宅業就會進入高速發展期；到 1,300 美元時，進入穩定的快速增長期；到 8,000 美元左右，就進入住宅業平穩發展期。人均 GDP 超過 13,000 美元時，住宅業就會開始衰退。

圖 1-4-4 為 1990—2016 年中國人均 GDP 的變化情況。

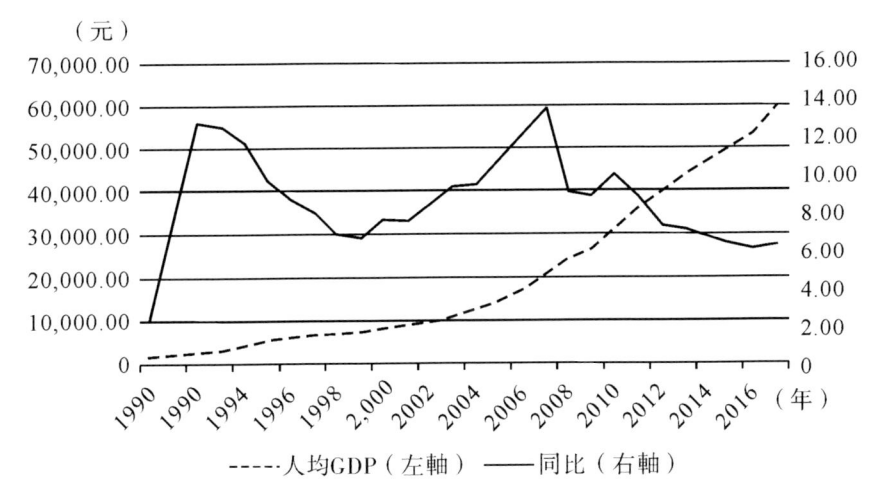

圖 1-4-4　1990—2016 年中國人均 GDP 的變化情況

由圖 1-4-4 的數據可知，中國人均 GDP 在 2017 年已經達到 59,660 元，即 9,421 美元左右（1 美元＝6.332,5 元），中國已經達到了世界銀行劃分的穩定期，但是若考慮到 6% 的增速，人均 GDP 將很快超過 13,000 美元，屆時房價將考驗政府的調控能力與手段。

第二章 中國房價調控政策評估與績效分析

第一節 社會福利、社會成本的測量與估算方式

由於社會福利與社會成本無法由直接數據得到，所以我們參考了不同文獻的測算方法，將不同的測算方法結合 adaboost 算法進行了量化。

一、社會福利因子

表 2-1-1 為社會福利因子的量化數據。

表 2-1-1　社會福利因子的量化數據

社會福利因子	模型	參數說明
物質需求	$W=$物質需求×公平分配×最低保障×精神需求＝人均 GDP×市場化程度×人均低保水準×（1－基尼系數）＝人均 GDP×（1－基尼系數）×低保水準×總物價指數× $M2/GDP$	
公平分配		
最低保障		
精神需求		
人均 GDP		
市場化程度		
人均低保水準		
基尼系數		
總物價指數		
M_2		

表2-1-1(續)

社會福利因子	模型	參數說明		
人力資本				
社會收入差距和社會收入		變量	取值	變量含義及說明
地方政府支出效率		h_1	(0, 2)	表示政府的財政政策
稅收競爭	$W = \sum_{i=1}^{n} \{[1 + h_1 h_2 (1-a) \sum_{i=1}^{n} t_i x_i \pi_i] x_i - \alpha \sum_{j=1}^{n} \|x_i - x_j\| n h_2 (1-h_2)(1-a) a x_i \sum_{j=1}^{n} (x_i - x_j)\} \pi_i$	h_2	(0, 1)	公共福利對社會福利總量產生交互效應，即直接增長效應和間接補償效應，簡稱公共福利交互因子
資本流通程度		a	(0, 1)	社會福利總量在個人絕對收入和貧富差距上的分配權重，簡稱社會福利權重因子
		t_i	(0, 0.35)	第i組收入者應繳的個人所得稅
		π_i	(0, 2)	第i組收入者人口占百分比
		π_j	(0, 2)	第j組收入者人口占百分比
年人均國民收入	$W(I, E) = AI^a E^{1-a}$	W——社會福利函數 I——年人均國民收入（按某一基期歸一化）E——均等程度，$E = 1-$基尼系數 α——權重因子			
個人福利	$W = f(W^1, W^2, W^3, \cdots, W^n)$				
消費者效用指數	$W = \prod_{i=1}^{N} (u_i - \bar{u}_i)^{w_1}$				
個人福祉	$w^j(X) = V^j(\omega_1^j(X), \cdots, \omega_l^j(X))$				
個人幸福感	$w = u^1 + u^2 + u^3 + \cdots + u^l = \sum_{i=1}^{l}$				
個人社會地位自我評價	$w_i = \frac{1}{n} \sum_{j=1}^{n} u_j(X_{ij})$				

表2-1-1(續)

社會福利因子	模型	參數說明	
福利 折扣淨收益 成本效益調整後的 GDP 經濟增長的成本 經濟增長的益處		W_t＝福利 DNB_t＝折扣淨收益＝$CBAGDP_t$ $CBAGDP_t$＝成本效益調整後的 $GDP = \dfrac{[(B_t(GDP_t))-(C_t(GDP_t))]}{(1+r)^2}$ t＝時間 B_t＝經濟成長效益 C_t＝經濟成長成本 r＝折扣率	
GDP 資本設備損毀 經濟增長益處 經濟增長成本 經濟資源損失	$NSW = f(GDP-CL)$ $+(B-GC)-AL$	參數	說明
^	^	NSW	淨社會福利
^	^	GDP	國內生產總值
^	^	CL	資本設備損毀
^	^	B	經濟增長益處
^	^	GC	經濟增長成本
^	^	AL	自然資源損失
平均收入 y 和基尼系數	$W = y(1-gini)$		
勞動供給 主觀貼現因子 資本偏額 家庭偏好參數	$\text{Max} \int_0^\infty \dfrac{[C_t^r(1-l_t)^{1-r}]^{1-\sigma}-1}{1-\sigma} e^{-\rho t} dt$		

二、成本因子

表 2-1-2 為城鎮化社會成本構成及意義。

表 2-1-2　城鎮化社會成本構成及意義

總量成本	分項成本	指標成本	備註
社會成本	個人成本	日常生活成本	可以反應個人或家庭城鎮日常生活開支
		城鎮住房成本	可以反應在城鎮購房安家的支出
		自我保障成本	可以反應各種保險個人支出
	公共成本	就業崗位投資成本	可反應城鎮化過程中，政府和企業等主體為了促進城鎮化和市民化而進行的資金投入，其中，政府為主，企業為輔
		城鎮用地投資成本	
		基礎設施投資成本	
		公共管理投資成本	
		社會保障投資成本	
		義務教育投資成本	

表 2-1-3 為社會成本指標體系表。

表 2-1-3　社會成本指標體系表

	一級指標	二級指標
個人和家庭層次（L_1）	個人發展空間滿意度（M_1）	就業情況（I_1）
		收入情況（I_2）
		受教育情況（I_3）
	生活質量滿意度（M_2）	衣（I_4）
		食（I_5）
		住（I_6）
		行（I_7）

表2-1-3(續)

	一級指標	二級指標
鄰里和社區層次（L_2）	社區環境滿意度（M_3）	垃圾處理（I_8）
		污水排放（I_9）
		空氣質量（I_{10}）
	社區基礎設施滿意度（M_4）	郵電通信設施（I_{11}）
		能源供應設施（I_{12}）
		交通設施成本（I_{13}）
		供水排水設施（I_{14}）
		環保設施（I_{15}）
		防災設施（I_{16}）
	社區公共服務設施滿意度（M_5）	學校（I_{17}）
		圖書館（I_{18}）
		廣場（I_{19}）
		體育健身設施（I_{20}）
		衛生室（I_{21}）
		行政辦公室（I_{22}）
		停車場（I_{23}）
		公共廁所（I_{24}）
社會發展層次（L_3）	社會補償滿意度（M_6）	土地補償（I_{25}）
		危房補償（I_{26}）
		就業補償（I_{27}）
	社會保障滿意度（M_7）	養老保障（I_{28}）
		醫療保障（I_{29}）
		教育保障（I_{30}）

表2-1-4為各變量要素、非結構性要素和結構性要素。

表 2-1-4　各變量要素、非結構性要素和結構性要素

變量（要素）層		非結構性要素	結構性要素
人口發展指數		預期壽命、人口自然增長率、老齡化率	全社會文盲率
社會結構指數		城市化率、三人戶占總戶數比例	第三產業勞動者比例
生活質量指數	居民生活條件	家庭電話普及率	人均收入水準、千人擁有醫生數、人均住房面積、人均公共衛生財政支出
	居民消費水準	文化消費支出	人均消費支出、恩格爾系數
社會公平指數		城鄉收入水準差距	就業公平度、受教育公平度
社會安全指數			城鎮就業率、貧困發生率
社會保障指數		贍養比	社會保障覆蓋率
社會潛在效能指數			勞動者文盲比例、勞動者教育結構
社會創造能力指數		欠教育人口參與比、二生產人口參與比	科學家、工程師參與比
教育投入指數			教育經費支出占 GDP 比例、教育經費占全國份額
教育規模指數			萬人中等學校在校學生數、萬人在校學生數、平均每所中等學校學生數、萬人擁有中等學校教師數、萬人擁有大學教師數
教育成就指數			學齡兒童入學率、中等以上在校學生數占在校學生總數比例、文盲減少率
科技資源指數	科技人力資源		地方科技事業費、科技三費占財政支出比例、科技人員平均經費
	科技經費資源	R&D 經費占 GDP 比例、大型企業技術開發費占產品銷售收入比例、企業研發經費與政府研究經費之比	

表2-1-4(續)

變量（要素）層		非結構性要素	結構性要素
科技產出指數	科技論文產出	千名科技人員論文數、科技效率系數	
	專利產出能力	萬人專利申請量、各省專利占全國份額	
科技貢獻指數	直接經濟效益		
	間接經濟效益		
政府效率指數	政府財政效率	政策性虧損補貼占財政支出比例	財政自給率、人均財政收入
	政府工作效率	每個公務員創造的服務效益	公務員占就業人數比例、行政管理費用占財政支出比例、政府消費占GDP比例
經社調控指數	經濟調控績效	經濟波動系數、政府出口導向能力	市場化程度
	社會調控績效	城鄉收入差距變動、城市化率增長率	失業率變化率
環境管理指數			

第二節　樓市迷局中某商業銀行住房抵押貸款信用風險實證分析

一、引言

　　自2008年以來，中國大部分城市的房地產市場出現新一輪的飆升，房價創下歷年新高，過多的投機性需求引致了國內房地產市場的繁榮。向銀行貸款、分期付款買房成為目前消費者買房的主要方式，商業銀行個人住房按揭貸款業務得到了飛速發展，雖然個人住房按揭貸款屬於零售性貸款，管理成本相對較高，但以其擔保可靠、收益高和低風險的特點受到各大商業銀行的青睞，成為一種新的消費熱點和經濟發展的新增長點。然而這背後潛藏的商業銀行房地產貸款的信用風險是不容忽視的。金融危機的陰影尚未完全退去，宏觀經濟還面臨諸多不確定性，在樓市調控政策的影響下，政府、房地產商、購房者之間陷入三角迷局：政府在考察前期政策執行效果的基礎上，靜觀市場行為，審

慎調控；一些開發商資金流相對充裕，價格依然堅挺；購房者期盼價格下跌，觀望與恐慌並存，導致成交量下跌和市場冷熱不均。樓市的這種對峙局面不會長久，因為參與者都沒有實現效用最大化，一旦迷局被打破，市場將受到一定程度的衝擊。為防範房地產市場動盪對商業銀行穩健經營帶來的負面衝擊，通過壓力測試找出商業銀行住房抵押貸款資產池信用風險的預警機制和監控信號，並進行積極的風險管理，意義尤為重大。

二、研究方法

本書建立宏觀風險因子與違約率之間的 VAR 模型，通過脈衝回應分析單個風險變量在受到不同衝擊下對貸款違約率的影響，進行貸款池的宏觀風險敏感性測試，同時考慮變量之間的誘發機制與對沖性，使用 Copula 函數建立違約率與眾多宏觀風險變量之間的聯繫，考察相關風險變量同時受到某種強度衝擊時，對住房抵押貸款資產質量的影響。這裡簡要介紹相關理論模型和原理：

（一）壓力測試原理

根據 IMF 的定義，壓力測試（Stress Testing）是指一系列用來評估一些異常但又可信的宏觀經濟衝擊對金融體系脆弱性影響的技術總稱。具體而言，它是指將整個金融機構或資產組合置於某一特定的極端市場情況下，如假設利率驟升 100 個基本點，某一貨幣突然貶值 30%，股價暴跌 20% 等異常的市場變化，然後測試該金融機構或資產組合在這些關鍵市場變量突變的壓力下的表現狀況。

壓力測試通常分為情景分析法和靈敏度分析法。情景測試是假設分析多個風險因素同時發生變化以及某些極端不利事件發生對銀行風險暴露和銀行承受風險能力的影響。根據假設程度的不同，壓力測試情景按衝擊不斷增強的順序一般包括輕度壓力、中度壓力以及嚴重壓力，其中輕度壓力也比目前實際情況更為嚴峻。靈敏度測試旨在測量單個重要風險因素或少數幾項關係密切的因素由於假設變動對銀行風險暴露和銀行承受風險能力的影響，與情景分析不同的是，它是在測定某個宏觀風險因子對銀行風險影響時，設定其他風險變量保持不變。

假設 P^t 為住房抵押貸款池的違約概率，它與宏觀風險因子 $X_t \in (x_1, x_2, \cdots, x_n)_t^T$ 的關係可以描述為：

$$P^t = f(X_t) = f((x_1, x_2, \cdots, x_n)_t^T) \qquad (2\text{-}2\text{-}1)$$

在給定不同的衝擊情景 Sc 下，壓力測試模型可以表示為：

$$P_{ij}^{t+1}(Sc) = \begin{matrix} f((x_1, x_2, \cdots, x_n)_t^T \mid Sc_1), \\ f((x_1, x_2, \cdots, x_n)_t^T \mid Sc_2), \\ \cdots \cdots \\ f((x_1, x_2, \cdots, x_n)_t^T \mid Sc_n). \end{matrix} \qquad (2-2-2)$$

其中，$Sc_i = F(D, S, P, T)$，$i = 1, 2, \cdots n$ 為不同的情景，它包含衝擊的方向 D、衝擊的強度 S、衝擊的概率 P、衝擊的時間 T 等因素。本書受數據可得限制，僅考慮方向和強度兩個因素。

在考慮宏觀風險因子的誘發機制與對沖性的情景測試中，我們使用的違約率的衝擊模型為：

$$P_{ij}^{t+1}(Sc) = \begin{matrix} f((x_1, x_2, \cdots, x_n \mid Sc = Bad), \ Bad = sd1, \\ f((x_1, x_2, \cdots, x_n)_t^T \mid Sc = Worse), \ Worse = sd3, \\ f((x_1, x_2, \cdots, x_n)_t^T \mid Sc = Worst), \ Worst = sd6. \end{matrix} \qquad (2-2-3)$$

其中 $sd1$、$sd3$、$sd6$ 表示通過對相關變量原始時間序列數據向上或向下平移 1 個標準差、3 倍標差、6 倍標差，它們分別對應輕度、中度和重度三種衝擊情景。平移的方向取決於風險因子的經濟意義。

靈敏度測試考察單一宏觀風險因子對住房抵押貸款違約概率的影響，例如，變量 x_1 受到不同強度衝擊對 $P_{ij}^t(\cdot)$ 的影響可以描述為式（2-2-4）所示，其中 $Sc_i(i = 1, 2, 3)$ 分別表示輕度衝擊、中度衝擊和重度衝擊，分別對應於 1 個標準差、3 倍標差、6 倍標差的衝擊。

$$P^{t+1}(Sc_i) = f((x_1^{t+1}, \cdots, x_m^{t+1})_t^T \mid Sc_i) = f(x_1^{t+1} \pm sd_k, x_2^{t+1}, \cdots, x_m^{t+1})_t^T \qquad (2-2-4)$$

（二）信用風險模型

1. VAR 模型

VAR 模型是一種非結構化的方程模型，常用於預測相互聯繫的時間序列系統及分析隨機擾動對變量系統的動態衝擊，從而解釋各種經濟衝擊對經濟變量形成的影響。最一般的 VAR(p) 模型的數學表達式為：

$$Y_t = A_0 + A_1 Y_{t-1} + \cdots + A_p Y_{t-p} + \varepsilon_t \qquad (2-2-5)$$

其中，Y_t 是 m 維內生變量向量，A_0 為常數向量，$A_i(i = 1, 2, 3, \cdots p)$ 為系數矩陣，ε_t 為 m 維誤差向量，其協方差矩陣為 Ω，且 $E(\varepsilon_t) = 0$，$E(\varepsilon_t \varepsilon_t^{'}) = \Omega$。在估計模型之前，需要確定模型的滯後階數，最佳的滯後階數能夠保證誤差項為白噪聲，一般根據 AIC 和 SC 信息量取值最小的原則或 LR 法確定模型的滯後階數。

2. Granger 因果檢驗

Granger 因果檢驗方法是檢驗變量間因果關係的一個重要方法,其基本原理是:在做 Y 對其他變量(包括自身的過去值)的迴歸時,如果把 X 的滯後值包括進來能顯著地改進對 Y 的預測,我們就說 X 是 Y 的(Granger)原因;類似地,定義 Y 是 X 的(Granger)原因。為此需要構造:

無條件限制模型:$Y_t = \alpha + \sum_{i=1}^{m} \alpha_i \Delta Y_{t-i} + \sum_{j=1}^{k} \beta_j \Delta X_{t-j} + \mu_t$ (2-2-6)

有條件限制模型:$Y_t = \alpha + \sum_{i=1}^{m} \alpha_i \Delta Y_{t-i} + \mu_t$ (2-2-7)

其中 μ_t 為白噪聲序列,α、β 為系數。n 為樣本量,m、k 分別為 Y_t、X_t 變量的滯後階數,令 (2-2-6) 式的殘差平方和為 ESS_1,(2-2-7) 式的殘差平方和為 ESS_0。

原假設 $H0: \beta_j = 0$;備擇假設 $H1: \beta_j \neq 0$,$(j = 1, 2, 3, \cdots k)$,若原假設成立則:

$$F = \frac{(ESS_0 - ESS_1)/m}{ESS_1/(n-k-m-1)} \sim F(m, n-k-m-1) \quad (2\text{-}2\text{-}8)$$

即 F 的統計量服從第一自由度為 m,第二自由度為 $n-(k+m+1)$ 的 F 分佈。若 F 檢驗值大於標準 F 分佈的臨界值,則拒絕原假設,說明 X 的變化是 Y 變化的原因。

(三) 宏觀風險因子衝擊模型

1. 脈衝回應分析

脈衝回應函數(Impulse Response Functions,IRF)用於衡量來自隨機擾動項的一個衝擊對內生變量當前值和未來值的影響,並且擾動項對某一變量的衝擊影響通過 VAR 模型的動態結構傳遞給其他所有的變量。對於任何一個 VAR 模型都可以表示成為一個無限階的向量 MA(∞)過程。

$$Y_{t+s} = U_{t+s} + \varphi_1 U_{t+s-1} + \varphi_2 U_{t+s-2} + \varphi_s U_t + \cdots$$

$$\varphi_s = \frac{\partial Y_{t+s}}{\partial U_t} \quad (2\text{-}2\text{-}9)$$

φ_s 中第 i 行第 j 列元素表示的是,令其他誤差項在任何時期都不變的條件下,當第 j 個變量 $y_{j,t}$ 對應的誤差項 $u_{j,t}$ 在 t 期受到一個單位的衝擊後,對第 i 個內生變量 $y_{i,t}$ 在 $t+s$ 期造成的影響。

若把 φ_s 中第 i 行第 j 列元素看作是滯後期 s 的函數

$$\frac{\partial y_{i,t+s}}{\partial u_{j,t}}, \ s = 1, 2, 3, \cdots \quad (2\text{-}2\text{-}10)$$

則上式稱作脈衝回應函數，它描述了其他變量在 t 期以及以前各期保持不變的前提下，y_i 在 $t+s$ 時對 u_j 在 t 時刻受到一次衝擊的回應過程。這樣，我們可以根據假設情景需要，設定衝擊的強度和方向，不但可以分析違約率受到影響的大小、方向，而且可以得到影響的時間框架。

2. t-Copula 函數

本研究所涉及的壓力測試情景分析，要考察眾多宏觀風險變量同時發生作用對住房抵押貸款違約率的影響，需要考慮各變量之間存在的誘發機制和對沖機制，長期的研究發現 Copula 是比較理想的選擇。Copula 函數的種類很多，而 t-copula 函數具有更厚的尾部，對變量間尾部相關的變化更為敏感，能夠更好地捕捉金融市場間的尾部相關，為此我們選擇 t-Copula 函數。一個簡單的二元 t-Copula 函數具體形式如下：

$$C_t^{v,\rho}(x,y) = \int_{-\infty}^{t_v^{-1}(x)} \int_{-\infty}^{t_v^{-1}(y)} \frac{1}{2\pi(1-\rho^2)^{\frac{1}{2}}} \left[1 + \frac{s^2 - 2\rho st + t^2}{v(1-\rho^2)}\right]^{-\frac{v+2}{2}} ds dt \quad (2\text{-}2\text{-}11)$$

其中，ρ 為相關係數，$t_v^{-1}(x)$ 是自由度為 v 的標準 t 分佈函數的逆。我們使用 t-Copula 方法來度量多元宏觀風險變量與貸款違約率之間的內在結構，並模擬未來宏觀風險因子受到某種不同的衝擊下，貸款的預期資產質量。

三、實證分析

根據前面介紹的相關理論，我們選定某股份制商業銀行的住房抵押貸款為對象進行研究。

（一）數據準備

首先，從銀行信貸數據庫挖掘自 2011 年 1 月至 2012 年 10 月共 22 期的個人住房抵押貸款還款情況及相應的風險分類數據，計算出該銀行住房抵押貸款違約率的時間序列。其次，通過中經網和國家統計局等專業數據機構，收集自 2011 年 1 月至 2012 年 10 月的相關數據（包括全國國內生產總值增速、房屋租賃價格指數、四川省住房價格指數等 29 個全國和四川省的相關宏觀經濟變量的數據）。具體如表 2-2-1 所示。

表 2-2-1　宏觀風險因子列表

編號	變量名（全國：N）	編號	變量名（四川：S）
x01	國內生產總值增速（N）	x16	全部單位從業人員勞動報酬（S）
x02	貨幣（M_1）同比增速（N）	x17	城鎮家庭人均可支配月收入（S）

表2-2-1(續)

編號	變量名（全國：N）	編號	變量名（四川：S）
x03	居民消費價格指數（N）	x18	城鎮家庭人均居住支出（S）
x04	居民居住消費價格指數（N）	x19	居民消費價格指數（S）
x05	建築材料及五金電料零售價格指數（N）	x20	居民食品消費價格指數（S）
x06	房地產銷售價格指數_當月（N）	x21	居民居住消費價格指數（S）
x07	房地產開發綜合景氣指數_當月（N）	x22	食品零售價格指數（S）
x08	商品房銷售額（N）	x23	工業品出廠價格指數（S）
x09	房屋銷售價格指數（N）	x24	社會消費品零售總額（S）
x10	房屋租賃價格指數（N）	x25	房地產價格指數（S）
x11	物業管理價格指數（N）	x26	房屋租賃價格指數（S）
x12	出口額_當月同比增速（N）	x27	全部城鎮單位從業人員數（S）
x13	城鎮家庭人均實際月收入（N）	x28	建築安裝工程投資價格指數（S）
x14	城鎮家庭人均可支配月收入（N）	x29	GDP增速（S）
x15	利率（N）		

為保證研究的科學性和精確度，我們通過數據替換、線性插值和Cubic Spine插值等方法處理數據缺失和數據異常值。

（二）模型的建立及相關檢驗

我們將29個宏觀經濟變量與違約概率（PD）進行Granger因果檢驗，發現國內生產總值增速（GDP）、房地產銷售價格指數（HPI）、四川省城鎮家庭人均可支配月收入（SDPI）等幾個變量能引起住房抵押貸款違約概率變化。建立PD、GDP、HPI、SDPI為四個變量的VAR模型，利用AIC準則選擇選擇2期滯後模型，模型如下：

$$\begin{cases} PD = 0.067, 4\times PD_{t-1} - 0.207, 4\times PD_{t-2} + 0.011, 5\times GDP_{t-1} - 0.023, 9\times GDP_{t-2} + 0.004, 5\times HPI_{t-1} \\ \quad -0.002, 5\times HPI_{t-2} - 1.578, 2e{-06}\times SDPI_{t-1} + 1.508, 7e{-05}\times SDPI_{t-2} - 0.076, 4 \\ GDP = 5.830, 2\times PD_{t-1} + 8.810, 1\times PD_{t-2} + 1.846, 8\times GDP_{t-1} - 0.605, 9\times GDP_{t-2} + 0.109, 5\times HPI_{t-1} \\ \quad -0.136, 9\times HPI_{t-2} + 0.000, 76\times SDPI_{t-1} + 0.001\times SDPI_{t-2} - 1.702, 3 \\ HPI = 0.703, 8\times PD_{t-1} - 32.113, 3\times PD_{t-2} + 1.467, 7\times GDP_{t-1} + 0.245, 3\times GDP_{t-2} + 1.033, 4\times HPI_{t-1} \\ \quad -0.539, 6\times HPI_{t-2} + 0.000, 85\times SDPI_{t-1} - 0.000, 46\times SDPI_{t-2} + 33.157, 2 \\ SDPI = -84.864, 1\times PD_{t-1} - 172.288\times PD_{t-2} - 123.810, 2\times GDP_{t-1} - 30.78\times GDP_{t-2} - 50.062\times HPI_{t-1} \\ \quad +99.697, 2\times HPI_{t-2} + 0.163, 6\times SDPI_{t-1} - 0.222, 3\times SDPI_{t-2} - 2,440.456, 863 \end{cases}$$

模型的相關檢驗如表 2-2-2 所示。

表 2-2-2　VAR 模型檢驗

方程	預測精度檢驗		殘差檢驗		
	R-Square	標準差	DW 值	正態 Chi-Sq	Prob.
PD	0.623, 341	0.006, 637	2.123, 47	3.923, 961	0.047, 6
GDP	0.981, 154	0.965, 916	2.643, 56	3.418, 422	0.064, 5
HPI	0.974, 998	3.108, 293	2.318, 37	4.460, 564	0.034, 7
SDPI	0.714, 313	123.831, 5	2.081, 32	3.942, 693	0.047, 1

從表 2-2-2 可以看出四個方程的擬合優度分別為 0.623、0.981、0.975 和 0.714，說明模型的擬合性很好，模型能很好地度量幾個變量之間的關係且預測精度較好，具有穩定性。同時 DW 值都在 2 附近，說明變量間不存在自相關。四個方程的殘差滿足正態性。

模型的穩定性檢驗如圖 2-2-1 所示。

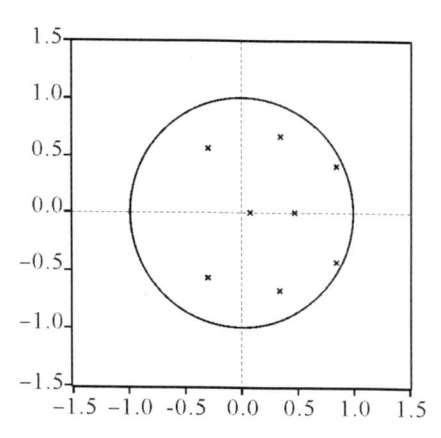

圖 2-2-1　AR 特徵多項式的逆根

由圖 2-2-1 可以看出所有的單位根均在單位圓內，表明模型的殘差穩定性很好，可以用於本書後續的壓力測試研究。

（三）靈敏度測試

表 2-2-3 為貸款違約率對風險因子的衝擊回應情況。

表 2-2-3　貸款違約率對風險因子的衝擊回應

風險因子	衝擊方向	衝擊回應時間	輕度效應	中度效應	重度效應
GDP	負向	第 2 期	0.011,543	0.041,302	0.082,613
HPI	負向	第 2 期	0.004,503	0.013,621	0.027,586
SDPI	負向	第 3 期	0.000,027	0.000,079	0.000,166

根據 IRF 原理，將上述衝擊回應結果進行整理，得到單一宏觀風險因子在受到不同的衝擊時，對住房抵押貸款違約概率的影響情況。表 2-2-4 為住房抵押貸款違約率靈敏度測試結果。

表 2-2-4　住房抵押貸款違約率靈敏度測試結果

風險變量	資產池違約概率			
	原值	輕度衝擊	中度衝擊	重度衝擊
GDP	0.515,1%	1.586,0%	4.347,3%	8.180,3%
HPI	0.515,1%	1.862,3%	4.590,3%	8.768,6%
SDPI	0.515,1%	0.845,3%	1.481,4%	2.545,7%

GDP、HPI 和 SDPI 三項指標分別受到輕度、中度和重度衝擊時，對該行的住房抵押貸款的影響在第 2 期達到最大。從長期來看，上述三項指標的負向衝擊會推動違約概率上升。

（四）情景測試

利用 t-Copula 函數，建立住房抵押貸款違約率（PD）與國內生產總值增速（GDP）、房屋銷售格指數（HPI）、四川省城鎮家庭人均可支配月收入（SDPI）三個變量的 Copula 函數，在 MATLAB 中編程模擬這三個變量同時受到輕度（1 倍標差）、中度（3 倍標差）、重度（6 倍標差）等不同強度衝擊下，住房抵押貸款違約率變化情況。具體如圖 2-2-2 所示。

從圖 2-2-2 可以看出，正常情況下該行住房抵押貸款違約率僅 0.5%，資產質量較好；輕度和中度情況下，違約率分別上升 2.25 倍和 8.59 倍，達到 1.16% 和 4.42%，銀行抗風險能力較強；但在重度情況下（樣本數據計算該假

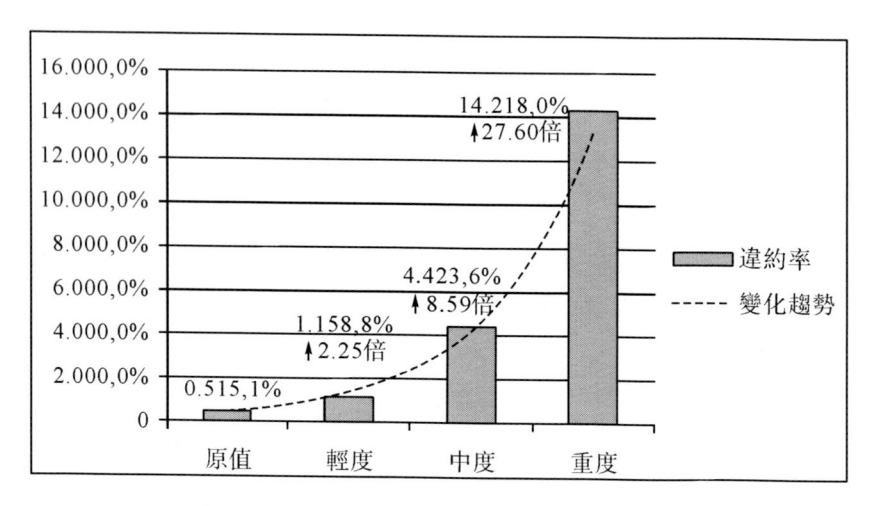

圖 2-2-2　住房抵押貸款違約率情景測試結果

設情景為：國內生產總值增速下降 5.5%，住房銷售價格指數下降 18%，四川省城鎮家庭人均可支配月收入下降 30%），該銀行住房抵押貸款違約率會上升至 14.2%，較正常情況增加 27 倍。

四、結論

通過研究發現，樣本銀行住房抵押貸款資產池違約率最為敏感的風險變量分別是國內生產總值增速、房屋銷售價格指數、四川省城鎮家庭人均可支配月收入，其中影響最大的是房屋銷售價格指數，其次是國內生產總值增速。在重度衝擊下，使違約概率從正常情況下的 0.5% 分別上升至 8.76% 和 8.18%。其原因是房屋銷售價格指數直接代表了購房者資產價值的變化情況，房價下降帶來的資產縮水會影響貸款者的還款積極性，引起違約概率上升。當房價下降過多過快時，將導致出現住房抵押貸款的大面積違約現象。

通過前面對樣本銀行住房抵押貸款壓力測試的實證研究，我們得出兩點結論：

第一，樓市調控的目標是市場而不應該是房價。通過一系列的措施調節供需矛盾，促進市場健康、理性發展，在此基礎上穩定房價，使房價與居民的購買力相匹配。同時在調控的過程中要考慮政策的力度和市場容忍度，以保證樓市的穩步理性迴歸，防止因干預過激導致價格過快下降。實證表明樣本銀行在房價下跌 30% 的情況下，將導致銀行違約率有一定程度的上升。

第二，樓市調控的基礎宏觀經濟持續增長。經濟增長是產出、就業、居民

收入的動力，這些因素的變動會對銀行住房貸款資產生影響。在當前宏觀形勢下，經濟復甦勢頭良好但基礎薄弱，外部因素複雜多變，調控政策應當考慮樓市和整個宏觀經濟的聯動性，一旦調控誤傷到宏觀經濟發展，樓市、銀行將不能獨善其身。

第三節　基於社會成本干預模型研究的房價調控政策績效評估

一、引言

近年來，國家出抬了一系列的房價調控政策，旨在拉動 GDP 增長，解決住房難等問題。國家的政策影響著社會的成本，從中國房價調控來看，是牽一髮而動全身，牽涉個體居民、社區建設、開發商收益以及中央和地方政府等諸多群體，同時影響消費、投資以及政府尋租等相關行為。然而政策中的不當之處對社會的運行造成了一定的阻力和負擔。具體負面影響為房地產開發商利用局部、區域、資源壟斷的方式來控制消費者，進而進行壟斷定價，促成了開發商和個別人的暴富，拉大了收入差距，同時加劇了通貨膨脹和物價壓力，並一定程度上形成了房價連帶物價增長過快造成的潛在金融危機，加速了中國居民住房貸款占比的增速以及房地產開發貸款餘額的擴大。這些阻力和負擔直接降低了房價調控政策的績效。

本研究首先從社會成本的干預模型出發，結合房價調控政策，其次利用層次分析法、馬爾科夫鏈、壓力測試等綜合評估房價調控政策的績效，最後提出降低社會成本來提高房價調控政策績效的建議。

二、文獻綜述

西方著名學者科斯（2002）將社會成本定義為交易的成本與私人的成本的總和。而經濟學家西蒙·德·西斯蒙第（2005）在其 1929 年出版的《政治經濟學新原理》中提出：社會成本是因為失業、廢物的流失等所造成的、由企業應負擔的一種損害。國內學者許蕾（2008）等認為，社會成本是指個人、經濟組織和國家政府在進行各類活動時所產生的所有成本的總和。

在追求社會可持續發展的經濟背景下，田茂華（2014）等指出要從社會成本角度出發，尋求可持續的經濟發展模式，目前社會成本主要包含私人的成本、外部的成本和公共的支出成本三部分。趙成美（2014）則表示，社會的

成本主要指在經濟發展過程中出現的幸福感的下降和社會秩序的破壞，其將社會成本歸納為一個與私人成本、生態成本相並列的概念。

基於社會成本是政府績效和政策調控績效以及整個社會的經濟發展質量的較好反應指標，國內外學者越來越重視該指標的相關研究，建立了社會成本核算模型，但仍沒有建立起指標體系及具體量化社會成本。本書在核算房價調控政策績效時，綜合考慮了社會成本中的外在成本，並參照《新帕爾格雷夫經濟學大辭典》和科內爾界定的外在社會成本指標，包括人力資源配置因素方面、自然資源因素方面、經濟運行因素方面、生態環境因素方面等一級指標，再列出二級且可以量化的指標，同時剔除如地震等不可抗拒且損失較高的指標，來建立社會成本核算體系。創新之處在於：

（1）系統地考慮了社會成本組成部分的各個因子，並採用層次分析法構建一個抽象的社會成本指數便於後期分析；

（2）構建離散非穩定的馬爾科夫鏈，動態地即時地跟蹤社會成本的遷徙狀態；

（3）採用壓力測試的靈敏度分析法系統地研究了中國抑制性房地產調控政策。

三、抑制性調控政策對社會成本壓力測試模型構建

本書根據平均隨機一致性指標**RI**值對照表與 Saaty 標度，運用層次分析法，構造各層次的判斷矩陣 P，求解特徵向量 W。計算判斷矩陣的最大特徵值 λ_{max} 代入一致性檢驗公式：CR＝CI/RI 其中 CI＝$(\lambda_{max} - n)/(n-1)$ 得出各年社會成本評估體系的指標係數，進行實證數據的代入，最終得出各年的社會成本額。根據該分類標準，風險遷徙矩陣構建如表 2-3-1 所示。

表 2-3-1 風險遷徙矩陣

	標差分佈
A：	$> 3\delta$
B：	$> 2\delta \& < 3\delta$
C：	$> 1\delta \& < 2\delta$
D：	$< \mid 1\delta \mid$
E：	$> -1\delta \& < -2\delta$
F：	$> -2\delta \& < -3\delta$
G：	$> -3\delta$

$$P_{ij} = \begin{pmatrix} & A & B & C & D & E & F & G \\ A & A-A & A-B & A-C & A-D & A-E & A-F & A-G \\ B & B-A & B-B & B-C & B-D & B-E & B-F & B-G \\ C & C-A & C-B & C-C & C-D & C-E & C-F & C-G \\ D & D-A & D-B & D-C & D-D & D-E & D-F & D-G \\ E & E-A & E-B & E-C & E-D & E-E & E-F & E-G \\ F & F-A & F-B & F-C & F-D & F-E & F-F & F-G \\ G & G-A & G-B & G-C & G-D & G-E & G-F & G-G \end{pmatrix}$$

根據 L. D. 史密斯、S. M. 桑切斯和 E. C. 勞倫斯提出的理論以及離散非穩定狀態離散馬爾科夫鏈原理，可得出歷年社會成本的概率分佈 $P^{t+1}(\Pi)$，$\Pi \in \{A, B, C, D, E, F, G\}$ 如下：

$$P^{t+1}(j) = \sum_{n=A}^{G} P^{t}(i) \cdot P^{t+1}_{nj}, \quad j = A, B, C, D, E, F, G, \quad n \leqslant j \qquad 式（2-3-1）$$

其中 P^{t+1}_{ij} 為社會成本狀態值 i 到狀態值 j 的預期風險遷徙概率，需要對其取值進行估算，得到社會成本值遷徙概率分佈函數如下：

$$P^{t+1}_{Sc}(\Pi) = \begin{cases} \sum_{i=A}^{G} P^{t}(i) \cdot P^{t+1}_{ij}(Sc), & Sc = 情景1, \\ \sum_{i=A}^{G} P^{t}(i) \cdot P^{t+1}_{ij}(Sc), & Sc = 情景2, \\ \cdots\cdots \\ \sum_{i=A}^{G} P^{t}(i) \cdot P^{t+1}_{ij}(Sc), & Sc = 情景n. \end{cases} \qquad 式（2-3-2）$$

假設社會成本總額遷徙概率 P^{t+1}_{ij}，$i = A, B, C, D, E, F, G$，$j = A, B, C, D, E, F, G$ 跟政府調控政策因子 $X \in (x_1, x_2, \cdots, x_n)^T$ 之間有一個函數關係式：

$$\begin{cases} P^{t}_{ij} = f(X_t) = f((x_1, x_2, \cdots, x_n)^T_t), \\ i = A, B, C, D, E, F, G, \\ j = A, B, C, D, E, F, G. \end{cases} \qquad 式（2-3-3）$$

用矩陣 Kendall's Tau 衡量其統計顯著性。為降低模型誤差，對 $f((x_1, x_2, \cdots, x_n)^T_t)$ 的具體表達形式並未做出任何假設，將採用蒙特卡洛的算法，模擬 $X \in (x_1, x_2, \cdots, x_n)^T$ 在每年政府政策調整變化的衝擊下，P^{t+1}_{ij} 的取值情況：

$$P_{ij}^{t+1}(Sc) = \begin{cases} f((x_1, x_2, \cdots, x_n)_t^T \mid Sc), & Sc = 情景 1, \\ f((x_1, x_2, \cdots, x_n)_t^T \mid Sc), & Sc = 情景 2, \\ \cdots\cdots \\ f((x_1, x_2, \cdots, x_n)_t^T \mid Sc), & Sc = 情景 n. \end{cases} \quad 式(2-3-4)$$

$i = A, B, C, D, E, F, G, j = A, B, C, D, E, F, G, f((x_1, x_2, \cdots, x_n)_t^T \mid Sc), Sc = Scenario\ k, k = 1, 2, \cdots, n$ 表示採用函數關係 f 和使用模擬的情景 k 的數據進行對社會成本值遷徙概率 P_{ij}^{t+1} 的估算。

在確定以上模型基本框架的基礎上，採用多元 t-Copula 研究在某一給定強度政府宏觀調控政策的衝擊下，尤其是對房地產和銀行兩個行業的抑制性調控政策及社會成本遷徙概率的變化狀況，主要包括考慮風險因子間的對冲效應和誘發機制的情景分析。

我們使用邊際經驗分佈函數的多元 t-Copula 來模擬現實數據的肥尾現象。設 $X = (x_1, \cdots, x_k)^T, k = 1, 2, \cdots, n$ 為 n 個對社會成本值遷徙概率 P_{ij} 呈統計顯著相關的房地產和銀行調控政策因子，$F_k(x_k), k = 1, 2, \cdots n$ 為其對應邊際經驗分佈函數，根據多元 t-Copula 的定義，得到多變量模擬模型的廣義表達式為：

$$C_T(P_{ij}, x_1, x_2, \cdots, x_k) = T_{\tau,\upsilon}(F^{-1}(P_{ij}), F_1^{-1}(x_1), F_2^{-1}(x_2), \cdots, F_n^{-1}(x_n)) \quad 式(2-3-5)$$

其中，$F_k^{-1}(x_k), k = 1, 2, \cdots n$ 為邊際經驗分佈函數的反函數，τ 為 Kendall's Tau 係數矩陣，用於衡量社會成本總額遷徙概率 P_{ij} 與政策因子以及政策因子之間的非參數相關係數，根據 C. 吉尼斯特和 J. 麥凱提出的理論，其計算方法為：

$$\tau(X) = 4\int_0^1 \cdots \int_0^1 C_T(X) dC_T(X) - 1 \quad 式(2-3-6)$$

本書將採用多元 t-Copula 模擬研究抑制性房地產和銀行政策對社會成本總額遷徙概率 P_{ij} 的衝擊強度以及與其相對應的發生概率。其表達式為：

$$C_T(P_{ij}, x_1, x_2, \cdots, x_n, \tau) = T_{\tau,\upsilon}(F^{-1}(P_{ij}), F_1^{-1}(x_1), F_2^{-1}(x_2), \cdots, F_n^{-1}(x_n))$$

$$T_{\tau,\upsilon}(x_1, x_2, \cdots, x_n) = \int_{-\infty}^{x_1} \cdots \int_{-\infty}^{x_n} \frac{\Gamma(\frac{\upsilon+n}{2})}{\Gamma(\frac{\upsilon}{2})\sqrt{(\pi\upsilon)^n |\tau|}} (1 + \frac{\upsilon'\tau^{-1}\upsilon}{\upsilon})^{-\frac{\upsilon+n}{2}} d\upsilon$$

$$式(2-3-7)$$

其中 τ 為 Kendall's Tau，由式（2-3-7）給出。本模擬可通過下列步驟

實現：

第一步：計算 Kendall's Tau 非參數相關係數矩陣及其伴隨顯著矩陣，並記錄在 95% 置信水準呈顯著相關的 Tau 值。

第二步：根據 Kendall's Tau 非參數相關係數矩陣，生成自由度為 v 的 t 分佈的隨機變量 $T = (t, t_1, t_2, \cdots, t_n)$，並計算其累積分佈函數 $U = CDF(t, t_1, t_2, \cdots, t_n)$。

第三步：對讀入數據進行排序，計算反函數。

$$F^{-1}(P_{ij}), \ F_1^{-1}(x_1), \ F_2^{-1}(x_2), \ \cdots, \ F_n^{-1}(x_n) \qquad 式（2-3-8）$$

第四步：採用式（2-3-7）計算 t-Copula 模擬結果。

四、實證分析

（一）社會成本的度量與計算

（1）社會成本的度量。

在採用層次分析法對地方政府績效進行評估時，建立包括以下五方面的指標體系：工業污染因素、自然因素、投資損失因素、環境因素、其他因素。其中每個指標分別由多項具體指標組成，共包括 16 個指標（詳細見附表）。以因素層為例計算判斷矩陣的特徵向量，運用兩兩比較重要程度方法計算（見表 2-3-2）。

表 2-3-2　社會成本的度量

T	U_1	U_2	U_3	U_4	U_5
U_1	1	2	5	4	3
U_2	1/2	1	4	3	2
U_3	1/5	1/4	1	1/2	1/3
U_4	1/4	1/3	2	1	1/2
U_5	1/3	1/2	3	2	1

求得 $U \leftarrow \{u_1, u_2, u_3, u_4, u_5\}$ 的徵向量為 $W = (W_1, W_2, W_3, W_4, W_5) = (0.417,4, \ 0.263,4, \ 0.061,5, \ 0.097,5, \ 0.160,2)$。

（2）一致性檢驗。

帶入一致性公式的 $\lambda_{\max} = 5.068,04$，$CR = 0.015,2 < 0.1$，滿足一致性檢驗，則一級指標的權重系數為：$A_1 = (a_1, a_2, a_3, a_4, a_5) = (0.417,4, \ 0.263,4, \ 0.061,5, \ 0.097,5, \ 0.160,2)$。

同理計算出二級指標權重，可得政府績效評估指標的權重分佈（見表 2-3-3）。

表 2-3-3　政府績效評估指標的權重

一級指標	權重	二級指標	權重
工業污染因素 U_1	0.417,4	廢水治理費用 U_{11}	0.417,4
		廢氣治理費用 U_{12}	0.263,4
		固廢治理費用 U_{13}	0.160,2
		噪音治理費用 U_{14}	0.097,5
		其他治理費用 U_{15}	0.016,5
災害因素 U_2	0.263,4	森林火災損失 U_{21}	0.163,4
		地質災害損失 U_{22}	0.569,6
		主要海洋災害損失 U_{23}	0.297,0
投資損失因素 U_3	0.061,5	農村固定資產投資與建房損失 U_{31}	0.195,8
		全社會固定資產投資損失 U_{32}	0.493,4
		全社會住宅投資損失 U_{33}	0.310,8
環境因素 U_4	0.097,5	環境污染治理費用 U_{41}	0.666,7
		工業污染源治理投資 U_{42}	0.333,3
其他因素 U_5	0.160,2	政府衛生支出 U_{43}	0.571,4
		交通事故直接損失 U_{44}	0.285,7
		火災事故直接損失 U_{45}	0.142,9

（3）通過計算得的權重，建立以下公式：$M_i = \sum_{j=1}^{n} \varpi_j \times Y_{ij}$，其中 Y_{ij} 是指標的增長率，ϖ_j 是第 j 項指標的權重。將該公式輸入 Excel，建立評分表格，計算社會成本增長率。

圖 2-3-1 是 2001—2013 年社會成本增長率與 GDP 增長率的折線圖比較。

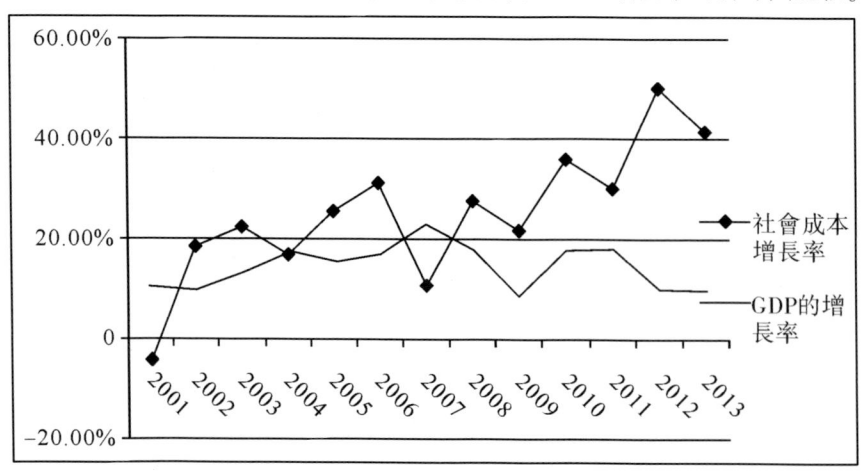

圖 2-3-1　2001—2013 年社會成本增長率與 GDP 的增長率的折線圖比較

圖2-3-1反應了GDP的增長率與社會成本的增長率的關係，從圖中可以看出，2001—2013年，GDP增長率較為穩定，圍繞特定值上下波動，而社會成本增長率卻呈上升趨勢。

在傳統的GDP核算體系中，忽略了一國或者地區自然資源和對環境的破壞以及社會福利的增減變動，同時將各個單位所投入的治理費用與糾錯成本計入了該指標，導致GDP反應國民經濟發展水準的作用中存在水分。而社會成本作為其輔助指標可以在一定程度上彌補其局限性。因此需要綜合考慮社會成本的存在對國家的經濟狀況及經濟發展帶來的負面影響，而用傳統的GDP已不足以反應房價調控政策的真實效果。

（二）抑制性房地產業政策因子確定

陳俊剛（2013）指出，中國房地產開發資金鏈條中，有60%以上的開發資金來源於銀行融資，資金高度集中於商業銀行，使得銀行信貸承載了房地產的市場風險。由於這種高度依賴的信貸關係存在，政府針對房地產與銀行的調控政策將相互影響，具有高度相關性。因此在確定抑制性房地產政策因子時，除充分考慮宏觀經濟與產業政策及法規的影響外，還需引入銀行監管政策作為間接影響因子。

將直接作用於房地產業的政策按照性質劃分為經濟政策和行政政策。直接針對銀行的政策因子，即金融監管政策可被劃分為首付比例和住房公積金、「三個辦法一個指引」、銀信合作政策、理財產品政策四個維度。除貨幣政策、首付比例和住房公積金之外，其餘變量被轉化為0-1變量或累積變量。

我們通過數據替換、線性插值和Cubic Spine插值等方法對所有數據的缺失值、異值以及季度數據到月度數據的轉換加以處理，使之與社會成本的月度計算數據相匹配，進而通過相關係數Kendall's Tau以及式（2-2-5）不同政策因子對社會成本遷移概率的顯著性加以分析。以A-A遷移為例，我們選用以下宏觀政策因子（見表2-3-4）：

表2-3-4　A-A選用宏觀政策因子

變量	變量名稱	相關係數	P值
X_{63}	自住型商品住房原則上5年內不得轉讓	-0.57	0.00
X_{51}	繳納土地出讓金	-0.72	0.02
X_{41}	二手房稅收	-0.79	0.03
X_{42}	二手房個人所得稅	-0.81	0.03

3. 社會成本壓力模型實證結果

J. A. 伯科威茨提出使用一種所謂統一的壓力測試框架，也就是說使用原始數據建立度量模型，同時通過一定的方法模擬情景數據，然後將模擬的數據應用到原模型中，並將模擬結果和原模型結果相比較，最後得出壓力測試結果結論。該方法應用模擬的數據到原模型中的這種方法，有可能出現原模型參數甚至模型本身的不再顯著的情況，從而產生大量的模型誤差。在本研究中，僅僅假設模擬的宏觀政策因子數據對行業基本面狀況遷徙概率的顯著性是包含在原始的宏觀風險因子數據對貸款風險遷徙概率的同一顯著性區間以內的。

$$\begin{aligned}&\tilde{\tau}_{\tilde{Y}=P(\tilde{X}_j),\ \tilde{X}_j=(\tilde{x}_1,\tilde{x}_2,\cdots,\tilde{x}_n)^T} \subset \{\Omega_{\alpha=95\%}\}\\&\tau_{y=P(X),\ X=(x_1,x_2,\cdots,x_n)^T} \subset \{\Omega_{\alpha=95\%}\}\end{aligned} \quad 式（2-3-9）$$

在 $\alpha = 95\%$ 這一置信水準上，模擬數據與社會成本遷徙概率之間的顯著性仍然可以成立選擇壓力測試的情景選擇為輕度衝擊、中度衝擊以及重度衝擊。並提出使用以下模型對情景進行選擇：

$$P_{ij}^{t+1}(Sc) = \begin{cases} f((\ _{x\ 1}\ |\ Sc = Bad),\ Bad = SD1, \\ f((\ _{x\ 1}\ |\ Sc = Worse),\ Worse = SD2, \\ f((\ _{x\ 1}\ |\ Sc = Worst),\ Worst = SD3. \end{cases} \quad 式（2-3-10）$$

其中 SD1 表示原始時間序列數據向上或向下平移 1 個標準差，SD2 表示平移 3 個標準差，SD3 表示平移 3 個標準差。平移的方向取決於風險遷徙的方向以及 Kendall's τ 的符號。將社會成本總額從高到低遷移及維持原等級不變定義為「好」，反之為「壞」。根據離散非穩定性馬爾科夫鏈原理，通過以下模型獲得政策因子衝擊強度下的社會成本總額分類分佈：

$$P_{Sc}^{t+1}(\Pi) = \begin{cases} \sum_{i=A}^{G} P^t(i) \cdot P_{ij}^{t+1}(Sc = Bad),\ Bad = SD1, \\ \sum_{i=A}^{G} P^t(i) \cdot P_{ij}^{t+1}(Sc = Worse),\ Worse = SD2, \\ \sum_{i=A}^{G} P^t(i) \cdot P_{ij}^{t+1}(Sc = Worst),\ Worst = SD3. \end{cases} \quad 式（2-3-11）$$

使用表 2-3-3 中的數據，通過算法（一）估算在相應宏觀政策因子不同程度衝擊的情況下，行業基本面狀況遷徙概率的模擬分佈情況。在綜合考慮風險因子間相關性、對沖性以及誘發機制的情景分析中，採用 t-Copula 多元蒙特卡羅模擬的方法，對社會成本總額分別進行 1、2、3 倍標準差的抑制性房地產政策的系統衝擊，得到相關壓力測試結果如圖 2-3-2 所示。

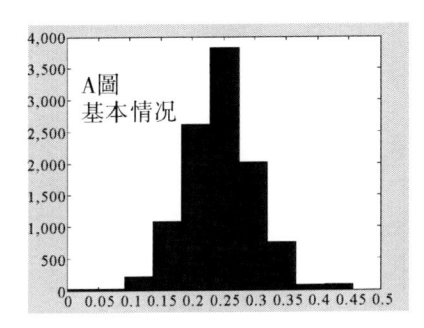

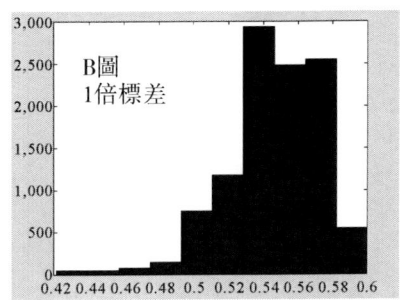

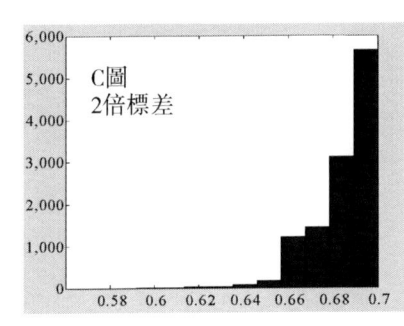

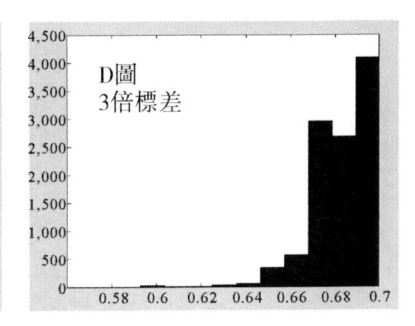

圖 2-3-2　壓力測試結果

圖 2-3-2 為 t-Copula 多元蒙特卡羅模擬 C-B 遷徙概率的計算結果比較。A 圖為 C-B 遷徙概率真實經過排序的遷徙概率 P_{ij}^{t+1}，$i=C$，$j=B$ 情況，D 圖為 1,000 次模擬在重度宏觀政策因子衝擊下（SD = 3）的模擬排序遷徙概率 P_{ij}^{t+1}，$i=C$，$j=B$ 情況。在重度衝擊下，P_{ij}^{t+1}，$i=B$，$j=F$ 已經向下遷移到可行區域的邊界部分 $P_{ij}^{t+1} \in [0, 1]$。

圖 2-3-3 為基於 t-Copula 多元蒙特卡羅模擬的政策對社會成本總額壓力測試情景分析。使用式（2-2-7）發現，如果對相關宏觀政策風險因子分別進行 1 個單位、2 個單位和 3 個單位的系統衝擊下，A 分別為 0.07，0.02，0，0；B 分別為 0.13，0.08，0.04，0.01；C 分別為 0.48，0.39，0.34，0.29；D 分別為 0.21，0.23，0.28，0.37；E 分別為 0.17，0.17，0.21，0.28；F 分別為 0.06，0.06，0.15，0.17；G 分別為 0.06，0.03，0.1，0.12。

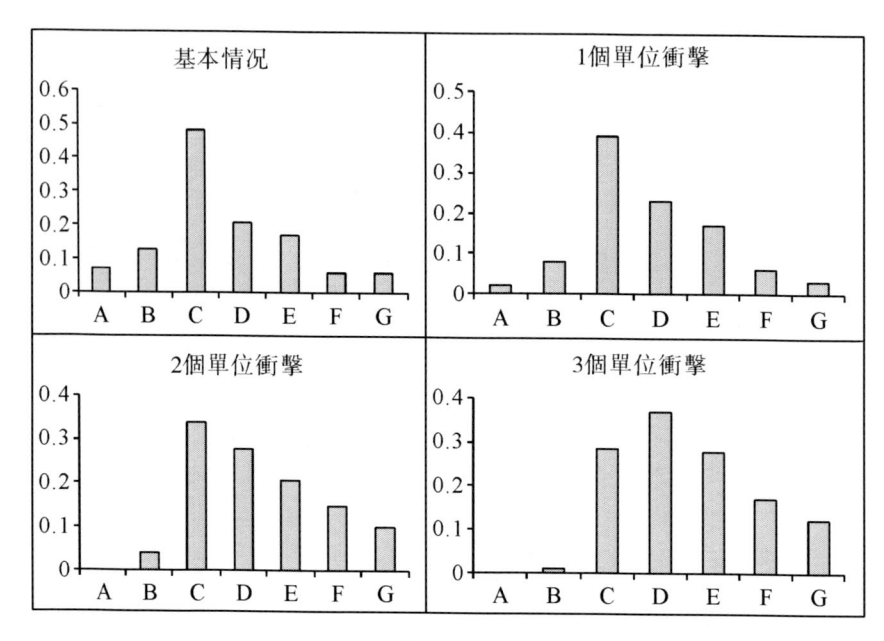

圖 2-3-3

圖 2-3-3 說明，目前中國房地產業的基本狀況在沒有施以壓力測試衝擊的情況下呈右偏分佈，大量數據集中在均值的下方。在用政策因子施以衝擊的狀況下，可以發現該行業對房價調控政策非常敏感，在一個單位政策衝擊下還能勉強支持，在 2 個和 3 個單位的衝擊下，上述房地產行業已經無法應對。

同理，使用針對銀行的抑制性政策因子施以衝擊，可以發現社會成本對金融監管政策的衝擊下也存在類似情況，即當衝擊過大時會出現社會成本急遽攀升的情況。

綜合兩種政策對社會成本衝擊測試的結果，政策對社會成本總額的變動影響較大。抑制性房地產和銀行調控政策強度越大，實施力度越強、範圍越廣，對社會成本的負面影響越明顯。

以上研究表明，房價調控政策對社會成本的變化有顯著影響，社會成本的增加則反應出房價調控政策績效的低水準。因此，綜合考慮社會總福利與社會運行發展的效率和質量，在今後社會經濟發展過程中應注意到抑制性經濟調控政策對社會成本的正相關影響，以政策改革和政策創新的方式促使市場機制帶來高效的運行效率從而實現集約、公平、繁榮發展。

五、降低社會成本，提高房價調控政策績效的對策和建議

基於以上結論，我們提出以下幾點建議：

（1）採取全民參與等方式提高政府房價政策出抬的透明度，規範房地產的行為，防止房地產單方面資源壟斷。對目前政策進行改革，讓政府、房地產、銀行等利益相關方信息對稱、透明，提高社會公眾在改革實踐和改革政策措施制定過程中的參與度，減少因決策失誤帶來的不必要的經濟損失。

（2）建立房貸責任制度，嚴格問責機制。明確要求居民擁有的房產必須要與其財力匹配，防止利用調控政策漏洞進行惡意投資；對部分人的盲目舉債、出現嚴重資不抵債等貸款行為要嚴格追究有關責任。

（3）改變經濟增長的方式。在堅持走可持續發展道路前提下，更加注重自然資源和環境保護方面的相關法律建設，控制污染源，減少因此帶來的損失。

（4）政府和市場是兩種不同的機制，因此在降低社會成本時，政府不可盲目地代替房地產市場執行調節職能。政府與房地產市場要共同協作，互補不足。在選取房價調控政策時，結合成本-效益分析法進行可行性分析的原則，選擇最優項目，最大限度地降低社會成本。

（5）要運用經濟、貨幣等多種調控政策和措施，調整優化房地產銀行結構。要改變經濟增長主要由政府投資拉動的增長模式。因為只有房貸資金真正進入實體經濟，才能帶動實體經濟的發展，增強實體經濟的利潤率，實現資源的優化配置。

第四節　基於 ARIMA 模型和干預分析的房價調控政策績效再評估

一、導論

改革開放 40 多年以來，中國房地產行業從計劃經濟體制逐漸過渡到市場經濟體制，房地產及其相關產業已經成為各地區社會經濟的支柱，對宏觀經濟發展起著重要的作用。然而近十年來，隨著住房市場化進程的逐步推進，房價過高、上漲過快、投機氣氛重、市場運行機制不規範等問題的出現，使得部分中低收入人群的住房剛性需求得不到滿足，住房結構漸趨失衡。

針對上述現狀，中國政府出抬了一系列貨幣政策和財政政策，並通過規範相關法律法規的方式，對銀行和房地產商兩個方面施加影響來給過熱的房市降溫。尤其是在 2008 年之後，快速上漲的房價成為社會輿論關注的焦點，如何抑制房價過快上漲成為政府亟須面對的問題。在此背景下，一系列房價調控政

策應運而生。

2005年至今中國政府所頒布的房價調控政策，可以大致分為兩類：一是抑制房價類，如頒布限購令、銀行加息、政府加稅、房地產提高首付比例等；二是刺激房價類，如稅費減免、降低首付、降低利息等。由於2005年房地產市場的相關問題沒得到有效解決，進入2006年之後，不少城市的房價開始大幅上揚。2006年及2007年，國家主要採取了銀行加息、政府加稅的方式調控房價。例如，2006年5月，國家稅務總局下發關於加強住房營業稅徵收管理有關問題的通知，6月1日後，個人將購買不足5年的住房進行銷售的，全額徵收營業稅；2007年全年中國人民銀行共計6次加息、10次上調存款準備金率，依舊沒能抑制住房價上漲的趨勢。2008年，為了應對金融危機，政府推出了一系列刺激房價的新政，例如：對個人銷售或購買住房暫免徵收印花稅；對個人銷售住房暫免徵收土地增值稅；地方政府可制定鼓勵住房消費的收費減免政策等。2009年的房價調控政策主要是對2008年房地產調控政策的繼承、加強和深化，同時突出了強化住房保障這一重點。因此，2009年年初房價調控政策主要從金融、市場、稅收和保障住房幾方面進行。2009年，正當大多數行業面臨金融危機之時，房地產行業反而取得了較大的發展。然而此後過度寬鬆的財政政策，卻給後續的調控留下了隱患。在2010年之後政府開始意識到房地產市場已經面臨失控的局面時，再想要抑制住其上漲勢頭已經十分困難。

政府頒布的一系列政策，如果能夠得到有效的落實，房價或許能朝著預計的方向變化，但市場反應出來的狀況並非如此。本節就運用ARIMA模型和干預分析對中國房價調控的有效性進行分析，從而瞭解政策的有效、失效、疊加與中和作用，以為未來政策的頒布提供建議。

二、文獻綜述

關於國家調控房價的政策效果及其對房價的影響，國內研究成果很豐富。現有研究主要集中在三個方面：

一是通過對房價影響的多項因素進行分析來討論調控政策的效果，如王璐等（2013）以武漢市為例進行分析，認為90平方米以下銷售佔比、新增供應面積、貨幣供應量（M2）、貸款利率等四項指標對武漢房價影響較為顯著。這一研究側重於對調控政策及其效果的定性分析，缺乏對調控政策效果的精確性解釋。

二是單項調控政策對房地產價格的影響效果，如貨幣政策、土地政策以及

稅收政策等。如聶學峰等（2005）通過分析1994—2005年的貨幣政策，認為中國的貨幣政策能夠影響房地產價格，且貨幣供應量比利率政策的調控作用更為顯著；高峰（2009）從土地增值稅的角度做了相關研究。目前國內大部分文獻集中於定性地研究政策對房地產市場調控的效果，多數研究結果認為貨幣政策對房價影響顯著。這一研究沒有綜合考慮多項政策共同作用下的調控效果，缺少對政策整體協調配合、互相作用的綜合研究。

三是採用某一社會科學或計量模型進行分析，如劉長賓（2008）根據預期理論構建了住房價格調控模型，認為市場主體的政策預期可導致調控政策的短期失效，而長期中預期作用對調控政策效果無影響；吳文君（2014）基於PSR模型建立了房價調控政策的有效性評價體系，在求解壓力、狀態、回應體系指標權重後，通過分析三個綜合指標的關係，發現近幾年房價調控政策在2005—2006年及2011—2012年較為有效，提出了當國家出抬較為嚴厲的結構性調整政策時能對房價進行有效調控的觀點。已有的研究中多採用Logistic模型、GARCH模型、典型相關分析等方法對綜合政策的調控效果進行分析，主要通過分析房價、地價等主要指標的變動狀況來判斷調控政策是否有效，評價對綜合政策的調控效果。這一研究雖然分析了房地產調控政策的總體效果，但是卻沒有分析不同時點政策以及不同種類的政策之間的相互影響。

綜上所述，現有的研究主要集中在單項政策調控效果的研究及綜合調控政策效果的定性研究上，使用定量分析方法研究調控政策之間的疊加和中和效用的文獻還較少。因此，本節採用2006年1月至2015年2月的月度房價指數，基於ARIMA模型和干預分析模型建立了房價調控政策的有效性評價體系，實證分析政策因素對房地產價格的影響；根據模型結果對各年房價調控政策進行定量的績效評估，分析近幾年各房價調控政策實施效果的預期性、傳導性，以及不同時點的房價調控政策實施效果的相互影響，分析它們的對沖和疊加，並對政策效果進行合理的預測，為下一步調控政策的科學制定提供依據。

三、理論基礎

（一）ARIMA模型

ARIMA模型的基本思想是將預測對象隨時間推移而形成的數據序列視為一個隨機序列，用一定的數學模型來近似描述這個序列。這個模型一旦被識別後就可以從時間序列的過去值及現在值來預測未來值。ARIMA模型在經濟預測過程中既考慮了經濟現象在時間序列上的依存性，又考慮了隨機波動的干擾性，對於經濟運行短期趨勢的預測準確率較高，是應用比較廣泛的方法之一。

由於經濟數據常常是自相關非平穩的時間序列，ARIMA模型能比較有效地處理自相關非平穩數據，同時ARIMA模型比較穩定，可以與干預模型進行有效結合。因此我們採用ARIMA模型來擬合併預測中國房價指數。

2006年1月至2015年2月的月度房價指數可以看作是隨著時間的推移而形成的一個隨機時間序列，我們通過對該時間序列房價指數的隨機性、平穩性以及季節性等因素的分析，將這些單月房價指數值之間所具有的相關性或依存關係用ARIMA數學模型描述出來，從而利用過去及現在的房價指數來預測未來的房價指數，以達到預測該月出抬的房價調控政策對未來房價影響的目的。

（二）干預分析模型

時間序列經常會受到特殊事件及態勢的影響，通常把這類外部事件稱為干預。干預是指預測模型擬合的好壞程度，即由預測模型所產生的模擬值與歷史實際值擬合程度的優劣。

1. 干預變量的形式

干預分析模型的基本變量是干預變量，有兩種常見的干預變量：一種是持續性的干預變量，表示T時刻發生以後，一直有影響，這時可以用階躍函數表示；另一種是短暫性的干預變量，表示在某時刻發生，僅對該時刻有影響，用單位脈衝函數表示。由於本書不僅研究政策出抬時點的調控作用，還要分析這些政策出抬後對未來房價的影響，所以我們選擇了第一種干預變量的形式，形式如下：

$$S_t^T = \begin{cases} 0, & \text{干預事件發生之前}(t < T) \\ 1, & \text{干預事件發生之後}(t \geq T) \end{cases}$$

2. 干預事件的形式

在政策實施的過程中，可能會出現干預事件對調控的效果產生影響。這類干預事件的影響可能突然開始，並長期持續下去。設干預對因變量的影響是固定的，從某一時刻T開始，但影響的程度是未知的，即因變量的大小是未知的。

這種影響的干預模型可寫為：

$$Z_t = \omega S_t^T$$

ω表示干預影響強度的未知參數。不平穩時可以通過差分化為平穩序列，則干預模型可調整為：

$$(1-B)\ Z_t = \omega S_t^T$$

其中B為後移算子。如果干預事件要滯後若干個時期才產生影響，如b個時期，那麼干預模型可進一步調整為：

$Z_t = \omega B^b S_t^T$

當 $S_t^T = 1$ 時，

$Z_t(1-\delta B) = \omega$

$Z_t - Z_{t-1}\delta = \omega$

經變形得：

$Zt = \dfrac{\omega}{1-\delta B}$，其中 B 為後移算子。

根據預測結果，如果預測模型擬合度較高，預測值也切合實際情況，那麼預測模型具有一定的應用價值；反之，預測模型無效。所以，在 ARIMA 模型的基礎上需要對其進行干預分析。研究干預分析的目的是從定量分析的角度來評估其他政策的干預或突發事件對經濟環境和經濟過程的具體影響。

四、實證分析

（一）評價指標選取

本部分主要通過市場對政策所做的反應來看房價調控的結果，因而房價指數是體現房價變化最直接的指標。房價指數的優點是「同質可比」，它反應的是排除房屋質量、建築結構、地理位置等因素的影響後，由於市場的供求關係等原因帶來的價格波動。其中 2006—2010 年的月度房價指數可直接在同花順 iFinD 軟件上獲取，2011 年 1 月至 2015 年 2 月房價指數則是全國 70 個大中城市月度房價指數求均值，從而得出了房價指數的隨機時間序列。

（二）評價指標構造

1. 建立一個單變量的 ARIMA 模型

圖 2-4-1 是 2006 年 1 月至 2015 年 2 月中國商品房實際價格指數時間曲線圖（採樣頻率一月一次），在 2007 年、2010 年和 2014 年的時候大幅走高，2008 年房價指數跌至波谷（見圖 2-4-1）。

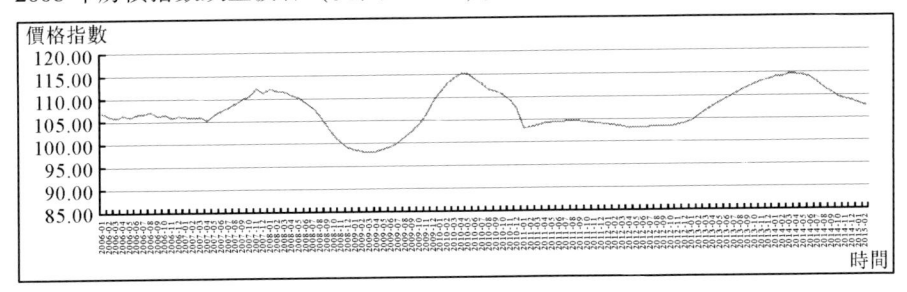

圖 2-4-1　商品房實際價格指數

觀察圖 2-4-1 所示房價指數時間曲線，發現數據非平穩含有明顯的趨勢項。對數據進行一階差分，數據即變為平穩隨機序列，如圖 2-4-2 所示。

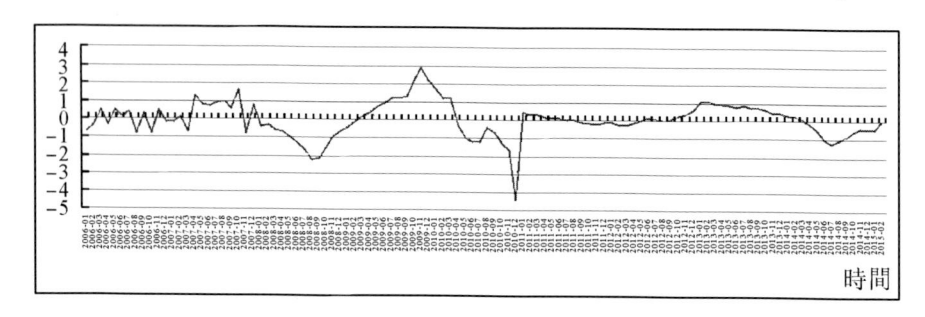

圖 2-4-2　一階差分後的銷售價格指數

在對原始數據進行標準化處理後，反覆識別 ARIMA 模型後確定了 $p=1$，$d=1$，$q=1$。對 ARIMA（1，1，1）進行參數估計，建立單變量的 ARIMA 模型：$X_t = 0.019,0 + 0.837,0X_{t-1} + \varepsilon_t - 0.278,7\varepsilon_{t-1}$，$X_t$ 表示差分，ε 表示殘差。隨後對殘差進行預測，模型預測的殘差序列時間曲線沒有趨勢項，類似隨機白噪音，通過了模型檢驗，如圖 2-4-3 所示。

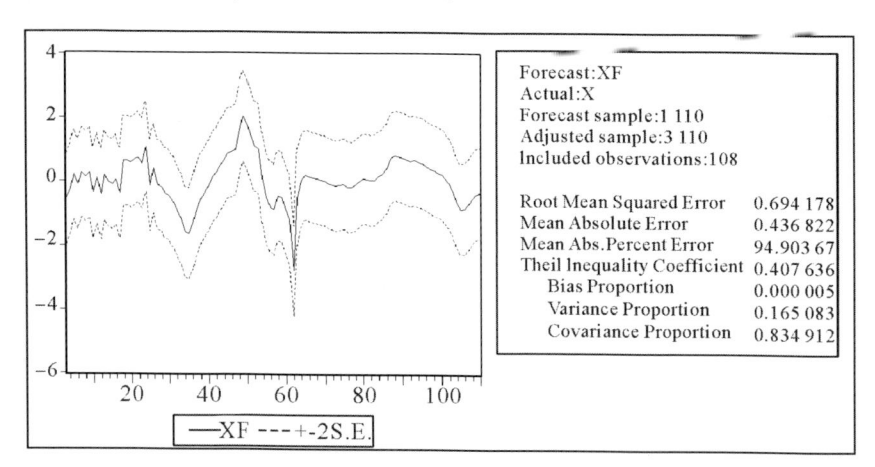

圖 2-4-3　ARIMA 模型檢驗

2. 建立干預分析模型

運用 ARIMA（1，1，1）模型對 2006 年 1 月至 2015 年 2 月的房價指數進行外推預測，然後用實際值減去預測值，得到的差值就是宏觀調控政策所產生的衝擊效用，記為 Z_t。

根據選擇的干預事件的形式，不平穩時可以通過差分化為平穩序列，利用

2006年1月至2015年2月的房價指數、ARIMA預測值和經濟政策衝突效用可以估計干預模型的參數。

圖2-4-4-為殘差迴歸模型。

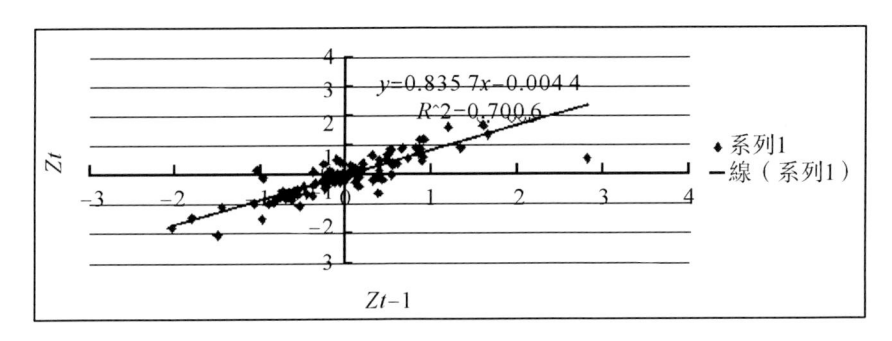

圖2-4-4　殘差迴歸模型

經過迴歸，

$Z_t = 0.835\,7 Z_{t-1} - 0.004\,4$

其中，Z_t表示實際值與預測值之間的差值。

即：

$Z_t = \dfrac{0.004\,4}{1 - 0.835\,7B}$

通過對δ的迴歸值進行t檢驗，發現估計的參數δ是顯著的。

所以經過干預分析後的ARIMA模型為：

$X_t = 0.019\,0 + 0.837\,0 X_{t-1} + \varepsilon_t - 0.278\,7 \varepsilon_{t-1} - \dfrac{0.004\,4}{1 - 0.835\,7B}$，其中$B$為後移算子。

根據建立的該模型對房價指數進行實證分析，評估2006年至今房價調控政策的實施效用見附錄。

五、研究結果與分析

由研究可知，政府出抬的房價調控政策並非都有效，即使是產生效用的政策，也未必及時生效，並且不同的政策之間還會相互影響。以下將對政策的生效失效以及政策之間的中和和疊加進行分析。

（一）政策的生效

對2006年至今的房價調控政策進行分析可以發現，產生即時效應的政策主要有三類。一是涉及相關稅費的調整。比如2006年5月，國家出抬「國六

條」，國家稅務總局下發關於加強住房營業稅徵收管理有關問題的通知。我們將這個政策的頒布設為 St2，帶入有效性檢驗中，可以看到次月政策的效用是顯著的，這說明次月中國商品房價格指數即做出了反應。二是調整銀行的貸款利率和首貸比率。2006 年 9 月，中國人民銀行下發了關於加強商業性房地產信貸管理的通知，其中明確規定第二套住房貸款首付款比例不得低於 40％，貸款利率不得低於中國人民銀行公布的同期同檔次基準利率的 1.1 倍，而且貸款首付款比例和利率水準會隨套數增加而大幅度提高，這樣做的目的是規範交易秩序，整頓房地產市場。三是關於查處違法違紀的所有權的糾紛和條例。然而，產生即時效應的政策還是比較少的，大多數政策具有滯後性，比如 2007 年 10 月份國家出抬了加強土地供應調控，縮短土地開發週期的條例，同月物業稅「空轉」十點擴到十省市，房價指數則在 12 月份才做出相應的反應。

（二）政策的有效期

2006 年至今的房價調控政策中，中國人民銀行上調貸款利率、出抬二手房營業稅政策、規定第二套住房貸款首付款比例等相關政策對房價調控帶來了深遠的影響，在政策出抬後的一段時間裡是長期有效的。比如 2006 年 4 月，中國人民銀行 8 次上調存貸款利率，房貸利率再次上調——調控卷土重來，該政策的實施對房地產價格產生了間接影響，這種影響一直持續到了 2008 年；2007 年 9 月央行規定以家庭為單位，第 2 套住房貸款首付不得低於 40％，利率不得低於基準利率的 1.1 倍，嚴厲打擊炒房行為，對之後三年的房價調控都起到了一定的作用；2013 年 2 月國務院常務會議出抬樓市調控「新國五條」，重申堅持執行以限購、限貸為核心的調控政策，堅決打擊投資投機性購房，要求各地公布年度房價控制目標。「新國五條」中還規定，二手房交易中個稅按個人所得的 20％徵收。這項規定會抑制投資需求，影響成交量，這是房地產調控的一個正面效果，對居民改善性購房需求帶來了抑制作用。這類政策實施後對中國房價的調控產生了長期的影響。而最近兩三年出抬的新政策，由於實施的時間不長，暫時看不出是否具有長期性。

（三）政策的中和與疊加

在房價調控的過程中，面對市場的不同反應，政府後發布的政策會對前面的政策造成一定的影響，這種影響是雙面的，或者是對之前發布的政策起到了加強效果，稱為疊加效應；或者是與之前的政策形成衝突，稱為中和效應。2009 年 7 月，為了加強貸款資金監管，中國銀行業監督管理委員會發布了《固定資產貸款管理暫行辦法》與《項目融資業務指引》，確保固定資產貸款資金真正用於實體經濟的需要，防止貸款被挪作他用，以及防範貸款快速增長

趨勢下的銀行風險，文件發布的次月，市場並未做出明顯的反應，這次政策的發行，設為 $St23$。2010 年 1 月，國務院討論並通過《關於試行社會保險基金預算的意見》，意見中決定對個人住房轉讓營業稅徵免時限由 2 年恢復到 5 年，並且財政部、國土資源部、央行、監察部五部委公布《關於進一步加強土地出讓收支管理的通知》，即提高開發商拿地首付比例的政策出抬，將該政策設為 $St25$。可以看到，在 $St25$ 頒布之後，$St23$ 才開始變得顯著，說明市場才開始對當年 7 月份頒布的政策敏感起來，也就是說，$St25$ 對 $St23$ 起到了疊加作用。但是，2010 年 9 月國家各商業銀行暫停發放居民及家庭購買第三套及以上住房貸款的政策出來之後（設為 $St27$），2009 年 7 月頒布的政策（$St23$）對市場影響的顯著性就消失了，說明這兩條政策之間具有中和作用。如圖 2-4-5 所示，其中星號代表有顯著作用。

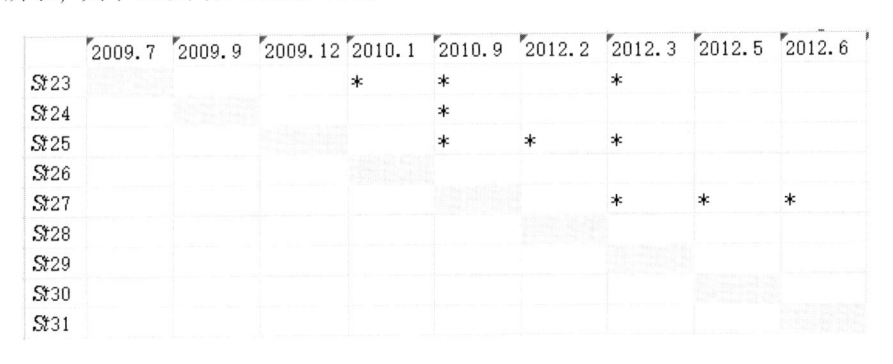

	2009.7	2009.9	2009.12	2010.1	2010.9	2012.2	2012.3	2012.5	2012.6
$St23$				*	*		*		
$St24$				*					
$St25$					*	*		*		
$St26$									
$St27$							*	*	*
$St28$									
$St29$									
$St30$									
$St31$									

圖 2-4-5　政策的中和與疊加效應

六、結論

本節定量分析了房價調控政策的有效性。實證分析結果表明，政策出抬以後大多不是當月就開始生效，2007 年下半年、2008 年上半年、2009 年和 2012 年出抬的政策調控效果較差。不同的政策有效的時間也不同，其中 2007 年 9 月和 2013 年 2 月出抬的政策對之後兩年的房價都產生了一定的影響。政府先後出抬的政策之間會有相互疊加或者效果中和的情況出現，這些政策是相互影響的。

運用 ARIMA 模型和干預分析對政策的干預效果進行分析，預測該項政策達到的效果，將該政策與之前出抬的政策聯繫起來分析疊加或中和後的效果，為相關職能部門制定有效的房價調控政策提供參考，使先後出抬的政策組合到一起達到最好的調控效果。

第五節　中國房地產調控政策靈敏度與情景分析

一、引言

歷年來，為引導房地產行業的健康穩定發展，中國出抬了一系列相關政策對房地產行業進行調控。但是對於房地產調控政策的效果，業界並沒有一個準確統一的評估標準。從控制資金的角度，我們將 2000—2013 年的房地產調控政策分為資金供給類、房價調控類和稅收調控類三類。這三類房地產政策分別從銀行和房地產行業方面直接作用於供給和消費環節，產生較為直觀的政策效果。

資金供給類政策的調控對象主要是銀行，作用於銀行信貸。2003 年 6 月中國人民銀行發布《關於進一步加強房地產信貸業務管理的通知》，對信貸條件進行限制，加強房地產信貸，四證取得後才能發放貸款，並且提高第二套住房的首付比例。其對房地產開發貸款、個人住房貸款都做出了很多嚴格的規定，剎住了開發區圈地之風，促進房地產持續健康發展，改變了地方政府的違規影響。但是各銀行因自身利益使然，以該規定缺乏操作性為由，對房地產商暗地通融。隨後出抬的土地政策加強了該規定的效果，至 2003 年 12 月底，基本剎住了開發區圈地之風。央行從 2005 年到 2007 年多次進行調息：2005 年 3 月央行調整房貸利率，二次加息；2006 年 4 月，央行 8 次上調存貸款利率，房貸利率再次上調，但是房價繼續上漲，漲幅相對平穩，中小戶型增加；央行 2007 年首度再次加息（全年共計 6 次加息，10 次上調存款準備金），嚴打炒房行為。

房價調控類政策主要針對房價本身進行調控，繼 2010 年「房價過高、上漲過快、供應緊張的城市，要在一定時間內限定居民家庭購房套數」之後，2011 年出抬的「新國八條」「國五條」加強限購限價。2013 年提出銷售均價，原則上按照比同地段、同品質的商品住房價格低 30%左右的水準確定，增加住房供應。

稅收調控類政策的調控對象為銀行和房地產行業，通過調控稅收抑制或促進房地產行業的發展。2000 年啓動住房消費、對住房公積金貸款的個人和銀行都免稅、租賃所取得收入稅收稅率減少的政策，大力促進房地產行業的發展。2001 年對住房消費採用扶持政策，積極促進房地產業發展；加大房地產開發投資力度，拉動經濟增長。同年，消化積壓商品房政策出抬，對 1998 年

6月30日以前的商業用房、寫字樓、住房免營業稅、契稅，行政事業性收費，配合國家住房制度改革，支持住房租賃市場的健康發展，促進房地產業發展。自1991年的房改政策推行以來，國家大力發展房地產行業，使得房地產行業迅速蓬勃發展起來，也因此使得房地產行業增長速度過快。國家從2002年開始採取抑制性稅收政策對房地產行業進行抑制，2005年10月國家稅務總局出抬的《關於實施房地產稅收一體化管理若干具體問題的通知》對個人買賣二手房進行控制，徵收相關費用，提高二手房交易成本。2006年和2007年分別出抬「國六條」和向房地產開發企業徵收30%～60%不等的土地增值稅等政策，分別對消費者住房轉讓和房地產行業的交易成本進行施壓。2009年、2010年和2013年相繼出抬的房地產稅收調控政策對住房交易、土地配置和投機炒房進行進一步遏制。

一系列政策出抬均從單個行業節點出發，政策調控效果的效果評估不夠全面，考慮行業間的傳導與疊加效應對政策效果的評估有著重要意義。因此，本書將基於行業間的傳導與疊加建立高階馬爾科夫鏈，模擬三個行業在有無行業傳導與疊加的情況下的行業狀態轉移情況，運用壓力測試檢測政府、銀行和房地產的政策敏感性，對往期政策進行評估，並為未來政策的制定提供新的思考視角。

二、文獻綜述

將房地產及其上下游看作實體經濟的代表，銀行作為虛擬經濟的代表，政府對以上兩者進行干預，同時又受其反作用。

銀行與房地產通過信貸資金緊密聯繫，風險高度相關。陳俊剛（2013）指出銀行融資預計占房地產全部開發資金的60%～70%，房地產資金高度依賴於商業銀行，通過信貸依賴關係把自身風險和銀行牢牢地綁定在一起。故在主要貨幣政策調控下，銀行的流動資金總量的增減變動將對房地產可貸資金的數量和成本起著重要影響。

房地產下游消費者在信貸環節中起著風險推動作用。下游消費者的投機行為對銀行經營構成風險。林娜（2009）指出許多購房者不顧自身經濟能力湧入房地產市場，大部分中國城市家庭月供比例超出40%，壞帳風險大。另外，借款購房者中「假按揭」和「零首付」現象普遍存在。由於購房意願不真實，一旦地產開發企業資金週轉出現問題，借款人會立即停止還貸；一旦國家住房政策收緊，房價下跌，囤積的房產大量瀉向市場，銀行將會陷入無法平倉的陷阱。

政府政策在房地產調控中扮演著多重角色：

第一，保障房體系等政府支出手段在房地產調控中扮演疏導角色。保障房的提供能夠從疏導住房需求方面解決房地產問題，然而其效果在短期內卻十分有限。

第二，現行土地供給制度引發房地產泡沫問題。政府通過土地及土地使用權政策影響房地產業在商品房開發中的成本。曹春明（2004）指出，中國現行土地供給為壟斷供給，這一制度表面上看規範了房地產市場的運行，然而由於其對供給的嚴格限制，其本身就容易導致房地產泡沫的出現，如此時房價遭受打壓，極易造成泡沫破裂引發的金融危機。

第三，稅率的提高對房地產業影響的多面性。政府的稅收調控政策主要集中在二手房轉讓稅、房地產交易等方面。稅率的提高一方面增加了房地產開發商的資金成本，延緩開發速度；另一方面加入商品房成本中推高價格，存在稅收轉嫁。董洪波等（2007）指出，中國稅制結構保有環節稅負偏輕、流轉環節稅負偏重的特點使得這種稅負轉嫁極易產生。

在對房地產業、銀行、政府三個結點進行兩兩分析後，按照作用對象和效果進行相互連接，可得出三者的疊加機制模型。疊加機制是多個結點的兩兩傳導機制的相互影響和干擾所形成的動態傳導網路。其中政府作為能動性最強的結點，起主導作用；房地產業則是聯繫上下游及銀行業的核心。

我們通過對目前國內對於房地產業、銀行、政策三者之間關係的文獻的閱讀和整理，發現三者聯繫密切，對其中一方直接或間接施加政策影響，勢必會引起另外兩者的變動，而如果政策的直接作用對象發生不利變動，這一負面結果將通過疊加鏈加深這一不利影響。然而，目前尚未有模型將上述過程量化，無法識別這三個行業對政策的敏感性的強弱，也無法確認傳導與疊加機制對政策結果的加深程度如何。本部分選擇使用高階三元馬爾科夫鏈對三者之間的傳導關係進行模擬，結合壓力測試，以行業基本面變動為指標分析往期政策的效果。

三、理論模型

（一）行業狀況遷徙模型（離散非穩定狀態高階多元馬爾科夫）

將房地產、銀行的不良貸款率 λ 和政府的財政支出與收入之差作為齊行業基本面指示詞，以正負1~3倍標差為區間劃分標準，將行業劃分為如下7個等級（見表2-5-1）。上述三項作為下文高階多元馬爾科夫鏈的自變量。

表 2-5-1　對於高階多元馬爾科夫鏈中不同狀態的自變量的定義

	政府行業水準(x) $G_i, i=1,2,3,4,5,6,7$		銀行行業狀況(S) $S_j, j=1,2,3,4,5,6,7$		房地產行業狀況(R) $R_k, k=1,2,3,4,5,6,7$	
A:非常好	G_1	$\lambda_G > 3\delta_G$	S_1	$\lambda_S > 3\delta_S$	R_1	$\lambda_R > 3\delta_R$
B:較好	G_2	$2\delta_G < \lambda_G < 3\delta_G$	S_2	$2\delta_S < \lambda_S < 3\delta_S$	R_2	$2\delta_R < \lambda_R < 3\delta_R$
C:略好	G_3	$1\delta_G < \lambda_G < 2\delta_G$	S_3	$1\delta_S < \lambda_S < 2\delta_S$	R_3	$1\delta_R < \lambda_R < 2\delta_R$
D:一般	G_4	$-1\delta_G < \lambda_G < 1\delta_G$	S_4	$-1\delta_S < \lambda_S < 1\delta_S$	R_4	$-1\delta_R < \lambda_R < 1\delta_R$
E:略差	G_5	$-2\delta_G < \lambda_G < -1\delta_G$	S_5	$-2\delta_S < \lambda_S < -1\delta_S$	R_5	$-2\delta_R < \lambda_R < -1\delta_R$
F:較差	G_6	$-3\delta_G < \lambda_G < -2\delta_G$	S_6	$-3\delta_S < \lambda_S < -2\delta_S$	R_6	$-3\delta_R < \lambda_R < -2\delta_R$
G:非常差	G_7	$\lambda_G < -3\delta_G$	S_7	$\lambda_S < -3\delta_S$	R_7	$\lambda_R < -3\delta_R$

在本部分中，我們將通過高階三元馬爾科夫鏈來研究房地產、銀行及政府政策之間有行業傳導與疊加和無行業傳導與疊加兩種情況，對比分析行業傳導與疊加對行業基本面的影響效果。

通過假設 $j \cdot th$ 序列在時間 $t = r + 1$ 下的狀態概率分佈基於所有序列在時間 $t = r, r - 1, \cdots, r - n + 1$ 下的狀態概率分佈，Ching 和 Ng（2006）提出了一個高階多元的馬爾科夫鏈（以政策和銀行對房地產行業產生影響為例）：

$$\begin{cases} P_{r+1}^k = \sum_{i=1}^{7}\sum_{k=1}^{7}\sum_{h=1}^{4} \lambda_{ijk}^h V_h^{ijk} P_{r-h+1}^{ij}, \ k = 1, 2, \cdots, 7 \\ \lambda_{ijk}^h \geq 0, \ 1 \leq i, j, k \leq 7, \ 1 \leq h \leq 4 \\ \sum_{i=1}^{7}\sum_{k=1}^{7}\sum_{h=1}^{4} \lambda_{ijk}^h = 1, \ k = 1, 2, \cdots, 7 \end{cases} \quad (2\text{-}5\text{-}1)$$

定義 i，j 和 k 分別為政府財政支出與收入之差（G），銀行行業狀況（S）和房地產行業狀況（R）的水準。

其中 $P_{r+1}^k = (P_r^k, P_{r-1}^k, \cdots, P_{r-h+1}^k)^T$，$k = 1, 2, \cdots, 7$，$h = 1, 2, 3, 4$。$P_{r+1} = (P_{r+1}^\alpha, P_{r+1}^\beta, P_{r+1}^\gamma)^T$，$\alpha, \beta, \gamma = 1, 2, 3$ 表示的是 $t = r + 1$ 時的三個的行業的風險遷徙概率（probability distribution vector），$P^\alpha = (P_{\cdot,i}^\alpha, P_{\cdot,i}^\alpha, P_{\cdot,i,R}^\alpha)^T$，$i, j, k = 1, 2, 3, 4, 5, 6, 7$ 表示的是 $t = r + 1$ 時的政府行業水準的風險遷徙概率（probability distribution vector）。參數 λ_{ijk}^h 表示模型結果的相關性的方向和大小（gives the direction and magnitude of the correlation in the model outcome），V_h^{ijk} 是 $h \cdot th$ 強度轉換矩陣（intensity transition matrix），顯示 $h \cdot th$ 從 $ij \cdot$

th 在時間 $t = r - h + 1$ 下狀態到 $k \cdot th$ 序列在時間 $t = r + 1$ 下狀態的強度轉換。

$$P_{r+1} = \begin{pmatrix} P_{r+1}^{\alpha} \\ P_{r+1}^{\beta} \\ P_{r+1}^{\gamma} \end{pmatrix} = \begin{pmatrix} \lambda_{\alpha\alpha}V^{\alpha\alpha} & \lambda_{\alpha\beta}V^{\alpha\beta} & \lambda_{\alpha\gamma}V^{\alpha\gamma} \\ \lambda_{\beta\alpha}V^{\beta\alpha} & \lambda_{\beta\beta}V^{\beta\beta} & \lambda_{\beta\gamma}V^{\beta\gamma} \\ \lambda_{\gamma\alpha}V^{\gamma\alpha} & \lambda_{\gamma\beta}V^{\gamma\beta} & \lambda_{\gamma\gamma}V^{\gamma\gamma} \end{pmatrix} \begin{pmatrix} P_{r-h+1}^{\alpha} \\ P_{r-h+1}^{\beta} \\ P_{r-h+1}^{\gamma} \end{pmatrix} \qquad (2\text{-}5\text{-}2)$$

(1) 無行業傳導與疊加效果情況下的 V_h^{mn}，m，$n = \alpha$，β，γ 的矩陣形式如下：

$$V_h^{mn} = \begin{bmatrix} I_{1,1}^{mn} & O_{1,2}^{mn} & O_{1,3}^{mn} \\ O_{2,1}^{mn} & I_{2,2}^{mn} & O_{2,3}^{mn} \\ O_{3,1}^{mn} & O_{3,2}^{mn} & W_{3,3}^{mn} \end{bmatrix}, \quad m, n = \alpha, \beta, \gamma \qquad (2\text{-}5\text{-}3)$$

上述 V_h^{mn} 的子矩陣的分別如下：

$$I_{1,\,17\times7}^{mn} = \begin{matrix} & G_1 & G_2 & \cdots & G_4 & G_5 \\ G_1 & \begin{bmatrix} 1 & 0 & \cdots & 0 & 0 \\ G_2 & 0 & 1 & \cdots & 0 & 0 \\ \vdots & \vdots & \vdots & \ddots & \vdots & \vdots \\ G_6 & 0 & 0 & \cdots & 1 & 0 \\ G_7 & 0 & 0 & \cdots & 0 & 1 \end{bmatrix} \end{matrix}, \quad O_{1,\,27\times7}^{mn} = \begin{matrix} & G_1 & G_2 & \cdots & G_4 & G_5 \\ G_1 & \begin{bmatrix} 0 & 0 & \cdots & 0 & 0 \\ G_2 & 0 & 0 & \cdots & 0 & 0 \\ \vdots & \vdots & \vdots & \ddots & \vdots & \vdots \\ G_6 & 0 & 0 & \cdots & 0 & 0 \\ G_7 & 0 & 0 & \cdots & 0 & 0 \end{bmatrix} \end{matrix},$$

$$O_{1,\,37\times7}^{mn} = \begin{matrix} & R_1 & R_2 & \cdots & R_6 & R_7 \\ G_1 & \begin{bmatrix} 0 & 0 & \cdots & 0 & 0 \\ G_2 & 0 & 0 & \cdots & 0 & 0 \\ \vdots & \vdots & \vdots & \ddots & \vdots & \vdots \\ G_6 & 0 & 0 & \cdots & 0 & 0 \\ G_7 & 0 & 0 & \cdots & 0 & 0 \end{bmatrix} \end{matrix}, \quad O_{2,\,17\times7}^{mn} = \begin{matrix} & G_1 & G_2 & \cdots & G_4 & G_5 \\ S_1 & \begin{bmatrix} 0 & 0 & \cdots & 0 & 0 \\ S_2 & 0 & 0 & \cdots & 0 & 0 \\ \vdots & \vdots & \vdots & \ddots & \vdots & \vdots \\ S_6 & 0 & 0 & \cdots & 0 & 0 \\ S_7 & 0 & 0 & \cdots & 0 & 0 \end{bmatrix} \end{matrix},$$

$$I_{2,\,27\times7}^{mn} = \begin{matrix} & S_1 & S_2 & \cdots & S_6 & S_7 \\ S_1 & \begin{bmatrix} 1 & 0 & \cdots & 0 & 0 \\ S_2 & 0 & 1 & \cdots & 0 & 0 \\ \vdots & \vdots & \vdots & \ddots & \vdots & \vdots \\ S_6 & 0 & 0 & \cdots & 1 & 0 \\ S_7 & 0 & 0 & \cdots & 0 & 1 \end{bmatrix} \end{matrix}, \quad O_{2,\,37\times7}^{mn} = \begin{matrix} & R_1 & R_2 & \cdots & R_6 & R_7 \\ S_1 & \begin{bmatrix} 0 & 0 & \cdots & 0 & 0 \\ S_2 & 0 & 0 & \cdots & 0 & 0 \\ \vdots & \vdots & \vdots & \ddots & \vdots & \vdots \\ S_6 & 0 & 0 & \cdots & 0 & 0 \\ S_7 & 0 & 0 & \cdots & 0 & 0 \end{bmatrix} \end{matrix},$$

$$O_{3,\ 17\times 7}^{mn} = \begin{array}{c} \\ R_1 \\ R_2 \\ \vdots \\ R_6 \\ R_7 \end{array}\begin{array}{c} G_1 \quad G_2 \quad \cdots \quad G_4 \quad G_5 \\ \begin{bmatrix} 0 & 0 & \cdots & 0 & 0 \\ 0 & 0 & \cdots & 0 & 0 \\ \vdots & \vdots & \ddots & \vdots & \vdots \\ 0 & 0 & \cdots & 0 & 0 \\ 0 & 0 & \cdots & 0 & 0 \end{bmatrix} \end{array},\ O_{3,\ 17\times 7}^{mn} = \begin{array}{c} \\ R_1 \\ R_2 \\ \vdots \\ R_6 \\ R_7 \end{array}\begin{array}{c} S_1 \quad S_2 \quad \cdots \quad S_6 \quad S_7 \\ \begin{bmatrix} 0 & 0 & \cdots & 0 & 0 \\ 0 & 0 & \cdots & 0 & 0 \\ \vdots & \vdots & \ddots & \vdots & \vdots \\ 0 & 0 & \cdots & 0 & 0 \\ 0 & 0 & \cdots & 0 & 0 \end{bmatrix} \end{array},$$

$$W_{3,\ 37\times 7}^{mn} = \begin{array}{c} \\ R_1 \\ R_2 \\ \vdots \\ R_6 \\ R_7 \end{array}\begin{array}{c} R_1 \quad\ R_2 \quad \cdots \quad R_6 \quad\ R_7 \\ \begin{bmatrix} w_{1,1} & w_{1,2} & \cdots & w_{1,6} & w_{1,7} \\ w_{2,1} & w_{2,2} & \cdots & w_{2,6} & w_{2,7} \\ \vdots & \vdots & \ddots & \vdots & \vdots \\ w_{6,1} & w_{6,2} & \cdots & w_{6,6} & w_{6,7} \\ w_{7,1} & w_{7,2} & \cdots & w_{7,6} & w_{7,7} \end{bmatrix} \end{array} \quad (2\text{-}5\text{-}4)$$

（2）有行業傳導與疊加效果情況下的 $V_h^{ijk\ *}$ 的矩陣形式如下：

$$V_h^{mn\ *} = \begin{bmatrix} I_{1,1}^{mn\ *} & O_{1,2}^{mn\ *} & O_{1,3}^{mn\ *} \\ R_{2,1}^{mn\ *} & I_{2,2}^{mn\ *} & O_{2,3}^{mn\ *} \\ P_{3,1}^{mn\ *} & Q_{3,2}^{mn\ *} & W_{3,3}^{mn\ *} \end{bmatrix},\ m,\ n = \alpha,\ \beta,\ \gamma \quad (2\text{-}5\text{-}5)$$

上述 $V_h^{mn\ *}$ 的子矩陣的分別如下：

$$I_{1,1\ 7\times 7}^{mn\ *} = \begin{array}{c} \\ G_1 \\ G_2 \\ \vdots \\ G_6 \\ G_7 \end{array}\begin{array}{c} G_1 \quad G_2 \quad \cdots \quad G_4 \quad G_5 \\ \begin{bmatrix} 1 & 0 & \cdots & 0 & 0 \\ 0 & 1 & \cdots & 0 & 0 \\ \vdots & \vdots & \ddots & \vdots & \vdots \\ 0 & 0 & \cdots & 1 & 0 \\ 0 & 0 & \cdots & 0 & 1 \end{bmatrix} \end{array},\ O_{1,2\ 7\times 7}^{mn\ *} = \begin{array}{c} \\ G_1 \\ G_2 \\ \vdots \\ G_6 \\ G_7 \end{array}\begin{array}{c} S_1 \quad S_2 \quad \cdots \quad S_6 \quad S_7 \\ \begin{bmatrix} 0 & 0 & \cdots & 0 & 0 \\ 0 & 0 & \cdots & 0 & 0 \\ \vdots & \vdots & \ddots & \vdots & \vdots \\ 0 & 0 & \cdots & 0 & 0 \\ 0 & 0 & \cdots & 0 & 0 \end{bmatrix} \end{array},$$

$$O_{1,3\ 7\times 7}^{mn\ *} = \begin{array}{c} \\ G_1 \\ G_2 \\ \vdots \\ G_6 \\ G_7 \end{array}\begin{array}{c} R_1 \quad R_2 \quad \cdots \quad R_6 \quad R_7 \\ \begin{bmatrix} 0 & 0 & \cdots & 0 & 0 \\ 0 & 0 & \cdots & 0 & 0 \\ \vdots & \vdots & \ddots & \vdots & \vdots \\ 0 & 0 & \cdots & 0 & 0 \\ 0 & 0 & \cdots & 0 & 0 \end{bmatrix} \end{array},\ R_{2,1\ 7\times 7}^{mn\ *} = \begin{array}{c} \\ S_1 \\ S_2 \\ \vdots \\ S_6 \\ S_7 \end{array}\begin{array}{c} G_1 \quad\ G_2 \quad \cdots \quad G_6 \quad\ G_7 \\ \begin{bmatrix} r_{1,1} & r_{1,2} & \cdots & r_{1,6} & r_{1,7} \\ r_{2,1} & r_{2,2} & \cdots & r_{2,6} & r_{2,7} \\ \vdots & \vdots & \ddots & \vdots & \vdots \\ r_{6,1} & r_{6,2} & \cdots & r_{6,6} & r_{6,7} \\ r_{7,1} & r_{7,2} & \cdots & r_{7,6} & r_{7,7} \end{bmatrix} \end{array},$$

$$I_{2,2\ 7\times7}^{mn\ *} = \begin{matrix} S_1 \\ S_2 \\ \vdots \\ S_6 \\ S_7 \end{matrix} \begin{bmatrix} 1 & 0 & \cdots & 0 & 0 \\ 0 & 1 & \cdots & 0 & 0 \\ \vdots & \vdots & \ddots & \vdots & \vdots \\ 0 & 0 & \cdots & 1 & 0 \\ 0 & 0 & \cdots & 0 & 1 \end{bmatrix}, O_{2,3\ 7\times7}^{mn\ *} = \begin{matrix} S_1 \\ S_2 \\ \vdots \\ S_6 \\ S_7 \end{matrix} \begin{bmatrix} 0 & 0 & \cdots & 0 & 0 \\ 0 & 0 & \cdots & 0 & 0 \\ \vdots & \vdots & \ddots & \vdots & \vdots \\ 0 & 0 & \cdots & 0 & 0 \\ 0 & 0 & \cdots & 0 & 0 \end{bmatrix}$$

$$P_{3,1\ 7\times7}^{mn\ *} = \begin{matrix} & x_1 & x_2 & \cdots & x_4 & x_5 \\ R_1 & p_{1,1} & p_{1,2} & \cdots & p_{1,6} & p_{1,7} \\ R_2 & p_{2,1} & p_{2,2} & \cdots & p_{2,6} & p_{2,7} \\ \vdots & \vdots & \vdots & \ddots & \vdots & \vdots \\ R_6 & p_{6,1} & p_{6,2} & \cdots & p_{6,6} & p_{6,7} \\ R_7 & p_{7,1} & p_{7,2} & \cdots & p_{7,6} & p_{7,7} \end{matrix},$$

$$Q_{3,1\ 7\times7}^{mn\ *} = \begin{matrix} & S_1 & S_2 & \cdots & S_6 & S_7 \\ R_1 & q_{1,1} & q_{1,2} & \cdots & q_{1,6} & q_{1,7} \\ R_2 & q_{2,1} & q_{2,2} & \cdots & q_{2,6} & q_{2,7} \\ \vdots & \vdots & \vdots & \ddots & \vdots & \vdots \\ R_6 & q_{6,1} & q_{6,2} & \cdots & q_{6,6} & q_{6,7} \\ R_7 & q_{7,1} & q_{7,2} & \cdots & q_{7,6} & q_{7,7} \end{matrix},$$

$$W_{3,3\ 7\times7}^{mn\ *} = \begin{matrix} & R_1 & R_2 & \cdots & R_6 & R_7 \\ R_1 & w_{1,1} & w_{1,2} & \cdots & w_{1,6} & w_{1,7} \\ R_2 & w_{2,1} & w_{2,2} & \cdots & w_{2,6} & w_{2,7} \\ \vdots & \vdots & \vdots & \ddots & \vdots & \vdots \\ R_6 & w_{6,1} & w_{6,2} & \cdots & w_{6,6} & w_{6,7} \\ R_7 & w_{7,1} & w_{7,2} & \cdots & w_{7,6} & w_{7,7} \end{matrix} \tag{2-5-6}$$

等式（2-5-1）也可以寫為如下的矩陣形式：

$$\begin{cases} P_{r+1}^{\alpha} = B^{\alpha\alpha} P_{r-h+1}^{\alpha} + B^{\alpha\beta} P_{r-h+1}^{\beta} + B^{\alpha\gamma} P_{r-h+1}^{\gamma} \\ P_{r+1}^{\beta} = B^{\beta\alpha} P_{r-h+1}^{\alpha} + B^{\beta\beta} P_{r-h+1}^{\beta} + B^{\beta\gamma} P_{r-h+1}^{\gamma} \\ P_{r+1}^{\gamma} = B^{\gamma\alpha} P_{r-h+1}^{\alpha} + B^{\gamma\beta} P_{r-h+1}^{\beta} + B^{\gamma\gamma} P_{r-h+1}^{\gamma} \end{cases} \tag{2-5-7}$$

其中

$$B^{\alpha\beta} = \begin{pmatrix} \lambda^4_{\alpha\beta} V^{\alpha\beta}_4 & \lambda^3_{\alpha\beta} V^{\alpha\beta}_3 & \lambda^2_{\alpha\beta} V^{\alpha\beta}_2 & \lambda^1_{\alpha\beta} V^{\alpha\beta}_1 \\ I & 0 & 0 & 0 \\ 0 & I & 0 & 0 \\ 0 & 0 & I & 0 \end{pmatrix}_{7 \cdot 4 \times 7 \cdot 4} \quad \alpha \neq \beta \qquad (2\text{-}5\text{-}8)$$

且

$$B^{\alpha\alpha,\beta\beta} = \begin{pmatrix} \lambda^4_{\alpha\alpha,\beta\beta} V^{\alpha\alpha,\beta\beta}_4 & \lambda^3_{\alpha\alpha,\beta\beta} V^{\alpha\alpha,\beta\beta}_3 & \lambda^2_{\alpha\alpha,\beta\beta} V^{\alpha\alpha,\beta\beta}_2 & \lambda^1_{\alpha\alpha,\beta\beta} V^{\alpha\alpha,\beta\beta}_1 \\ I & 0 & 0 & 0 \\ 0 & I & 0 & 0 \\ 0 & 0 & I & 0 \end{pmatrix}_{7 \cdot 4 \times 7 \cdot 4}$$

(2-5-9)

(二) 宏觀經濟風險因子衝擊模型

假設行業等級遷徙概率 P^{ijk}_r，$i, j, k = 1, 2, 3, 4, 5, 6, 7$ 與宏觀政策因子 $X \in (x_1, x_2, \cdots, x_n)^T$ 之間的函數關係式如下：

$$P^{ijk}_{t+1} = f(X_t) = f((x_1,)_t) \qquad (2\text{-}5\text{-}10)$$

$i, j, k = 1, 2, 3, 4, 5, 6, 7$

上式的統計顯著性由非參數相關係數矩陣 Kendall's Tau 衡量。為了降低模型誤差，將不對 $f((x_1, x_2, \cdots, x_n)^T_t)$ 的具體表達形式做出任何假設，並採用蒙特卡洛的算法，模擬 $X \in (x_1, x_2, \cdots, x_n)^T$ 在每年宏觀政因子變化的衝擊下，P^{ijk}_{t+1} 的取值情況如下：

$$P^{ijk}_{t+1}(Sc) = \begin{cases} f((x_1,)_t | Sc), & Sc = 情景 1, \\ f((x_1,)_t | Sc), & Sc = 情景 2, \\ \cdots \\ f((x_1,)_t | Sc), & Sc = 情景 n. \end{cases} \qquad (2\text{-}5\text{-}11)$$

$i, j, k = 1, 2, 3, 4, 5, 6, 7$，$f((x_1, x_2, \cdots, x_n)^T_t | Sc)$，$Sc = Scenarior$，$r = 1, 2, \cdots, n$ 表示採用函數關係 f 和模擬情景 r 的數據對風險遷徙概率 P^{ijk}_{t+1} 進行的估算。

(三) 壓力測試衝擊強度模擬模型及算法

在以上模型的基礎上，採用多元 t-Copula 研究在某一強度的宏觀政策因子的衝擊下，房地產、銀行和政府的風險遷徙概率的變化狀況，主要為考慮風險因子間的對沖效應和誘發機制的情景分析。結合多元 t-Copula 的定義，以房地產行業為例，得到如下多變量模擬模型的表達式：

$$C_T(P^{ijk}, x_1, x_2, \cdots, x_r) = T_{\tau,\upsilon}(F^{-1}(P^{ijk}), F^{-1}_1(x_1), F^{-1}_2(x_2), \cdots,$$

$$F_n^{-1}(x_n)) \tag{2-5-12}$$

其中，$F_r^{-1}(x_r)$，$r = 1, 2, \cdots, n$ 為邊際經驗分佈函數的反函數，τ 為 Kendall's Tau 系數矩陣，用於衡量房地產等級遷徙概率 F^r 與宏觀政策因子以及宏觀政策因子之間的非參數相關係數，根據 C. Genest 和 J. MacKay（1986）提出的理論，其計算方法為：

$$\tau(X) = 4\int_0^1 \cdots \int_0^1 C_T(X) dC_T(X) - 1 \tag{2-5-13}$$

採用多元 t – Copula 模擬研究宏觀政策因子對不同房地產遷徙概率 P^k 的衝擊強度以及其發生概率。其表達式為：

$$C_T(P^{ijk}, x_1, x_2, \cdots, x_n, \tau) = T_{\tau, v}(F^{-1}(P^{ijk}), F_1^{-1}(x_1), F_2^{-1}(x_2), \cdots, F_n^{-1}(x_n))$$

$$T_{\tau, v}(x_1, x_2, \cdots, x_n) = \int_{-\infty}^{x_1} \cdots \int_{-\infty}^{x_n} \frac{\Gamma(\frac{v+n}{2})}{\Gamma(\frac{v}{2})\sqrt{(\pi v)^n |\tau|}} \left(1 + \frac{v'\tau^{-1}v}{v}\right)^{-\frac{v+n}{2}} dv$$

$$\tag{2-5-14}$$

其中，τ 為 Kendall's Tau，由（10）式給出。此處，多元 t- Copula 相應的計算基於矩陣，因其實際上為一個 Kendall's Tau 的矩陣，是記錄風險遷徙概率 P^k 與宏觀政策因子以及宏觀政策因子之間的非參數相關係數。

四、實證分析

（一）宏觀經濟風險因子對政府壓力測試模型實證測試數據的取得及處理

通過對房地產、銀行和政府疊加機制的識別，我們將對三者行業基本面會產生影響的宏觀政策劃分為以下三類：

1. 資金供給方面

其中影響房地產開發商資金供給的為貨幣政策，影響購房者資金供給的為銀行房貸政策。

2. 直接作用於房價本身方面

3. 稅收方面

稅收加增加房地產開發和購買的中間環節的費用。

具體的政策劃分與數據來源見表 2-5-2。

其中，除貨幣政策之外，其餘變量被轉化為 0-1 變量或累計變量。

表 2-5-2　政府經濟政策與行政政策

變量編號	政策分類	具體分類	變量名	變量符號	來源
1	資金供給	X1（貨幣政策）	法定存款準備金率	X11	騰訊網
2	資金供給	X1（貨幣政策）	貸款基準利率	X12	騰訊網
3	資金供給	X2（銀行房貸政策）	首付比例	X21	騰訊網
4	資金供給	X2（銀行房貸政策）	住房公積金	X22	騰訊網
5	房價本身				
6	稅收政策	X4（稅收）	二手房稅收	X41	騰訊網
7	稅收政策	X4（稅收）	二手房個人所得稅	X42	騰訊網
8	稅收政策	X4（稅收）	住房營業稅徵收	X43	騰訊網
9	稅收政策	X4（稅收）	土地增值稅徵收	X44	騰訊網
10	稅收政策	X4（稅收）	物業稅徵收	X45	騰訊網
11	稅收政策	X4（稅收）	房產稅徵收	X46	騰訊網

為保證後期研究分析的科學性和精確度，我們通過數據替換、線性插值和 Cubic Spine 插值等方法對所有數據的缺失值、異值加以處理。對不同宏觀政策因子對風險遷移概率的顯著性（以 P 值表示）的分析基於相關係數 Kendall's Tau 以及公式（2-5-12），並結合相關經濟意義。如針對房地產行業 R_1-R_1 的遷移，我們選用了以下宏觀政策因子（見表 2-5-3）：

表 2-5-3　R_1-R_1 選用宏觀政策因子

變量	變量名稱	相關係數	P 值
X11	法定存款準備金率	-0.89	0.03
X21	首付比例	-0.61	0.00
X22	住房公積金	-0.64	0.00
X41	二手房稅收	-0.78	0.02
X46	房產業稅徵收	-0.70	0.01

類似地，我們得到以下風險遷移及宏觀政策因子總表，如表 2-5-4 所示。（以 P_{t+1}^k 中 $W_{3,3}^{mn*}$ 為例）

表 2-5-4 風險遷徙概率及相應使用變量

風險遷徙概率	使用變量
R_1-R_1	X_{12}, X_{21}, X_{22}, X_{45}, X_{46}
R_1-R_2	X_{11}, X_{22}, X_{42}, X_{43}, X_{44}, X_{46}
R_1-R_3	X_{11}, X_{21}, X_{22}, X_{41}, X_{42}, X_{43}
R_1-R_4	X_{11}, X_{12}, X_{22}, X_{43}, X_{44}, X_{46}
R_1-R_5	X_{12}, X_{21}, X_{22}, X_{45}, X_{46}
R_1-R_6	X_{11}, X_{12}, X_{41}, X_{43}, X_{45}
R_1-R_7	X_{12}, X_{21}, X_{22}, X_{41}, X_{44}, X_{45}
R_2-R_1	X_{12}, X_{22}, X_{42}, X_{43}, X_{44}, X_{46}
R_2-R_2	X_{11}, X_{41}, X_{42}, X_{43}, X_{44}, X_{46}
R_2-R_3	X_{12}, X_{21}, X_{22}, X_{45}, X_{46}
R_2-R_4	X_{11}, X_{22}, X_{42}, X_{43}, X_{44}, X_{46}
R_2-R_5	X_{11}, X_{21}, X_{22}, X_{41}, X_{42}, X_{43}
R_2-R_6	X_{11}, X_{12}, X_{22}, X_{43}, X_{44}, X_{46}
R_2-R_7	X_{11}, X_{22}, X_{42}, X_{45}, X_{46}
R_3-R_1	X_{11}, X_{12}, X_{41}, X_{43}, X_{45}
R_3-R_2	X_{12}, X_{21}, X_{22}, X_{41}, X_{44}, X_{45}
R_3-R_3	X_{12}, X_{22}, X_{42}, X_{43}, X_{44}, X_{46}
R_3-R_4	X_{11}, X_{41}, X_{42}, X_{43}, X_{44}, X_{46}
R_3-R_5	X_{12}, X_{21}, X_{22}, X_{45}, X_{46}
R_3-R_6	X_{11}, X_{22}, X_{42}, X_{43}, X_{44}, X_{46}
R_3-R_7	X_{11}, X_{21}, X_{22}, X_{41}, X_{42}, X_{43}
R_4-R_1	X_{11}, X_{12}, X_{22}, X_{43}, X_{44}, X_{46}
R_4-R_2	X_{12}, X_{21}, X_{22}, X_{45}, X_{46}
R_4-R_3	X_{11}, X_{22}, X_{42}, X_{43}, X_{44}, X_{46}
R_4-R_4	X_{12}, X_{21}, X_{22}, X_{45}, X_{46}
R_4-R_5	X_{11}, X_{22}, X_{42}, X_{43}, X_{44}, X_{46}
R_4-R_6	X_{12}, X_{21}, X_{22}, X_{45}, X_{46}

表2-5-4(續)

風險遷徙概率	使用變量
R_4-R_7	X_{11}, X_{22}, X_{42}, X_{43}, X_{44}, X_{46}
R_5-R_1	X_{12}, X_{21}, X_{22}, X_{45}, X_{46}
R_5-R_2	X_{11}, X_{22}, X_{42}, X_{43}, X_{44}, X_{46}
R_5-R_3	X_{12}, X_{21}, X_{22}, X_{45}, X_{46}
R_5-R_4	X_{11}, X_{22}, X_{42}, X_{43}, X_{44}, X_{46}
R_5-R_5	X_{11}, X_{21}, X_{22}, X_{41}, X_{42}, X_{43}
R_5-R_6	X_{11}, X_{12}, X_{22}, X_{43}, X_{44}, X_{46}
R_5-R_7	X_{12}, X_{21}, X_{22}, X_{45}, X_{46}
R_6-R_1	X_{11}, X_{12}, X_{41}, X_{43}, X_{45}
R_6-R_2	X_{11}, X_{12}, X_{22}, X_{43}, X_{44}, X_{46}
R_6-R_3	X_{12}, X_{21}, X_{22}, X_{45}, X_{46}
R_6-R_4	X_{12}, X_{21}, X_{22}, X_{45}, X_{46}
R_6-R_5	X_{11}, X_{22}, X_{42}, X_{43}, X_{44}, X_{46}
R_6-R_6	X_{12}, X_{21}, X_{22}, X_{45}, X_{46}
R_6-R_7	X_{11}, X_{22}, X_{42}, X_{43}, X_{44}, X_{46}
R_7-R_1	X_{12}, X_{21}, X_{22}, X_{45}, X_{46}
R_7-R_2	X_{11}, X_{22}, X_{42}, X_{43}, X_{44}, X_{46}
R_7-R_3	X_{11}, X_{21}, X_{22}, X_{41}, X_{42}, X_{43}
R_7-R_4	X_{11}, X_{12}, X_{22}, X_{43}, X_{44}, X_{46}
R_7-R_5	X_{12}, X_{21}, X_{22}, X_{45}, X_{46}
R_7-R_6	X_{11}, X_{22}, X_{42}, X_{43}, X_{44}, X_{46}
R_7-R_7	X_{12}, X_{21}, X_{22}, X_{45}, X_{46}

(二) 壓力測試實證結果

Berkowitz（2000）提出使用一種統一的壓力測試框架，即使用原始數據建立度量模型，並通過一定的方法模擬情景數據，再將模擬的數據應用到原模型中，並將模擬結果和原模型結果相比較，最後得出壓力測試結果。該方法存在一定的缺陷：這樣很可能出現原模型參數甚至模型本身不再顯著，從而產生大量的模型誤差，導致壓力測試結果的可參考價值降低。故而，在本研究中，僅

假設模擬的宏觀政策因子數據對行業基本面狀況遷徙概率的顯著性是包含在原始的宏觀風險因子數據對行業水準遷徙概率的同一顯著性區間以內的。

$$\begin{cases} \tilde{\tau}_{\tilde{y}=P(\tilde{X}_j),\ \tilde{X}_j=(\tilde{x}_1,\ \tilde{x}_2,\ \cdots,\ \tilde{x}_n)^T} \subset \{\Omega_{\alpha=95\%}\} \\ \tau_{y=P(X),\ X=(x_1,\ x_2,\ \cdots,\ x_n)^T} \subset \{\Omega_{\alpha=95\%}\} \end{cases} \quad (2-5-15)$$

公式（2-5-15）表示，在 $\alpha = 95\%$ 這一置信水準上，模擬數據與風險遷徙概率之間的顯著性仍然可以成立。根據銀監會《商業銀行壓力測試指引》，壓力測試的情景選擇應包括以下三種：輕度衝擊、中度衝擊以及重度衝擊。其衝擊強度有一個遞增的關係，而且輕度衝擊應比目前實際情況嚴峻。但是該指引對情景選擇並未提供具體方案，本書選擇以下模型對情景進行選擇：

$$P_{t+1}^{ijk}(Sc) = \begin{cases} f((\begin{smallmatrix} \cdot \\ x \end{smallmatrix} | Sc = Bad),\ Bad = SD1, \\ f((\begin{smallmatrix} \cdot \\ x \end{smallmatrix} | Sc = Worse),\ Worse = SD2, \\ f((\begin{smallmatrix} \cdot \\ x \end{smallmatrix} | Sc = Worst),\ Worst = SD3. \end{cases} \quad (2-5-16)$$

其中 $SD1$，$SD2$，$SD3$ 分別表示對原始時間序列數據向上或向下平移 1、2、3 個標準差。同時，平移的方向取決於風險遷徙的方向以及 Kendall's τ 的符號。將所有將高評級向低評級的遷移定義為「壞」，反之將低評級向高評級的遷移定義為「好」。具體的風險遷移概率定義表見表 2-5-5。

表 2-5-5　風險遷移概率定義表

風險遷移概率	類型	Kendall's Tau 的符號	平移方向
$R_1 - R_1$	好	+	向上
$R_1 - R_2$	壞	−	向下
$R_1 - R_3$	壞	−	向下
$R_1 - R_4$	壞	−	向下
$R_1 - R_5$	壞	−	向下
$R_1 - R_6$	壞	−	向下
$R_1 - R_7$	壞	−	向下
$R_2 - R_1$	好	+	向上
$R_2 - R_2$	好	+	向上
$R_2 - R_3$	壞	−	向下
$R_2 - R_4$	壞	−	向下
$R_2 - R_5$	壞	−	向下

表2-5-5(續)

風險遷移概率	類型	Kendall's Tau 的符號	平移方向
$R_2 - R_6$	壞	−	向下
$R_2 - R_7$	壞	−	向下
$R_3 - R_1$	好	+	向上
$R_3 - R_2$	好	+	向上
$R_3 - R_3$	好	+	向上
$R_3 - R_4$	壞	−	向下
$R_3 - R_5$	壞	−	向下
$R_3 - R_6$	壞	−	向下
$R_3 - R_7$	壞	−	向下
$R_4 - R_1$	好	+	向上
$R_4 - R_2$	好	+	向上
$R_4 - R_3$	好	+	向上
$R_4 - R_4$	好	+	向上
$R_4 - R_5$	壞	−	向下
$R_4 - R_6$	壞	−	向下
$R_4 - R_7$	壞	−	向下
$R_5 - R_1$	好	+	向上
$R_5 - R_2$	好	+	向上
$R_5 - R_3$	好	+	向上
$R_5 - R_4$	好	+	向上
$R_5 - R_5$	好	+	向上
$R_5 - R_6$	壞	−	向下
$R_5 - R_7$	壞	−	向下
$R_6 - R_1$	好	+	向上
$R_6 - R_2$	好	+	向上
$R_6 - R_3$	好	+	向上
$R_6 - R_4$	好	+	向上
$R_6 - R_5$	好	+	向上

表2-5-5(續)

風險遷移概率	類型	Kendall's Tau 的符號	平移方向
$R_6 - R_6$	好	+	向上
$R_6 - R_7$	壞	−	向下
$R_7 - R_1$	好	+	向上
$R_7 - R_2$	好	+	向上
$R_7 - R_3$	好	+	向上
$R_7 - R_4$	好	+	向上
$R_7 - R_5$	好	+	向上
$R_7 - R_6$	好	+	向上
$R_7 - R_7$	好	+	向上

最後，根據離散非穩定性馬爾科夫鏈，通過以下模型獲得房地產行業在不同宏觀風險因子衝擊強度下的行業基本面等級分佈：

$$P_{Sc}^{t+1}(\Pi) = \begin{cases} \sum_{i=A}^{G} P^t(i) \cdot P_{ij}^{t+1}(Sc = Bad), & Bad = SD1, \\ \sum_{i=A}^{G} P^t(i) \cdot P_{ij}^{t+1}(Sc = Worse), & Worse = SD2, \\ \sum_{i=A}^{G} P^t(i) \cdot P_{ij}^{t+1}(Sc = Worst), & Worst = SD3. \end{cases} \quad (2-5-17)$$

通過使用相應的數據，估算在宏觀政策因子不同程度的衝擊下，三個行業的基本面狀況遷徙概率的模擬分佈情況。在綜合考慮風險因子間相關性、對沖性以及誘發機制的情景分析中，採用t-Copula多元蒙特卡羅模擬的方法，得到相關壓力測試結果。

採用的數據均為季度數據，故共分為4個時間段：t_0，t_1，t_2，t_3。

(三) 政府行業狀況壓力測試實證結果

我們將政府基本面情況作為研究對象，採用對應的政策因子衝擊變量，將房地產和銀行行業的基本面情況作為上述高階馬爾科夫鏈的自變量，模擬4個時間點下政府基本面的變化（即季度情況），見圖2-5-1。

由後文中將給出的模型也可以看出，有行業傳導與疊加過程下的$t=1$階段與無行業傳導與疊加時的$t=1$結果相同，故有$G_1 = G_1^*$（下同）。

從圖2-5-1可以看出，在一定強度的宏觀政策因子衝擊下，不論有沒有行業傳導與疊加，最後的情況都趨於政府基本面情況的左偏（即變差）。其中

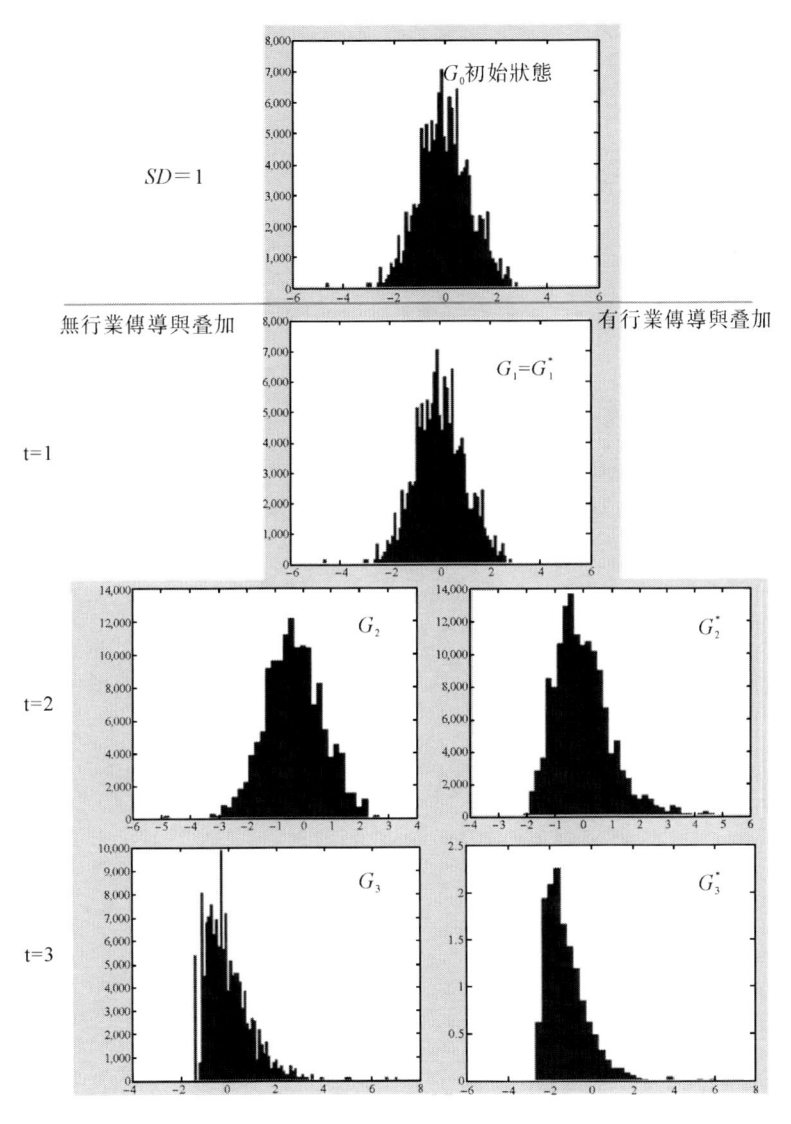

圖 2-5-1　政府在一個強度政策因子衝擊下基本面變化情況

在不考慮行業傳導與疊加情況下的 $t=2$ 時段，政府基本面情況甚至有所好轉；而在考慮了行業之間的傳導與疊加之後，基本面的左偏情況更加嚴重，且隨著時間的推移，兩種假設下的基本面差別愈來愈嚴重。可見行業傳導與疊加的效果不可忽略，甚至要加以重視。

圖 2-5-2 為政府在兩個強度政策因子衝擊下基本面變化情況。

由圖 2-5-2 可知，在衝擊強度由 $SD = 1$ 增大到 $SD = 2$ 之後，情況整體與

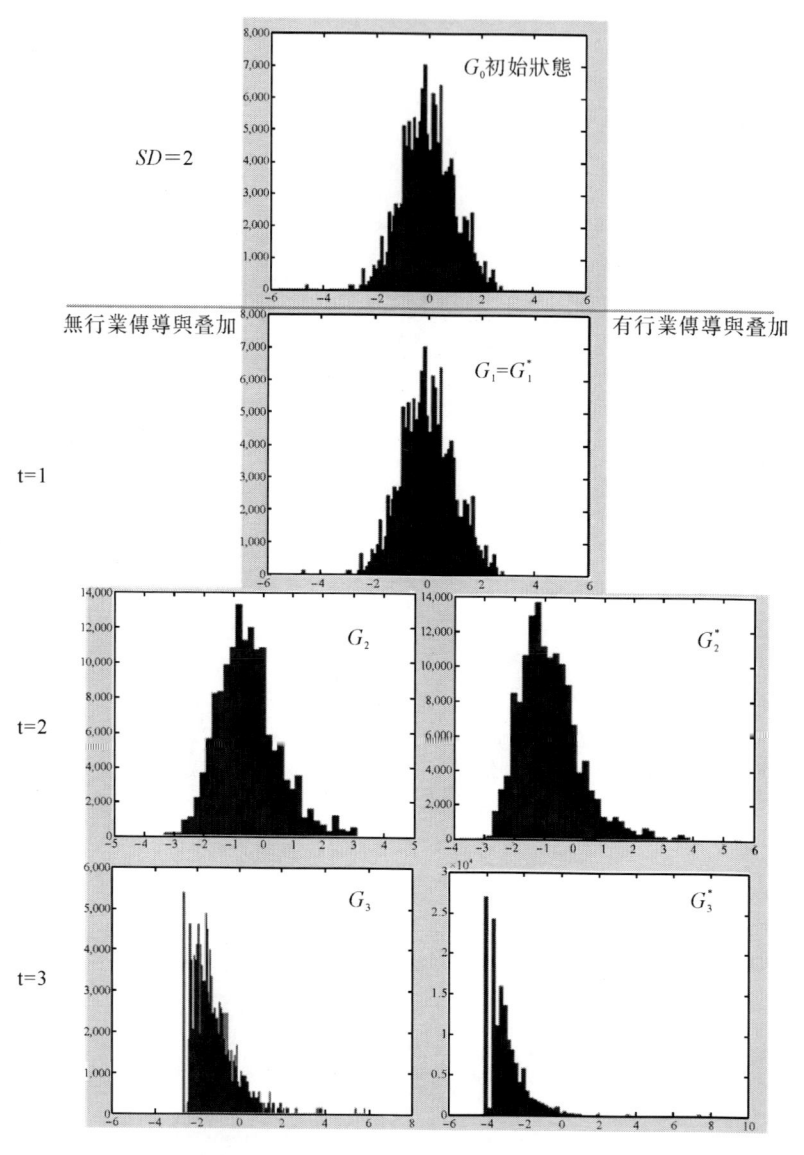

圖 2-5-2　政府在兩個強度政策因子衝擊下基本面變化情況

$SD=1$ 相同，但整體的左偏情況更加嚴重。尤其在 $t=3$ 時，$G3*$ 的右偏情況極為嚴重，圖像右移至-4，說明政府在此種強度下，已經難以抵禦政策的衝擊，而在 $t=2$ 時已經初步看出行業的惡化趨勢。這說明要及時跟蹤行業情況，並根據現時的行業反應判斷其基本面走向，避免出現行業情況已極具惡化才開始政策改向。

圖 2-5-3 為政府在三個強度政策因子衝擊下基本面的變化情況。

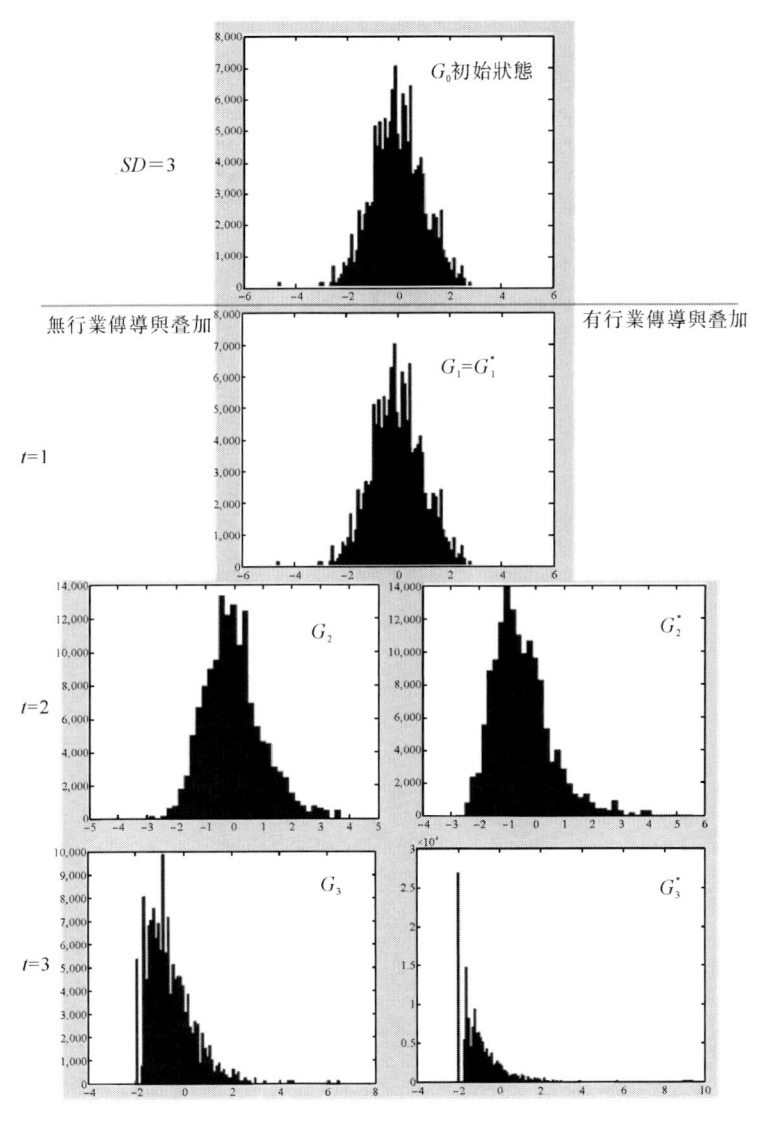

圖 2-5-3　政府在三個強度政策因子衝擊下基本面變化情況

圖 2-5-3 顯示的情況與 $SD=1, 2$ 相似，但基本面左偏情況更為嚴重。到 $t=3$ 時，$G3*$ 在 0 右側的分佈已經十分微弱。

綜合以上三圖我們可以得出以下結論：

（1）政府行業情況對政策衝擊有一定的敏感度，基本面變換量與時間 t 和政策因子衝擊強度 SD 成正比。

（2）政策施行在不能有效把握其未來效果的情況下，盡量選擇強度較小

的政策衝擊。

（3）分析和預測政策效果時，也斷然不能忽略三個行業之間的傳導和疊加效果。

（四）銀行行業狀況壓力測試實證分析

我們將銀行基本面情況作為研究對象，採用對應的政策因子衝擊變量，將房地產行業和政府的基本面情況作為上述高階馬爾科夫鏈的自變量，模擬4個時間點下銀行行業基本面的變化（即季度情況），見圖2-5-4。

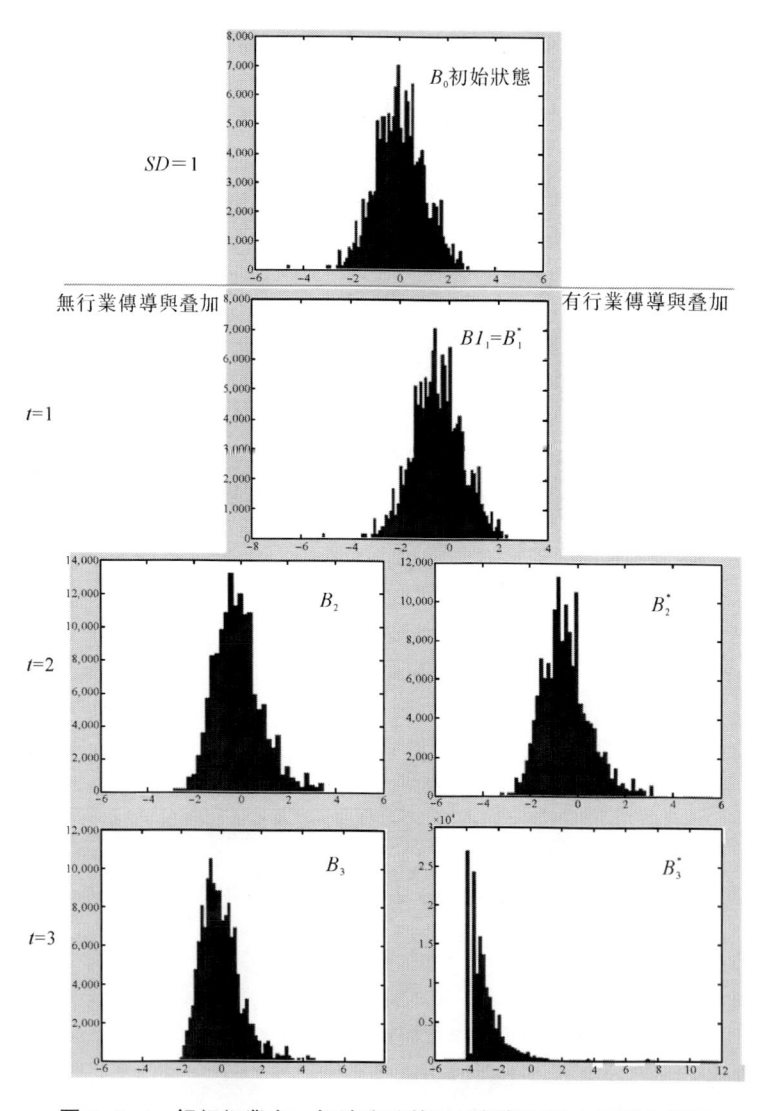

圖2-5-4　銀行行業在一個強度政策因子衝擊下基本面變化情況

將其與圖2-5-1對比可得，銀行相對於政府對政策的敏感度更高，在$SD=1$，$t=3$時銀行已經無法抵禦政策的衝擊。

其中銀行（$SD=1$）與政府（$SD=1$）的區別在於，政府在$t=1$時相對於初始狀態無明顯變化，銀行在$t=1$時有較明顯的右偏跡象；政府在$t=2$時相較上期情況有好轉，而銀行在$t=2$時開始惡化；在不考慮行業間傳導與疊加的情況下，政府在$t=3$時較上期的惡化加劇程度較高，而銀行在$t=3$時較上期的變化不大。這說明不同行業的基本面情況在經歷相同時間的變化有相似之處，但也有不同之處，對待不同行業的不同之處要予以重視，依據行業特點指導政策的制定。

銀行（$SD=2,3$）整體與銀行（$SD=1$）下的基本面變化情況類似，只是右偏情況更為嚴重。其中，在考慮行業傳導與疊加情況下的$t=3$時間點，銀行的行業基本面情況顯示其以無法抵禦政策因子的衝擊，驗證了衝擊效果與時間和衝擊強度成正比（見圖2-5-5）。

（五）房地產行業狀況壓力測試實證分析

房地產行業的初始狀態較之政府和銀行本身就有一定的右偏，而在考慮了行業傳導與疊加之後的房地產基本面，在$t=2$時就已經顯示難以抵禦政策衝擊，相應的政府和銀行首次出現難以抵禦的情況分別是$SD=2$，$t=3$；$SD=1$，$t=3$。這說明房地產在三個行業中政策敏感度最高。

由此可以得出三個行業對政策敏感度由高到低的排序為房地產>銀行>政府，政策實施的強度需要結合行業的敏感度，直接作用於房地產的政策更要謹慎而為。

房地產（$SD=2,3$）整體與房地產（$SD=1$）下的基本面變化情況類似，只是右偏情況更為嚴重。其中，在考慮行業傳導與疊加情況下的$t=3$時間點，銀行的行業基本面情況顯示其以無法抵禦政策因子的衝擊。驗證了衝擊效果與時間和衝擊強度成正比（見圖2-5-7、圖2-5-8和2-5-9）。

（六）壓力測試實證分析總結

（1）通過以上的壓力測試，證實了往期的政策對政府、銀行、房地產行業基本面的影響整體上來說是利壞的，對房價的調控效果不明顯，反而導致三者的基本面情況愈來愈差。其中房地產行業對政策最為敏感，在相同的政策因子打擊強度和經歷相同的時間之後，房地產行業基本面的惡化情況最為嚴重，其次為銀行，再次為政府。

（2）在考慮行業傳導與疊加效果之後，各行業的基本面左偏情況均有所加劇。所以在擬定政策時，行業傳導與疊加的效果不能忽略，甚至要加以重

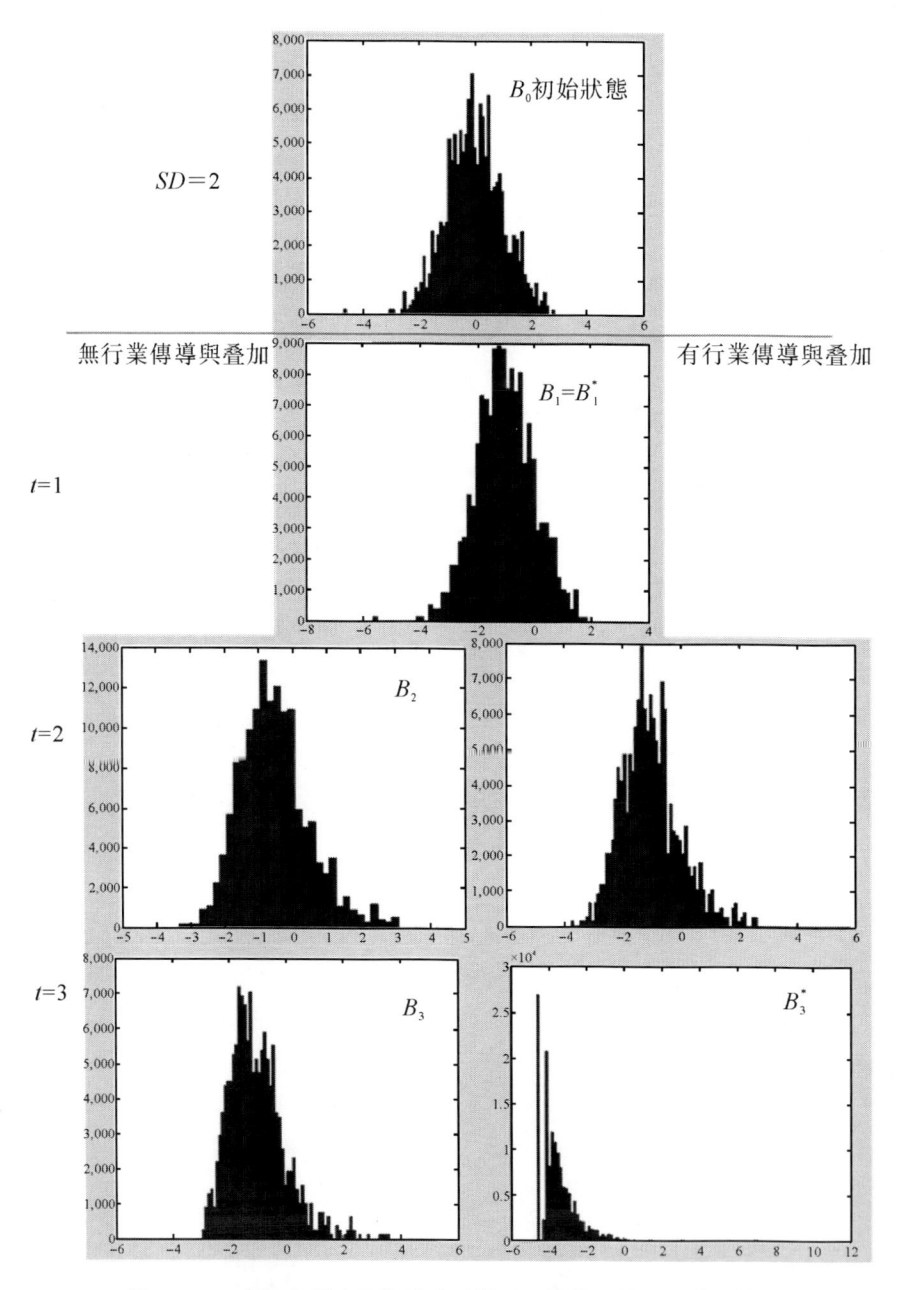

圖 2-5-5　銀行行業在兩個強度政策因子衝擊下基本面變化情況

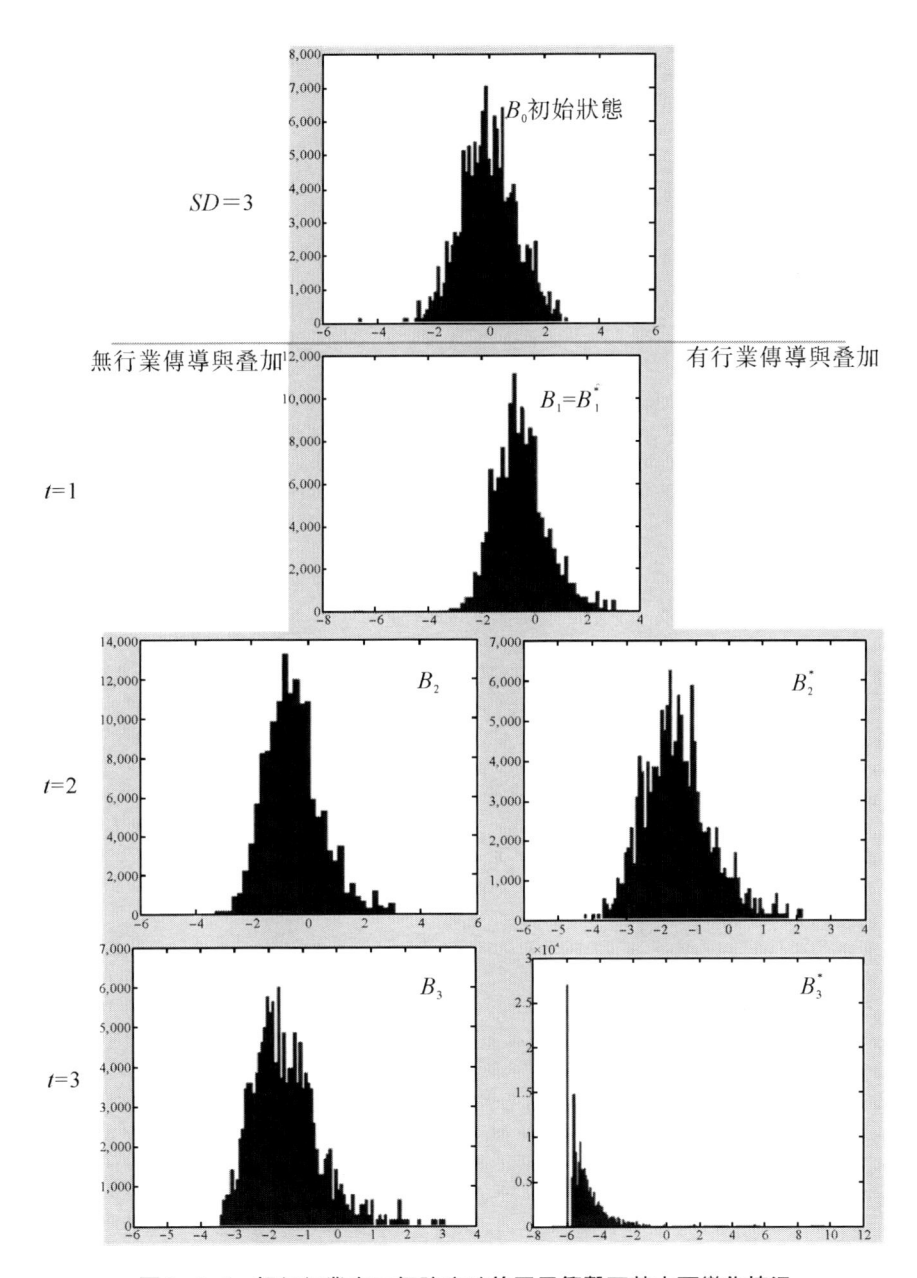

圖 2-5-6　銀行行業在三個強度政策因子衝擊下基本面變化情況

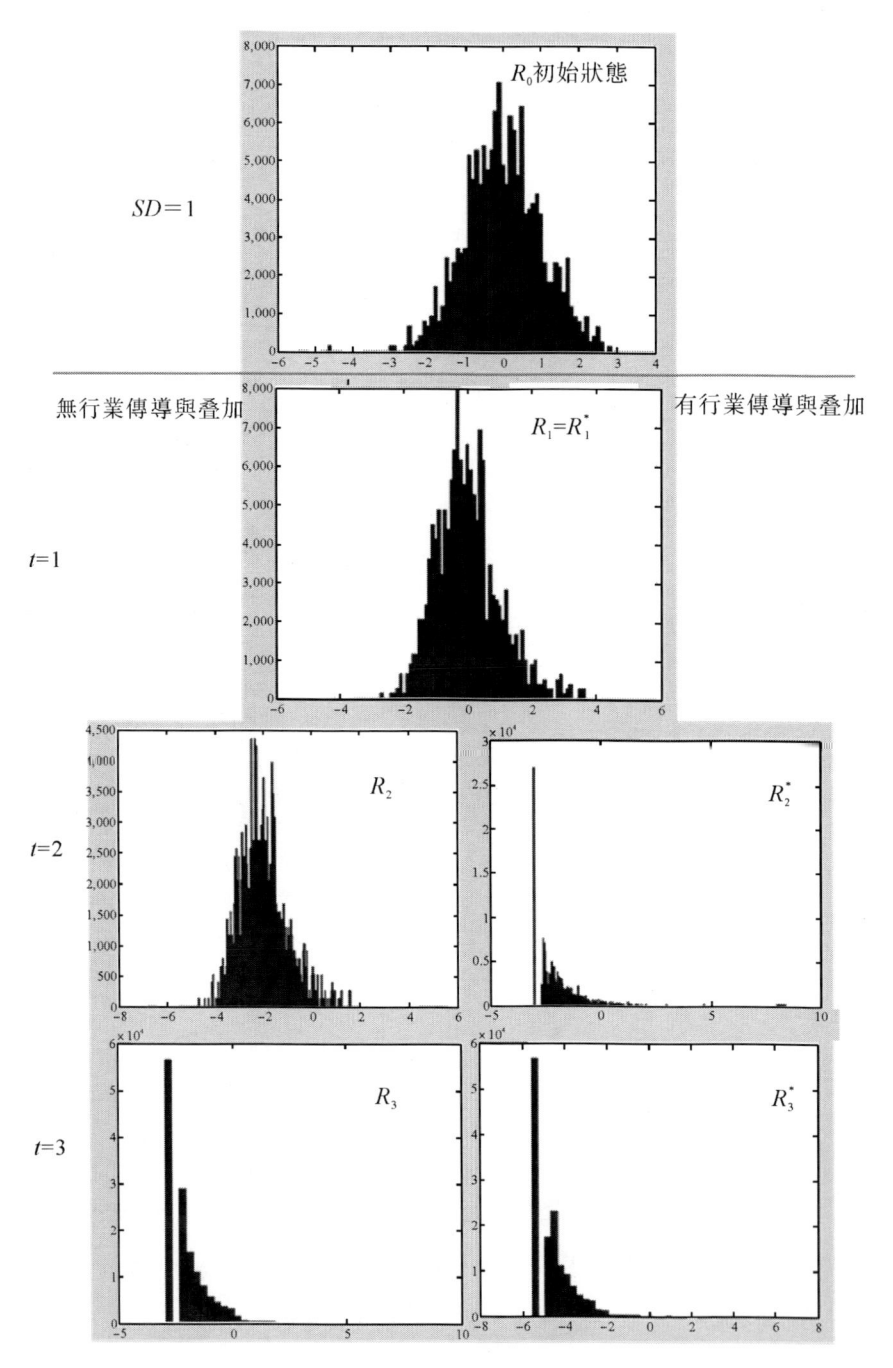

圖 2-5-7　房地產行業在一個強度政策因子衝擊下基本面變化情況

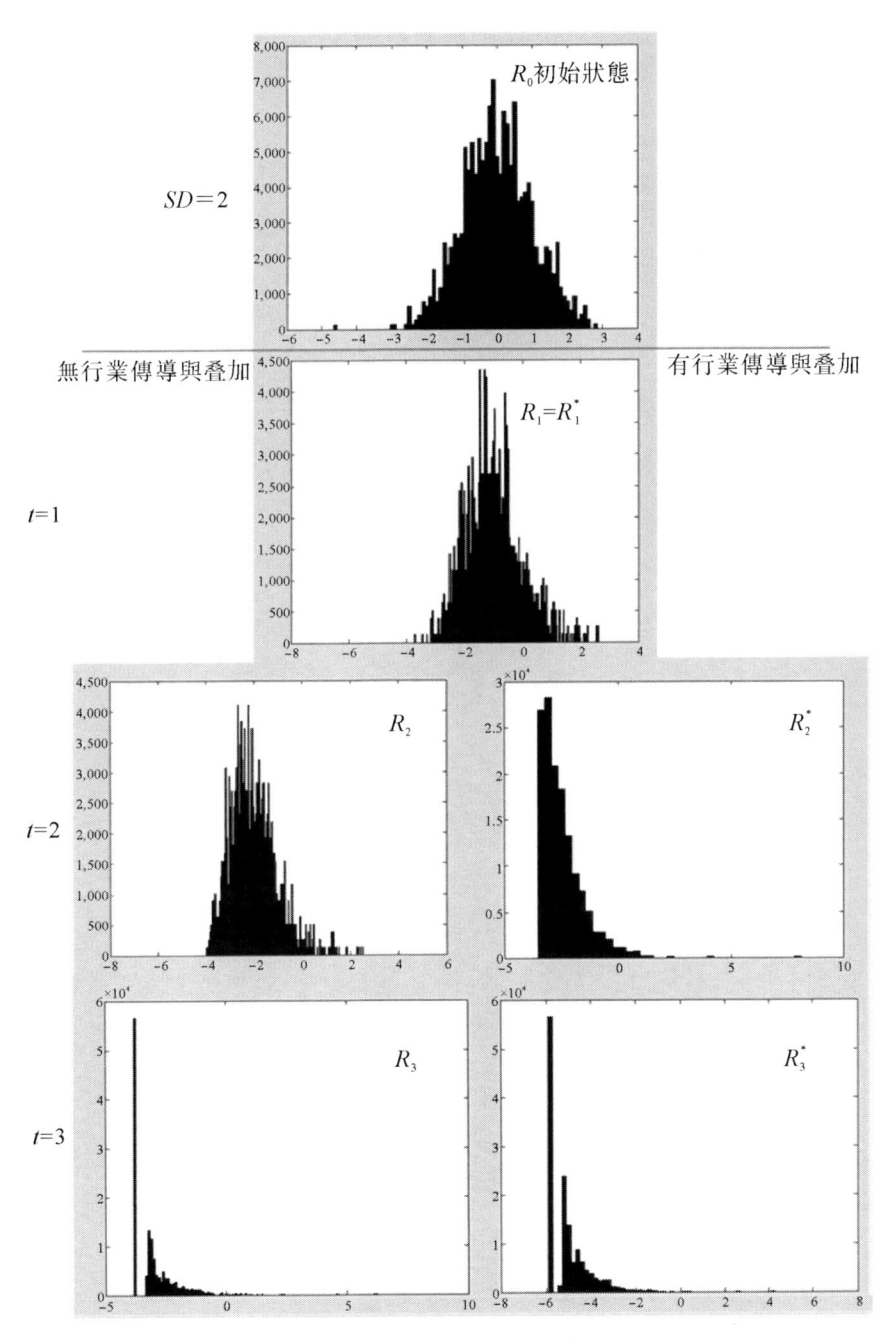

圖 2-5-8　房地產行業在兩個強度政策因子衝擊下基本面變化情況

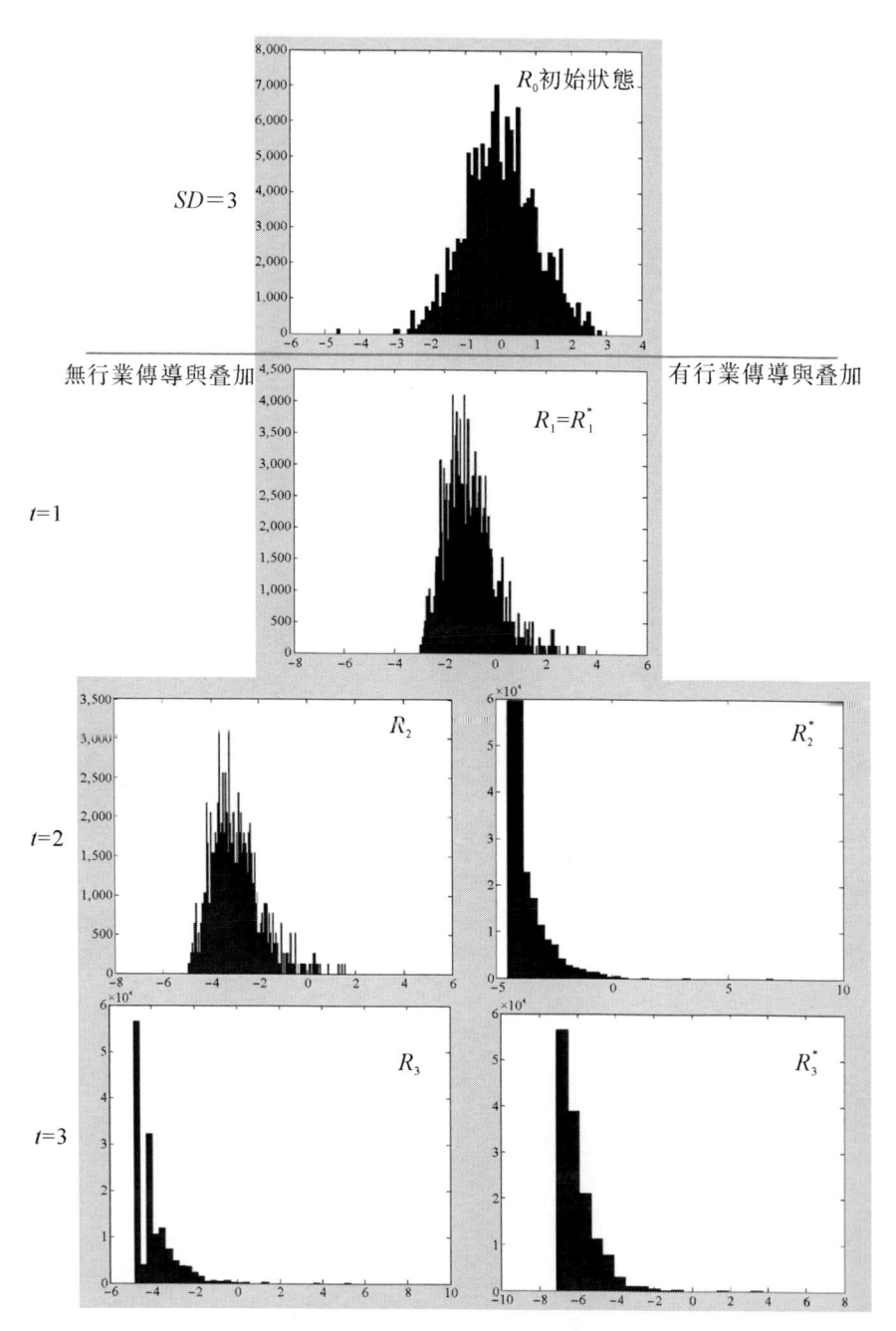

圖 2-5-9　房地產行業在三個強度政策因子衝擊下基本面變化情況

視，要關注以房地產為代表的實體經濟和以銀行為代表的虛擬經濟以及政府三者之間緊密的聯繫。

五、結論及建議

（一）結論

我們通過對房地產業、銀行、政府三者的傳導和疊加機制的識別和疊加鏈的整理總結，從定性的角度認識了三者之間的關係。之後，在對三者行業水準進行評級，對宏觀政策因子進行分類的基礎上，建立了高階三元馬爾科夫鏈及壓力測試模型，從量化的角度驗證傳導與疊加效果是否存在，並得出以下結論：

（1）政策本身沒有觸及房價問題的根本，對政策的直接作用對象產生了負面影響，而三個行業之間密切的聯繫又使得這一惡性結果沿著疊加鏈傳導和放大，最終形成了一個行業之間的惡性循環。其中房地產行業對政策的敏感性最強。

（2）政策因子的衝擊強度越高，行業基本面的變化越嚴重。

（3）傳導和疊加效果確實存在，且對行業狀況的影響顯著。

（二）建議

在擬訂新的房價調控政策時，勢必要考慮實體經濟、虛擬經濟和政府對該政策的靈敏度，對於靈敏度較大的以房地產為代表的實體經濟，應當考慮施用強度較小的政策，防止政策政策不能觸及問題根本，而對房地產行業產生負面影響，加之房地產行業本身的性質決定其對政策敏感，會加劇房地產行業的疲軟。

擬定政策的同時還需要考慮行業之間的傳導和疊加機制，不能僅考慮和分析直接作用對象的變化情況，還要考慮三者之間的聯繫。

第六節　基於經濟結構調整、經濟增長、金融市場穩定視角的「後危機」時代房價調控政策建議與對策

一、引論

當前，雖然中國經濟回升向好的基礎進一步穩固，但是經濟增長的內生動力不足，產能過剩矛盾突出，經濟結構調整難度加大，醫療、教育、住房、收入分配等民生問題突出，各級政府債務突起，金融領域潛在風險加大。

提高消費可以改善人民生活水準，促進社會和諧。但是，當前中國居民消

費占 GDP 比例仍處於較低水準，在居民開支中，住房支出占總支出比重過高，高房價對居民消費產生嚴重的擠出效應。調控房價、抑制房價過快上漲不僅有利於房地產業的穩定發展，而且有利於提高消費水準，優化經濟結構，拉動經濟增長。但是，房價過快下跌會導致銀行不良貸款上升，對金融系統穩定、經濟復甦和經濟增長產生不利影響。因此，要結合中國房地產市場、金融市場的現實情況分析房價的合理區間，控制房價調控的力度和節奏，制定合理有效的調控政策，實現經濟結構調整、經濟增長、金融市場穩定等經濟目標。本研究提出的反向壓力測試研究正是為解決這一目的。

二、文獻綜述

後危機時代，調整經濟結構、轉變經濟增長方式成為中國經濟發展的戰略目標。縱觀以往文獻可以看出，國內學者對經濟發展與結構調整的研究較多且相對深入，反應了當前中國的經濟現狀，給出的建議略有差異但思路大體相同。相反，壓力測試理論的研究在中國尚處於起步階段，還沒有形成成熟有效的體系，而反向壓力測試研究則近乎空白，因此有關壓力測試的理論研究和實際應用仍需進一步深入探討。

（一）經濟增長與經濟結構調整

經濟增長通常是指一國在一定時期內國民生產總值的增加，而在既定的經濟技術水條件下，社會分工形成的產業結構決定了經濟增長方式。Kuznets（1957）分析了 50 個國家的數據，指出製造業的增加將隨著人均 GNP 的增加而降低。Chow（1993）、Hu 和 Khan（1997）的研究指出，1952—1994 年資本累積是中國經濟增長的主要因素。Romer（2000）認為短期經濟增長是勞動、資本等要素的增加帶來的，而長期經濟增長主要是由技術進步帶來的。裴春霞（2000）等通過對中國 1985—1999 年的數據分析認為，投資是支持中國經濟增長的決定性力量，特別是非國有經濟投資促進了中國經濟的高速增長。張平、張曉晶（2003）分析了中國由低價工業化到高價城市化的轉化以及與之相應的資本流程和資本形成方式，從累積效應入手分析資本形成的持續性和效率性，探討了中國經濟結構變革和宏觀政策的選擇基準。鄒紅、喻開志（2007）指出中國居民消費率呈下降趨勢，居民消費對 GDP 增長的拉動作用持續處於較低水準。項俊波（2007）根據結構經濟學理論，構建了中國經濟結構失衡度量的指標體系，並對結構的失衡程度進行了測度。結果顯示中國經濟結構失衡程度總體上在加劇。羅長遠、張軍（2009）分析了 1987—2004 年省級面板數據，對勞動收入占 GDP 比例下降進行了實證研究。

(二）最優決策系統

最優均衡狀態是指不同資源得到最優配置時的均衡，當達到均衡時，除了需要滿足供求平衡外，還應滿足總費用與總收益相等。Sofia Castro 和 Antonio Brandao（2000）修改了 Maskin 和 Tirole 的模型，證明在一個政府為第三方的動態「三方市場模型」中，存在馬爾可夫最優均衡，並且證明了即使貼現因子不同也同樣存在馬爾科夫最優均衡。陸惠民和李啓明（2000）運用房地產投資評估與決策的理論與方法，結合房地產開發項目實踐，給出了房地產投資評估與決策系統的模型和結構，並進行了詳細的系統分析和設計，開發了一個實用化的房地產投資評估與決策系統。張文紅和施建軍（2006）提出一種開放的動態投入產出智能決策系統的設計方法。該方法以建立的動態投入產出反饋控制模型為核心，分別建立系統整體和各個決策單元的非線性多目標動態優化模型，再通過多級遞階智能協調器確定滿意解集，使決策結果是或者近似於全局優化，並滿足開放性和穩定性的要求。況偉大（2009）分析了物業稅對房價的影響，實證結果表明對全國和東部而言，物業稅能有效遏制房價上漲，但對中西部效果不明顯，利率政策效果大於物業稅。

（三）反向壓力測試

反向壓力測試系統是巴塞爾委員會推出的先進的壓力測試系統之一，這一系統在國內學術界的實用還不多見。但因為反向壓力測試系統與一般的壓力測試系統也有相同之處，有關壓力測試的實證研究仍能起到很好的借鑑作用。國內對於壓力測試的實證研究文獻有：楊鵬（2004）介紹了壓力測試方法的產生、原理和應用評價，且通過國際比較分析了壓力測試在中國金融監管中的作用。董天新、杜亞斌（2005）通過將壓力測試與在險價值（VAR）做比較等方法，詳細介紹了壓力測試的特徵、使用方法和缺陷，並且進一步指出壓力測試在金融機構風險管理中的作用及其發展趨勢。徐明東、劉曉星（2008）介紹了宏觀壓力測試理論模型的構建和常用方法，比較分析了實踐中的典型壓力測試系統，對宏觀壓力測試在中國的應用提出了政策建議。陳世超、衣宏偉、唐東（2008）分析了流動性風險管理與壓力測試以及兩者的關係，並進行了實證分析。巴曙松、朱元倩（2009）從壓力測試的定義、國際實踐規範、執行流程等角度對已有文獻進行了總結，並分析了壓力測試的優缺點和宏觀壓力測試的發展趨勢。黃劍（2012）從壓力測試和反向壓力測試的原理與方法出發，比較分析壓力測試與在險價值（VAR）的特徵性與互補性，通過示例闡明壓力情景的設置方法和壓力測試的操作過程，並探討壓力測試和反向壓力測試在銀行風險管理中的實務問題。

從文獻可以看出，國內學者對經濟發展與結構調整的研究較多且相對深入，反應了當前中國的經濟現狀，給出的建議略有差異但思路卻大體相同；相反，壓力測試理論的研究在中國尚處於起步階段，還沒有形成成熟有效的體系，而反向壓力測試研究則幾乎空白，因此有關壓力測試的理論和實踐研究仍需進一步深入探討。

本部分的創新點主要在以下兩個方面：一是通過定量分析房價下降對銀行貸款損失率和消費支出增加的影響，為政府調控房價提供理論研究和決策參考；二是採用反向壓力測試技術測度商業銀行房地產貸款遭受重大損失時的風險因子及其大小。

三、理論框架

1. 反向壓力測試概述

反向壓力測試的出發點是一個假設，即假設一個金融機構在較短時期內遭受了非常巨大的損失。其測試目的就是要回溯，鑒定出在實施壓力測試時給出實際位點和主要風險的情況下這麼大的損失是怎麼發生的。如果假設的損失確實巨大，造成損失的事件發生順序很有可能會引起蔓延或使系統驅動因素發生作用。因此反向壓力測試很可能要求金融機構解決在壓力測試中通常不會抓住的問題。反向壓力測試的基本框架如圖 2-6-1 所示。

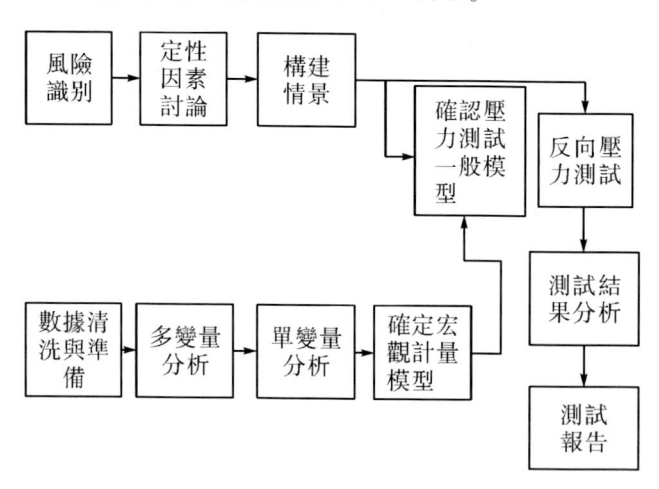

圖 2-6-1　反向壓力測試框架圖

2. 反向壓力測試一般步驟

（1）風險識別。商業銀行面臨的金融風險主要可以概括為：市場風險、信用風險、流動性風險、操作風險以及法律風險。其中，市場風險、信用風險

和流動性風險是銀行面臨的主要風險，本書主要考察信用風險，因此，所選用的壓力測試模型也為信用壓力測試模型。

（2）構建情景。構建情景是壓力測試的基礎，目的在於模擬甚至在一定範圍內誇大金融市場可能出現的某些極端情況。如假設利率驟升100個基本點，CPI突然上升10%，違約率上升1.5倍等異常的市場變化。

（3）反向壓力測試。信用風險的一般模型可以表示為：

$$Y = \beta_0 + \beta_1 x_1 + \beta_2 x_2 + \cdots + \beta_n x_n \quad (2-6-1)$$

方程中，Y是風險因變量指標（比如預期損失、非預期損失、違約率等），其自變量X為各種宏微觀因素，包括外在政治、經濟、市場因素和內在的銀行自身因素，如銀行的資本充足率、貸款授信額度、成本效應比例等。β是違約率對各因素的迴歸係數。

在給定的反向壓力測試情景下，通過違約率測度的風險因子如式2-6-2所示：

$$x_i^t = \begin{cases} -\dfrac{1}{\beta_i} f((x_t^T, Y_{t+1}) \mid\mid sc), & sc = scenario1 \\ -\dfrac{1}{\beta_i} f((x_t^T, Y_{t+1}) \mid\mid sc), & sc = scenario2 \\ \quad \cdots\cdots\cdots \\ -\dfrac{1}{\beta_i} f((x_t^T, Y_{t+1}) \mid\mid sc), & sc = scenarion \end{cases} \quad (2-6-2)$$

Y_{t+1}為$t+1$期的違約率，$X_t^T = (x_1, x_2, \cdots, x_n)_t^T$為$t$期的風險因子，$x_i^t$為$t$期的風險因素$i$。

四、實證研究

本書通過構造最優均衡決策系統，結合產業結構調整和擴大內需的政策，分析房價調控、經濟結構調整、銀行風險控制三者之間的最優均衡，並利用反向壓力測試技術分析房價調控的效果以及對與宏觀經濟可能會造成的影響，為政策當局在控制房價的過程中提供理論參考。

（一）數據準備

1. 統計數據

為了科學有效地度量銀行對公貸款違約率、住房銷售價格指數以及消費支出三者之間的關係，本部分採用的數據主要來自兩個方面：一是某股份制銀行截至2009年10月的房地產業對公貸款業務真實月度數據，包括信貸總額、違

約率情況等；二是中經數據庫、CSMAR 數據庫和國家統計局等專業機構的宏觀數據。我們選取了五個能綜合反應宏觀經濟的情況的變量：CPI（代表通脹水準）、工業增加值增速（代表實體經濟繁榮水準）、住房銷售價格、上證指數、資本活化指標 M_1/M_2（代表貨幣政策），此外還選擇了加權貸款利率（見表 2-6-1）。為了保證數據的可靠性，我們對季度數據和缺失數據進行了差值處理並將其標準化。

表 2-6-1　變量選擇

被解釋變量	解釋變量
PD——銀行對公房地產業務貸款違約率 C——城鎮居民消費性支出	CPI——通貨膨脹率 IAV——工業增加值 HPI——住房銷售價格指數 A——上證 A 股收盤綜合指數 M——資本活化指標 M_1/M_2 INT——貸款的行業加權利率 DPI——居民可支配收入

2. 變量預測

在眾多宏觀經濟變量中，CPI 是國家關注的經濟變量之一，也是間接影響居民消費支出的經濟變量之一，政策當局往往通過 CPI 等一系列指標來確定相應的調控政策，主要有貨幣政策和財政政策，貨幣政策主要有調整存款準備金、利率調整、公開市場業務和再貼現業務等。

我們研究發現，最近五年的 CPI 走勢與利率政策、匯率政策、再貼現業務、準款準備金等基本貨幣政策工具變動趨勢大致相同，且相關性良好（見圖 2-6-2）。

對最近幾年的歷史數據進行分析，我們發現 CPI 一直圍繞 3%～5% 的均值波動，符合一般的經濟學原理和中國的實際狀況。當 CPI 過高時，政策當局會對 CPI 的偏離做出反應，通常使用的手段有提高存款準備金、加息政策等，來抑制 CPI 的上漲，反之則採用相反的政策來拉動 CPI 的上升，但貨幣政策的反應往往具有滯後的特點。我們根據歷史數據，在當前宏觀形勢下，基於貨幣政策預期，使用中值迴歸模型對 CPI 做出預測，並將預測出的 CPI 均值進行隨機化和離散化處理，根據波動性調整原理：

$$調整均值 = 預測均值 \pm \frac{std}{\sqrt{m \times n}} \qquad (2\text{-}6\text{-}3)$$

其中 std 為標準差，這裡是 CPI 從 2004 年 10 月至 2009 年 10 月數據的標準差，其中 $m = 5$、$n = 12$ 是將 5 年的標準差月度化，通過 ± 符號和一個（0-1）

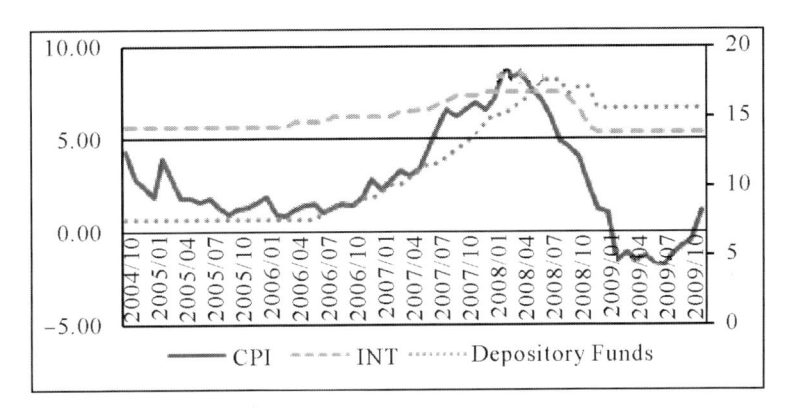

圖 2-6-2　CPI 與貨幣政策關係圖

均勻分佈隨機數確定，若隨機數大於 0.5，預測值等於相應均值加上月化後的標準差，若隨機數小於 0.5，預測值等於相應均值減去月化後的標準差。這樣就得到了 CPI 的預測值。

研究發現，工業增加值增速、住房銷售價格指數、上證 A 股綜合指數、M_1/M_2 等幾個變量與 CPI 趨勢基本一致，通過相關性檢驗，它們與 CPI 的相關性 p 值均小於 0.05，方向相同，表明其餘四個變量與 CPI 相關性很好且變化趨勢一致。

因此我們可以使用麥誇特法（MarqCardt）和通用全局優化法進行優化的多項式擬合方法，通過模擬與 CPI 關係來預測其他幾個變量。以住房銷售價格指數為例，CPI 為自變量 x，住房銷售價格指數為因變量 y，擬合模型為：

$$y = 100.843e^{0.011x} - 101.871e^{-\frac{(x-1.098)}{(-0.052)}} + 4.116e^{-\frac{(x-1.529)}{(-2.223)}} \quad (2\text{-}6\text{-}4)$$

擬合優度 $R^2 = 0.736$，模型擬合效果良好。以此類推，我們可以預測出工業增加值增速、上證 A 股指數、M_1/M_2 等其他幾個變量的數據。

通過實證分析，加權平均利率 INT，受 CPI、IAV、HPI、A、M 這 5 個宏觀因素影響，將 INT 與這幾個宏觀因素的真實數據進行迴歸分析，得到 INT 的預測方程：

$$\begin{aligned}\text{INT} = & 25.399,5 + 0.367,1\text{CPI} + 0.014,81\text{IAV} \\ & - 0.209,5\text{HPI} - 0.000,2A + 4.322,0M\end{aligned} \quad (2\text{-}6\text{-}5)$$

經檢驗，模型（2-6-4）中，$R^2 = 0.600,019$，模型（2-6-5）中，$R^2 = 0.842,935$，且各參數顯著性很好。這樣我們就得到了建立違約模型所需的全部解釋變量的預測值。

(二) 最優均衡決策系統

1. 建立銀行對公房地產業務貸款違約率模型

為了得到銀行房地產對公貸款未來某時刻的違約率 PD 的情況，需要建立基於宏觀風險因子和行業基本面的信用風險模型，將銀行對公房地產貸款違約率與 CPI、工業增加值增速、商品房價格指數、上證 A 股綜合指數、M1/M2，以及製造業利潤負債比、貸款加權利率等變量進行多元迴歸分析，經過變量間自相關和多重共線檢驗，得到房地產貸款違約概率模型：

$$PD = 1.366 + 0.012,77CPI + 0.002,886,1IAV \\ - 0.009,25HPI - 3.2 \times 10^{-5}A - 0.917M \quad (2\text{-}6\text{-}6)$$

經過計量經濟檢驗檢驗，模型（2-6-6）$R^2 = 0.527,526$，各參數系數顯著性良好。並且從該模型可以看出：CPI 與違約率正相關隨著 CPI 的上漲房地產貸款違約率上升，系數 0.012,77 表示 CPI 每上升一個百分點，房地產貸款違約率上升 0.012,77；IAV 與違約率正相關，系數 0.002,886 意味著工業增加值增速每增加一個百分比，房地產貸款違約率增加 0.002,886；HPI 和房地產貸款違約率負相關，系數 -0.009,25 說明商品房價格指數每提高一個單位，銀行違約率就降低 0.009,25 個單位；另外，上證 A 股指數和違約率負相關，M_1/M_2 與違約率負相關。

2. 建立消費支出模型

我們利用計量經濟學軟件 EViews 進行實證分析居民人均消費 C 受 HPI（房售價指數）、CPI（消費者物價指數）、DPI（可支配收入）、INT（房貸款利率）的影響。利用 2004 年 10 月到 2009 年 10 月之間的 CPI、DPI、INT、HPI 數據對 PD 做迴歸分析，經過變量間自相關檢驗和多重共線性檢驗，得到消費支出函數：

$$C = -0.046,538HPI^2 + 6.211,938HPI + 0.081,843CPI^3 \\ + 0.539,107DPI - 12.693,92INT \quad (2\text{-}6\text{-}7)$$

經檢驗，模型（2-6-7）中，$R^2 = 0.932,654$，函數的擬合優度良好，各系數顯著性良好。從模型（2-6-7）中我們可以看出：CPI 與 C 正相關，CPI 是 3 次方項，表明名義消費支出增加速度高於 CPI 增加速度；個人可支配收入與消費支出正相關，系數 0.539,107 表示 DPI 每增加一個單位，消費支出增加 0.539,107 個單位；房地產貸款利率與 C 負相關，系數 -12.693,92 表示房地產貸款利率每增加一個百分點，消費減少 12.693,92 個單位。

為了進一步分析模型（12）中消費與住房價格指數的關係，用消費函數 C 對 HPI 求導可得：

$$C'_{HPI} = -0.093,08HPI + 6.211,938 \quad (2\text{-}6\text{-}8)$$

令 $C'_{HPI} = 0$ 可得 HPI = 66.737,62。即 HPI = 66.737,62 時，C 可以取得極

值，對 C'_{HPI} 再次求導可得：

$$C''_{HPI} = -0.093,08 < 0 \qquad (2\text{-}6\text{-}9)$$

因此，在其他風險因子不變的條件下，當 HPI = 66.737,62 時，C 取極大值，人均消費支出最大，C 與 HPI 的關係如圖 2-6-3 所示。

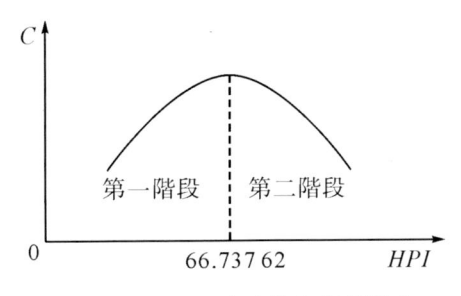

圖 2-6-3　HPI 與消費支出關係圖

根據以上分析，我們把 C 與 HPI 的關係分為兩個階段：第一階段，C 與 HPI 正向相關，即居民消費性支出隨著 HPI 的上升而上升；第二階段，C 與 HPI 負向相關，即居民消費性支出隨著 HPI 的上升而下降。HPI 每上升一個點，消費支出的增加額減少 0.093,08。

從經濟週期的角度考慮房價與消費的關係：商品房價格與經濟週期密切相關，房價伴隨著經濟的擴張和繁榮而上漲，伴隨著經濟的收縮和蕭條而下降。因而，在經濟處於擴張和繁榮時期，居民可支配收入上升，消費支出增加，消費與房價同方向變動，即房價上升、消費上升，處於第一階段；但是，當房價上漲幅度超過居民可支配收入上漲幅度時，房價與消費反方向變動，即房價上升、消費下降，處於第二階段。

從購房目的（居住和投機）的角度分析房價與消費的關係，我們將買房者分為自住型購房者和投機型購房者。假設：①自住型購房者的收入全部來自工資收入，且保持不變。②投機型購房者的收入全部來自商品房投機收益。一方面，房價上升導致商品房價值增加，投機型購房者收入增加，其消費支出增加；另一方面，房價上升，自住型購房者住房支出增加，消費支出減少。當房價處於第一階段時，投機型購房者的消費支出增加量大於自主型購房者的消費支出減少量，則社會消費總支出隨房價上升而上升，即人均消費支出隨房價上升而上升；當房價處於第二階段時，投機型購房者的消費支出增加量小於自主型購房者的消費支出減少量，則社會消費總支出減少，即社會總消費支出隨房價上升而下降，人均消費支出隨房價上升而下降。

3. 構造房價調控模型

（1）由銀行對公貸款違約概率模型：

PD=1.366+0.012,77CPI+0.002,886,1IAV

$-0.009,25$HPI$-3.2×10^{-5}A-0.917M$

轉換可得關於 HPI 的方程：

HPI=−107.526,9PD+146.924,7+1.376,3CPI

+0.318,3IAV−0.003,4A−98.634,4M (2-6-10)

其中固定 CPI、IAV、A、M 四個變量，即在宏觀經濟一定的情況下，求違約率與房價的一一對應關係。

（2）通過輸入 PD 的範圍可以獲得在一定範圍內的 HPI 值，假設輸入 PD_1 和 PD_2 得到的 HPI 分別為 HPI_1 與 HPI_2。

為使消費支出達到範圍內最大，以及考慮到圖 2-6-3 的特點，在不同違約率情況下選取最終最優 HPI 可分為下列三種情況：

①max{HPI_1，HPI_2}<66.74 時，使消費支出最大化的 HPI 為 HPI_1 與 HPI_2 兩者中較大的一個，即 max{HPI_1，HPI_2}；

②min{HPI_1，HPI_2}>66.74 時，使消費支出最大化的 HPI 為 HPI_1 與 HPI_2 兩者中較小的一個，即 min{HPI_1，HPI_2}；

③當 HPI_1>66.74，HPI_2<66.74 或者 HPI_1<66.74，HPI_2>66.74 時，使消費支出最大化的 HPI 為 HPI_1 與 HPI_2 兩者中使消費支出函數相比更大的 HPI，即 max{$C(HPI_1)$，$C(HPI_2)$}。

（3）數據分析。若採用 2009 年 10 月份數據，計算違約率在 0.02~0.04 的最優調控房價以對系統進行測試：

當 PD_1=0.02，PD_2=0.04 時，HPI（PD_1）=103.60，HPI（PD_2）=101.45

因為 min{HPI_1，HPI_2}>66.74，所以此時的房價最優決策即為 101.45。

由此我們得出了消費支出、房價指數、銀行對公房地產貸款違約率三者的關係，但我們發現房價下降、消費增加的過程中，違約率會大幅度上升，為了防止違約率上升對宏觀經濟造成過多的負面影響，我們使用反向壓力測試技術，利用預測數據來考察假如未來銀行違約率激增時所對應的一些宏觀經濟變量的變化。

4. 反向壓力測試

我們將對預期違約率分別乘以 125%、150% 和 200%，依次設為輕度、中度、重度衝擊，分析風險因子變化的大小，利用房地產貸款違約率模型，通過靈敏度分析，度量當銀行貸款違約率變動時，某一風險因子的變化水準。以工

業增加值為例，當違約率受到輕度、中度、和重度衝擊時（此時除 IAV 其他變量據保持原值不變），度量工業增加值的變化水準。

如圖 2-6-4 所示，銀行對公貸款違約率與工業增加值正向變化，即銀行對公貸款違約率上升時，工業增加值上升；反之則下降。衝擊強度越大，即銀行對公貸款違約率上升越多，工業增加值上升幅度越大；在重度衝擊的情況下，工業增加值偏離原值平均達到 68% 左右；另外在對 2011 年 12 月的違約率進行重度衝擊時，工業增加值偏離原值最大。

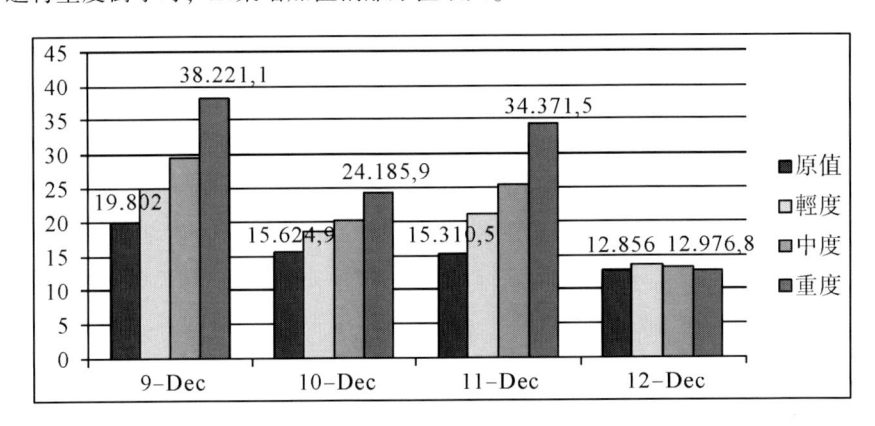

圖 2-6-4　違約率對工業增加值靈敏度分析

5. 實證結果

根據房地產貸款違約率模型，利用反向壓力測試技術，我們可以得到在 2009—2012 年各年年末，房地產貸款違約率在分別受到輕度、中度和重度衝擊時各風險因子的變化情況。具體結果如表 2-6-2 所示。

表 2-6-2　反向壓力測試結果

風險因子	時間	原值	輕度	輕度衝擊風險因子偏離率	中度	中度衝擊風險因子偏離率	重度	重度衝擊風險因子偏離率
CPI	9-Dec	0.430,0	1.808,4	320.56%	2.780,7	546.67%	4.725,3	998.91%
	10-Dec	5.590,0	6.426,5	14.96%	6.850,3	22.55%	7.698,0	37.71%
	11-Dec	5.205,5	6.626,3	27.29%	7.636,0	46.69%	9.655,6	85.49%
	12-Dec	1.100,0	1.459,3	32.67%	1.414,0	28.54%	1.323,3	20.30%
工業增加值	9-Dec	19.802,0	25.346,5	28.00%	29.638,1	49.67%	38.221,1	93.02%
	10-Dec	15.624,9	18.574,0	18.87%	20.444,6	30.85%	24.185,9	54.79%
	11-Dec	15.310,5	21.000,6	37.16%	25.457,5	66.27%	34.371,5	124.50%
	12-Dec	12.856,0	13.577,3	5.61%	13.377,1	4.05%	12.976,8	0.94%

表2-6-2(續)

風險因子	時間	原值	輕度	輕度衝擊風險因子偏離率	中度	中度衝擊風險因子偏離率	重度	重度衝擊風險因子偏離率
商品房價格指數	9-Dec	104.558,3	102.667,9	-1.81%	101.329,7	-3.09%	98.653,2	-5.65%
	10-Dec	107.579,9	106.437,8	-1.06%	105.854,5	-1.60%	104.687,9	-2.69%
	11-Dec	107.237,8	105.289,5	-1.82%	103.899,7	-3.11%	101.120,1	-5.70%
	12-Dec	101.985,0	101.501,2	-0.47%	101.563,6	-0.41%	101.688,5	-0.29%
上證A股收盤指數	9-Dec	3,128.706,0	2,626.232,0	-16.06%	2,237.313,1	-28.49%	1,459.475,3	-53.35%
	10-Dec	4,309.932,0	4,042.669,6	-6.20%	3,873.143,1	-10.13%	3,534.090,1	-18.00%
	11-Dec	3,370.424,0	2,854.765,9	-15.30%	2,450.850,7	-27.28%	1,643.020,4	-51.25%
	12-Dec	5,015.23	4,949.864,9	-1.30%	4,968.003,0	-0.94%	5,004.279,4	-0.22%
資本活化指標 M_1/M_2	9-Dec	0.338,7	0.321,2	-5.18%	0.307,6	-9.18%	0.280,4	-17.19%
	10-Dec	0.355,7	0.346,4	-2.62%	0.340,5	-4.28%	0.328,6	-7.61%
	11-Dec	0.353,4	0.335,4	-5.09%	0.321,3	-9.08%	0.293,1	-17.05%
	12-Dec	0.342,1	0.339,8	-0.67%	0.340,5	-0.48%	0.341,7	-0.11%

  從表2-6-2中我們可以發現：銀行房地產對公貸款違約率在受到不同壓力時，各風險因子偏離率的絕對值不同。各風險因子偏離率的絕對值由小到大依次為：住房價格指數、資本活化指數、上證A股指數、工業增加值和通貨膨脹率。當房地產貸款違約率上升時，通貨膨脹率和工業增加值向上變動，即同方向變動，商品房價格指數、A股指數和資本活化指數向下變動，即反方向變動；通貨膨脹率的偏離率最大，在重度衝擊的情況下，通貨膨脹率指數偏離原值平均達到280%左右；並且在對2009年12月的違約率進行重度衝擊時，通貨膨脹率偏離原值最大，這是因為2009年通貨膨脹率相比2010年、2011年和2012年較小，月度通貨膨脹率只有0.43，這是經濟危機導致宏觀經濟環境惡化的滯後反應。

  此外，當分別對違約率進行輕度、中度以及重度衝擊時，CPI偏離正常值幅度最大，表明CPI對銀行貸款違約率影響最小；住房價格指數偏離正常值幅度最小，即使在重度衝擊下偏離率只有5%，這表明HPI的變化對銀行房地產貸款違約率影響最大。對HPI與違約率對比發現，當違約率發生變化時，在2009到2011年12月份的HPI波動率大於違約率波動率，2012年12月份的HPI波動率小於違約率波動率，這說明短期內房價下降對房地產貸款的影響低於長期，風險承受能力較強，即在長期內，隨著調控措施的深入和持續，房價下降對銀行房地產貸款的影響提高。

(三) 結論

  後危機時代，中國對外出口迅速下降，對外貿易順差急遽減少，部分月份

甚至出現貿易逆差。2009年9月26日，《關於抑制部分行業產能過剩和重複建設引導產業健康發展若干意見的通知》中指出：鋼鐵、水泥、平板玻璃、煤化工、多晶硅、風電設備、電解鋁、造船、大豆壓榨等行業存在嚴重產能過剩。國家統計局數字顯示，2009年中國投資占GDP的比重高達68%。以上所述表明，中國應該轉變經濟增長模式，由依靠投資和外貿拉動經濟增長的模式轉變為依靠消費拉動經濟增長的模式。但是，當前中國房價過高，高房價對消費增長產生嚴重的擠出效應，因而要調控房價，減輕居民的住房支出負擔，提高居民一般消費品支出，建立依靠消費拉動經濟增長的模式，從而優化經濟結構，提高經濟增長質量。

根據實證得出的關於房價調控、經濟結構調整、銀行風險控制三者的關係情況以及反向壓力測試結果，我們可以得出關於政策當局未來三年房價調控力度和調控節奏的結論：

(1) 銀行信用風險上升與消費支出變化。

我們在對銀行貸款違約率模型（模型2-6-6）與消費支出模型（模型2-6-7）的分析中已經得出銀行對公房地產貸款違約率與房價指數負相關，房價指數與消費支出負相關。根據2009年10月份宏觀經濟數據的基礎上，下列銀行貸款違約率時，能夠最大拉動消費的房價調控決策，如表2-6-3所示。

表2-6-3　銀行信用風險與支出變化關係表

標準普爾評級	PD	HPI	C
Aaa	0~0.01%	105.739,588,1	831.430,179,9
Aa1	0.01%~0.02%	105.728,835,5	831.469,205,5
Aa2	0.02%~0.03%	105.718,082,8	831.508,220,3
Aa3	0.03%~0.04%	105.707,330,1	831.547,224 4
Baa1	0.04%~0.22%	105.513,781,7	832.247,457,4
Baa2	0.22%~0.34%	105.384,749,4	832.712,342,4
Baa3	0.34%~0.50%	105.212,706,3	833.329,778,4
Ba1	0.5%~0.76%	104.933,136,4	834.327,236,3
Ba2	0.76%~1.24%	104.417,007,3	836.149,584 4
Ba3	1.24%~2.00%	103.599,802,8	838.984,260,9
B1	2%~3.20%	102.309,48	843.333,511
B2	3.20%~5.20%	100.158,942	850.237,893,7
B3	5.2%~7.20%	98.008,404,04	856.711,817,3

表2-6-3(續)

標準普爾評級	PD	HPI	C
Caa1	7.2%~10.20%	94.782,597,04	865.615,591,7
Caa2	10.2%~13.80%	90.911,628,64	875.021,657,4
Caa3~C	13.8%~35%	68.115,925,84	902.123,156,8

從表2-6-3可以看出：隨著住房價格指數下降，銀行房地產貸款違約率上升，人均消費支出上升，即房地產貸款違約率和人均消費支出同方向變動；同時，隨著住房價格指數下降，銀行房地產貸款投資評級下降：當住房價格指數低於105.7時，房地產貸款投資評級低於A3級，其違約率高於0.04%；當住房價格指數低於102.309,48時，房地產貸款投資級別低於B1級，其違約率高於3%；住房價格指數低於98.008,4時，房地產貸款投資級別低於B3級，其違約率高於7.2%。根據標準普爾評級，B3級是債務人目前有能力償還債務，但是惡劣的金融、商業和宏觀經濟情況可能削弱債務人的償債能力和償債意願。因此，政府要控制好房價調控的力度和節奏，既不能放任房價繼續暴漲而對消費產生更大的擠出效應，也不能造成房價突然暴跌而引起銀行經營風險迅速增長，要使房價平穩下降，保持金融系統穩定，實現國家經濟持續復甦和穩定經濟增長的戰略目標。

（2）實行差別化利率政策，抑制投機性購房需求。

在消費支出模型中，房地產貸款利率與消費支出負相關，即房地產貸款利率上升，居民住房貸款利息負擔加重，人均月消費支出下降；同時，房地產貸款利率上升，開發商籌集資本的成本上升，房地產貸款違約率上升。因此，政府在制定房價調控政策時不能「一刀切」式地提高房地產貸款利率，要施行差別利率政策，即對第一套住房或因改善住房需求而購買第二套住房的消費者保持利率不變；對投機性購買第二套商品房的，取消全部購房優惠並對其施行1.1倍利率政策；對投機性購買第三套或多套商品房的，要提高其首付款比例至60%，甚至要求銀行對其不予發放住房按揭貸款。同時提高投機性購房的房貸利率和首付比例，對房地產企業貸款利率保持穩定，一方面一般消費者的住房成本支出不變，不會對其消費支出產生不利影響，另一方面可以抑制投機性購房需求，控制房價過快上漲。同時，這一政策還可以使銀行房地產貸款違約率保持穩定。

（3）調控房價，減少貨幣供應量。

房價下降可以減輕高房價對消費的擠壓效應，但同時又帶來銀行房地產貸

款違約率提高，政府要採取組合政策控制房價調控中的其他經濟問題。在房地產貸款違約率模型中，通貨膨脹率與房地產貸款違約率正相關，即通貨膨脹率上升，開發商成本上升，銀行貸款違約率上升；在消費支出模型中，通貨膨脹率與人均月消費支出同方向變動，即通貨膨脹率上升，消費者購買相同商品所付出的成本提高。因此，通貨膨脹率上升對控制銀行經營風險和拉動內需都會產生不利影響。政府在調控房價的同時要通過公開市場操作和提高存款準備金等貨幣政策回收流動性，防止房價下跌，大量資金流出樓市流進大宗商品市場，推高一般消費品價格，導致通貨膨脹率上升，從而達到調控房價擴大內需的目的。

五、建議與對策

住房是一種生活必需品，每個公民都享有居住的權利，調控房價有利於保障和改善民生，促進社會和諧進步。因此，在調控房價的過程中要充分考慮銀行面臨的信用風險水準。根據本書研究，結合實際，我們認為政府在進行房價調控時要注意以下問題：

第一，運用貨幣政策組合調控房價。通過反向壓力測試我們發現，在違約率受到相同水準的壓力下，房地產價格指數和資本活化指數偏離率較小，說明這兩個風險因子對房地產貸款違約率影響較大。政府可以靈活運用利率、存款準備金和公開市場業務等貨幣政策調節住房價格指數和資本活化指數的變化範圍，有效控制銀行信用風險。在房價偏高但相對穩定時期，可以運用公開市場業務回收流動性，引導房價穩步下跌；在房價暴漲時期可以同時運用利率、存款準備金率和公開市場業務的組合政策調控房價，嚴格控制房價暴漲。

第二，整頓稅制。首先，提高中央政府對地方政府的稅收返還比例，提高地方政府稅收收入，減輕其對土地財政的依賴程度。其次，房地產行業涉及的稅種包括：耕地占用稅、土地增值稅、城鎮土地使用稅、城鎮維護建設稅、房產稅等地方稅種，出於招商引資和土地財政的需要，地方政府往往減徵或免徵土地增值稅、土地使用稅等，對此中央政府要制定一定的獎勵政策，鼓勵地方政府徵收土地增值稅、耕地占用稅等，這樣通過增加開發商的稅收成本，迫使其降價銷售存量商品房。再次，對投機性購買第三套或多套住房的，無論其有沒有租金收入，政府均可以按房子餘值直接對其徵收房產稅，增加投機性購房者的持有成本，一方面抑制投機性需求，另一方面增加二手房供給，促使房價下跌。最後，對投機性購買第三套或多套住房的，徵收物業稅，增加商品房投機者的持有成本，抑制投機性需求。

本書在房價調控中首先引入銀行違約率水準提高與消費支出增加的相機決策理念，建立調控風險與調控績效最優均衡決策系統，從而有效地甄別出最優房價調控政策。全書結合調控房價、拉動內需和產業結構調整政策，利用銀行貸款反向壓力測試技術和消費支出模型對合理的房價水準進行了定量分析。結果表明，這種方法可以得出銀行房地產貸款違約風險和消費支出增加的對應關係，從而確定房價調控節奏和調控力度，為政府進行房價調控的理論研究與決策提供了一定的借鑑。

第三章　政府、銀行、房地產商博弈模式研究

第一節　政府、銀行、房地產商三方關係研究

一、政府、銀行與房地產商的博弈框架

在房地產行業裡進行利益博弈的主體有很多，從重要性角度看，核心主體是購房者、政府、商業銀行和房地產商。購房者提供住房購買需求，商業銀行為購房者的購買需求提供住房按揭貸款，政府提供土地和行政管理服務，房地產商提供住宅產品。購房者、商業銀行和政府都要和產品提供者房地產商打交道，在房地產行業紛雜的多重利益關係中，他們和房地產商的利益博弈關係是最重要的，厘清這多方關係背後的邏輯，能夠幫助我們更好地理解行業現狀和更好地預判行業前景，也能更好地解讀行業的波動。

購房者、政府、商業銀行與房地產商的利益博弈結果決定了房地產行業的銷售量和房價的漲跌，而銷售量和房價的漲跌在很大程度上又將決定房地產商的商品房面積多少，進而決定房地產開發投資額的多少；同時也將在很大程度上決定地價的高低和政府賣地數量的多少。當行業量價景氣時，房地產商一方面傾向於加快開工，創造出更多可售商品房上市銷售，另一方面傾向於從政府手中購置至少等同於已銷售商品房面積的土地。

二、政府、銀行與房地產商的博弈解讀

1. 房地產商與政府之間的博弈
（1）房地產商與政府關於土地交易的合作博弈
現在通行的土地交易方式是政府主導下的招標、拍賣和掛牌出讓，尤其是

土地拍賣，這造成許多大城市地王頻出。拍賣博弈的實質是土地競買者之間的博弈，政府只是博弈規則的設計者。

在合作博弈條件下，政府是面臨虧損的，因此要通過稅收等形式對房地產商的得益進行合理扣除以轉移給政府，使得政府在彌補土地提供成本後具有一定的公共品提供能力。

如果政府只為了自己的利益，要麼在土地統一價格時更少地提供土地，要麼在實行拍賣制度時每一單位土地都獲取最高的價格；如果政府為了由政府和所有房地產商組成的整體利益，政府就應該拿出更多的土地，且制定幾乎同一的價格，讓利於開發商，並通過稅收等形式彌補政府因提供土地而付出的成本。

（2）房地產商與政府關於政府調控政策的非合作博弈

當房地產市場出現大的波動，或價格持續過快上漲時，政府就會對房地產市場進行宏觀調控，對房地產商的行為進行規範和約束就會成為調控的主要內容之一。然而，由於房地產商與政府之間既有不同的利益訴求，又有共同的利益，因此房地產商與政府就政府宏觀調控的理解和執行就有相當的博弈空間，自然影響到空管調控的結果及效果。

我們可以把房地產商和政府就宏觀調控的博弈看作是動態博弈，而制約博弈均衡結果的是博弈的得益，房地產商追求的是利潤，即利潤最大化，而政府追求的利益應該包括兩部分：經濟利益和社會利益。當然中央政府更多的是關心社會利益，但也有經濟利益。而地方政府等關心較多的是經濟利益，但也關心社會利益。

要想使房地產商有效執行房地產市場宏觀調控政策，必須改革財政和稅收政策，淡化政府的經濟利益追求，並且使懲罰力度能夠對房地產商形成威懾。當然，如果雙方能夠著眼於長遠利益，合理預期自己的得益，宏觀調控政策會得到順利執行。

2. 房地產商與銀行之間的博弈

銀行與借款人之間的博弈仍然具有交易博弈的合作特性。合作博弈分析表明，銀行對房地產商所要求的利率水準與資金在房地產開發中的貢獻成正比，與銀行運用資金的其他機會成正比，與房地產商的貸款額度成反比。隨著房地產商實力的日益增強，利率對房地產調控作用的局限性也越發凸顯。銀行如果對借款人具有不完全和不對稱的信息，銀行就會面臨逆向選擇，銀行利率就很難起到篩選項目質量的作用。銀行是政府房地產金融政策的執行者，但在自利的驅使下，在信息不對稱的條件下，銀行就有動機不積極執行政府的調控政

策，而不積極的表現之一就是對貸款標準的降低。

三、結論

第一，國內房地產行業由市場和政策共同影響，市場體現在行業本身的供求上，政策體現在行業處於冷熱不同階段時政府的目標和態度上。

第二，由於城市化和人口紅利等長期支持因素的存在，市場決定了行業趨勢將量價齊升，所以中短期行業的主要影響因素要看政策取向。

第三，政府、商業銀行和房地產商之間的博弈關係框架把市場和政策很好地糅合在一起，正是它們之間的博弈結果決定了行業的量價表現，進而影響房地產產業鏈和宏觀經濟的走向。

第四，如果沒有制度性變革，即政府和商業銀行與房地產行業的利益關係沒有得到根本性厘清，高房價、房價弱週期性等特性可能還將持續。

第二節　博弈類型的研究與決策均衡問題

一、動態博弈文獻綜述

博弈論研究各個理性決策個體在行為發生直接相互作用時的決策及決策均衡問題。1944 年，馮・諾依曼與摩根斯坦恩合作出版了《博弈論與經濟行為》一書，第一次系統地將博弈論引入經濟中。到 20 世紀 50 年代，合作博弈發展到鼎盛時期，非合作博弈理論也開始產生。納什（Nash）在《N 人博弈的均衡點》（1950）和《非合作博弈》（1951）兩篇著名的文章中，明確提出了納什均衡的概念。圖克（Tucker）定義了「囚徒困境」（1950），由於該模型故事的生動性而促進了博弈論的傳播。

澤爾騰首次將動態博弈引入博弈論（1965），提出了納什均衡的第一個重要改進的概念——「子博弈精煉納什均衡」，同時提出了相應的求解方法——「少逆推歸納法」。海薩尼 1967 年首次把信息不完全引入博弈分析，定義了不完全信息靜態博弈的解概念——「貝葉斯納什均衡」。之後，不完全信息動態博弈得到迅速發展，弗登伯格和泰勒爾於 1991 年定義了它的基本解概念——「精煉貝葉斯均衡」。20 世紀 70 年代以後博弈論就形成了一個完整的體系，成為主流經濟學的一部分。

運用博弈論工具對房地產市場的研究主要體現在對房地產市場信息不對稱的研究。Liza（2000）研究了不同風險等級的借款人在信息不對稱的條件下對

固定利率和浮動利率的選擇問題。Colin Camerer（2004）研究了房地產市場的信息泡沫，認為資產市場存在不完全或不對稱條件下投資者對相同信息的不同理解會造成資產價格高估。Alan（1992）認為，土地市場是一個極度無效率的市場，由於信息不完全和獲取信息的成本問題，地價不是完全由市場決定的，因此地價所包含的平等意義是有限的，而規則對土地利用的限制會抬高地價，進而引起房地產價格波動。Mark Bagnoli（1991）研究了房地產市場買賣合約問題。John R. Knight（1994）研究了房地產市場的價格信號和買者行為問題。

關於對房地產宏觀調控的研究，國外文獻多圍繞提倡政府運用貨幣、財政等經濟手段對房地產市場進行調控，並提別強調了政府調控的重要性。主要的代表學者有：M. Wite（1975），J. E. Richard（1982），Wheaton 和 C. William（1993）等。他們運用宏觀經濟學理論，分析了政府在房地產調控中的職能和效率等。Striven 指出政策評估不應該局限於政策目標，應盡量避免先入為主的偏見和預設立場的存在，應從實際層面去觀察政策會產生哪些效益。Striven 通過構建「目標中立評估」（goal freeevaluation），對已經存在的目標利用目標導向評估模式進行修正。地帕斯奎爾和惠頓分別研究了房地產與市場經濟的關係、地方政府與開發商的關係，進而指出了政府干預和管制的必要性。Pawson 提出了在政府政策的評估過程中存在的價值觀差異，並針對這一問題進行了分析研究，其中特別提到了房地產調控市場的環境背景對評估結果的作用。他指出，在政策規制的評估中應考慮兩個基本要素：環境背景、機制與造成的結果。Dennis J. Mckenzie 和 Richard M. Betts 指出了政府在調控房地產市場過程中作用不明顯和欠缺的地方，並根據實際提出了政府調控市場的有關方案。

國外對房地產市場的研究內容豐富，偏重於實證和數學分析，對中國房地產市場的理論和實踐具有重要的借鑑意義。但是，國外的研究基本是基於資本主義制度和研究者所關注的國情的基礎之上的，其目的偏向於對房地產市場現狀和效率的辯護，根本是為資本有產者服務的，缺乏對底層群眾的足夠重視。因此，我們必須根據中國具體的國情和發展階段，創造性地吸收國外學者的研究方法，做到既重視房地產商品的經濟屬性，又充分重視房地產商品的社會屬性。

目前中國有許多學者運用博弈論分析房地產市場相關問題。關於中央政府與地方政府的博弈，王文華（1999）建立了一個中央與地方關於財政分成的重複博弈模型。呂麗娜（2000）研究了地方政府在與中央政府博弈中的優勢地位，指出了制度創新的重要性。在地方政府土地使用權拍賣的問題上，張維迎（1996）利用一級價格封閉拍賣模型研究了拍賣土地使用權過程中政府與開發商的博弈。何康娜（2010）、周少帥（2009）則重點關注這中間的尋租行

為。謝建春（2001）從產權經濟學的角度研究了土地配置制度的創新。關於政府與開發商之間的博弈，李準（2011）研究了政府對開發商的監管問題。張慧（2010）針對政府是否嚴打開發商的捂盤惜售進行了分析。關於開發商之間的博弈，吳振虎（2011）、劉邦（2010）用期權博弈方法進行了研究；劉權清（2008）認為開發商之間是異質豪泰林模型；朱琳（2012）、王珍（2013）等採用的是伯特蘭模型；絕大多數文獻都認為開發商之間是寡頭關係。有關銀行與開發商、消費者的博弈，曹鋼鋒（2010）進行了較為詳細的研究；楊建榮（2004）解釋了消費者的雙重信息弱勢，認為預期是房價漲跌的主要動因之一；劉堯（2012）研究了限購令對房市的影響。

二、博弈類型

1. 根據博弈結果來劃分

根據博弈得益情況，我們可以將博弈分為零和博弈、常和博弈和變和博弈三大類：

（1）零和博弈。

零和博弈，又稱零和游戲，與非零和博弈相對，是博弈論的一個概念，屬非合作博弈。這是指參與博弈的各方，在嚴格競爭下，一方的收益必然意味著另一方的損失，博弈各方的收益和損失相加總和永遠為「零」，雙方不存在合作的可能。如在各種賭勝博弈和法律訴訟、經濟戰爭中常常是這樣。

零和博弈的一個特例就是博弈結果只有三種——贏、輸、和，就像下象棋，將對方將死就是贏，被將死則輸，互相將不死時為和。輸贏只有性質差別沒有量的差別。在大型比賽中贏者進入下一輪，輸者被淘汰，就像二進制的代碼只有 0 與 1 兩個數字，可稱之為零和博弈。

（2）常和博弈。

與零和博弈不同，在有些博弈中，每種結果之下各博弈方的得益之和不等於零，總是等於一個非零常數，我們稱之為「常和博弈」。零和博弈本身可被看作是常和博弈的特例。常和博弈也是很普遍的博弈類型，如在幾個人或幾個方面之間分配固定數額的獎金、財產或利潤等就一定會構成常和博弈，不管這些博弈中各博弈方決策的具體內容是什麼。根據輸贏結果，常和博弈的結果是博弈各方各有所得，各方的獲利加起來是一個非零常數。譬如，在戀愛中一方受傷的時候，對方並不一定都能得到滿足，有可能雙方都能得到精神層面的滿足，也有可能雙方一同受傷。通常，彼此精神的損益不是零和的。

(3) 變和博弈。

變和博弈也稱非常和博弈，是指隨著博弈參與者選擇的策略不同，各方的得益總和也不同。變和博弈即意味著在不同策略組合（結果）下各博弈方的得益之和一般是不相同的。變和博弈是最一般的博弈類型，而常和博弈和零和博弈則都是它的特例。

變和博弈的結果也是博弈各方各有所獲，但是各方的獲利加起來是一個變數，例如全國運動會長跑比賽，一般都有多個運動員參加比賽，儘管最後名次只有一種可能，但運動員獲獎結果可能有多種，可能有多個運動員都打破全國紀錄，獲得附加得分和獎金，形成多贏局面。囚徒困境和關於產量決策的雙寡頭模型也都是典型的變和博弈。

變和博弈中如果每一次博弈比前一次的獲利總和增加，我們將之稱為增和；反之則稱之為減和。一般來說，城市開發追求的目標應該是增和。增和博弈與減和博弈並非一成不變的，例如在城市開發過程中，開發量遠遠超過城市容量，形成過度開發，大片荒蕪的土地和遍地的爛尾樓加重了企業和政府的負擔，使得這一博弈由增和變為減和。

2. 根據博弈中博弈方數目來劃分

根據博弈中博弈方數目的多少，可將博弈分為單方博弈、雙方博弈（對博）和多方博弈（群博）。

(1) 單方博弈。

單方博弈指只有一個博弈方的博弈，是最簡單的博弈，在博弈問題中，單方博弈實際上是個體的最優化問題。對這樣的博弈來講，博弈方擁有的信息越多，即對決策的環境條件瞭解得越多，決策的正確性就越高，收益自然也就越好，這是單人博弈區別於兩人博弈或多人博弈的根本特性之一。事實上當參與人數量達到兩個以上後，信息越多收益越大的結論就不一定成立了。

(2) 雙方博弈。

雙方博弈指在兩個各自擁有獨立決策權，但彼此之間具有策略依存關係的博弈方之間的決策問題。在一般的游戲活動中的博弈大多為對博，即博弈主要為兩方，例如象棋、圍棋以及大部分球類運動（籃球、足球、乒乓球等）。

(3) 多方博弈。

多方博弈指多個博弈方參與的博弈，每一方的行動都是對其他所有博弈者的行為進行綜合判斷後做出的。多方博弈是市場中最普遍的博弈行為。例如在某件商品的市場中存在多個生產者，每個生產者的廠房配置、工人數目、產品數量都是根據其他生產者的行為以及消費者的行為進行綜合判斷後而做出的。

3. 根據參與者的權利來劃分

根據參加者的權利來劃分，可分為對稱博弈和不對稱博弈。

對稱博弈指的是在目標、規則、地位、信息等關鍵權利問題上各博弈方都是平等的。例如下象棋，除了先走後走的次序不同以外，其他方面是完全平等的，這是一種基本對稱的博弈。一般來講，目標完全不同的博弈，肯定是一種完全不對稱博弈。在棒球游戲中，每一局的攻方和守方就處於一種完全不對稱的博弈之中，攻方只攻不守，守方只守不攻。

博弈中信息的掌握是很重要的。根據博弈方所掌握的信息可以把博弈劃分為完全信息博弈和不完全信息博弈。完全信息博弈是指各博弈方對其他博弈方的特徵、戰略空間及支付函數有明確的認識。知己知彼，百戰不殆。是否瞭解所有博弈方的情況是一個非常重要的差別，它會影響到各博弈方的決策和行為。一般將博弈中各博弈方的各種情況都完全瞭解的博弈稱為「具有完全信息的博弈」，而將在博弈中存在部分博弈方不完全瞭解其他博弈方的情況的博弈稱為「具有不完全信息的博弈」。

實際上，經濟博弈中的對稱是相對的，博弈各方的地位、實力、經驗、信息等等都會有不同程度的差異，就像足球比賽，各參賽者的實力有差別，強弱隊之間的勝負會有概率上的差異。

4. 根據博弈程序和狀態來劃分

博弈按博弈方行動的順序可分為靜態博弈和動態博弈。

靜態博弈是指博弈方同時選擇行動或後行動者不知道前行動者採取了什麼具體的行動的博弈，一般為單步博弈活動。城市開發活動中的方案設計招投標就是一種標準的靜態博弈，開發商發標後，參加投標的各方在方案設計時一般均難以知道其他投標者的設計情況，大家根據自己對方案項目的理解進行構思設計，交標後就難以更改方案。

動態博弈指的是博弈方的行動有先後順序，而且後行動者能夠觀察到行動者所選採取的具體行動。後行動者能夠根據前者來調整自己的策略，一般為多步驟的博弈活動。例如，多家公司對某居住區同時進行開發，其中大部分開發商都會不斷根據其他開發商的建設銷售情況調整自己的策略，爭取更高的建設水準，獲得更好的銷售業績。

5. 根據各參加者之間的關係來劃分

博弈的類型根據參加者相互關係來分，可以分為競爭博弈與合作博弈。

這兩者的區別主要在於人們的行為相互作用時，當事人能否達成一個具有約束力的協議。如果有，就是合作博弈；反之則是非合作博弈。例如，兩個寡

頭企業，達成一個協議以最大化其壟斷利潤，並且各自按這個協議生產，這就是合作博弈。它們面臨的問題就是如何分享合作帶來的剩餘利潤。但是如果該協議不具有約束力，即沒有哪一方能夠強制其他當事方遵守這個協議，每個企業都只選擇自己的最優策略或價格，則是非合作博弈。

合作博弈強調的是團體理性、效率、公正、公平，其結果一般是總體效益較優、個別效益也是較好的。

非合作博弈強調的是個人理性、個人最優決策，其結果可能是對個人有效率的，而在總體上一般不會是最有效率的，甚至可能是失敗的。在某個大城市的東部邊緣地區，市政府建了一個大型綠地，周邊的幾家開發商同時開發了這幾個地塊，在開發過程中他們進行了協商，都以較高的標準進行建設，以較高的價格進行銷售，形成了一個高標準、高品位的居住區，幾家開發商都得到了可觀的利益。而該城市的另一個城市中心地段政府也建了一塊大型綠地，但周邊的幾家公司都以低價來爭奪市場，開發過程中造成惡性競爭，結果建設標準偏低，形成了新的高層貧民區，大部分開發商效益很差，個別開發商因此而倒閉。

一般來講只要不陷入惡性競爭的怪圈，競爭就會是促進市場經濟的原動力。合作是擴大競爭力的手段，合作博弈的本質還是競爭，只是通過合作的方法避免惡性競爭的產生。

三、博弈論的幾個經典模型

1. 模型一：Stackelberg 雙寡頭競爭模型／完全且完美信息動態博弈

Stackelberg 雙寡頭競爭模型，用博弈論的語言說，這個博弈的兩個參與者分別是 leader 和 follower，它們進行的是數量競爭。leader 先行選擇產量，follower 觀察到 leader 的選擇後再做選擇。

在 Stackelberg 均衡的過程中還有一些進一步的約束。leader 知道 follower 會觀察它的選擇，還知道 follower 不能在將來採取非 Stackelberg follower 行動。事實上，如果 follower 可以採取 Stackelberg leader 的行動，並且 leader 知道這一點，那麼 leader 的最優反應是選擇 Stackelberg follower 的行動。Stackelberg leader 有時也被稱為 Market Leader。

如果有確保其能夠先動的優勢的話，廠商可能加入 Stackelberg 競爭。一般來說，leader 必須有承諾的能力。堂而皇之地先動是最明顯的承諾的方式：如果 leader 先動，那麼它就不可能隨後撤回自己的行動——它必須將行動進行到底。如果 leader 是行業無可爭議的壟斷者，follower 是新進入者，那麼先動是可能的。擁有別人沒有的額外的能力也是承諾的一種手段。

彭方治在《博弈視角下房地產企業與銀行合作關係探析》一文中，通過建立完全信息的動態博弈模型（其重要隱含前提是雙方在合作過程中道德風險為零）分析了銀行和房地產開發企業的合作博弈過程及其可行性。從模型分析中可以得知，銀行更願意與項目資金欠缺的房地產開發企業聯手，項目融入了銀行資金後，會使企業能力大增，合作關係進一步鞏固，信用風險的值則會變小，違約的可能性會變小。

在現實中，我們常看到聲稱的策略決定，但是這些聲稱的策略可信嗎？聲稱的策略包括「威脅」與「承諾」。在國際核武器問題上，中國及其他一些國家承諾「不首先使用核武器」就是一種言語承諾。博弈論中，經常用「可置信」和「不可置信」的「威脅」或「承諾」來區分行動者說出來的策略，我們在對動態博弈的分析中會分析什麼樣的策略是可置信的，什麼樣的策略是不可置信的。而分析「威脅」或「承諾」是可置信的還是不可置信的方法是倒推法。

倒推法（Backward Induction）也叫逆向歸納法。要理解什麼是倒推法，先來看一下商界裡經常見到的博弈。在某個城市假定只有一家房地產開發商A，我們知道沒有任何競爭對手下的壟斷利潤是很高的，假定A此時每年的壟斷利潤是10億元。現在假定有另外一個企業B，準備從事房地產開發。面對著B要進入其壟斷的行業，A想，一旦B進入，其自身利潤將受損很多，B最好不要進入。所以A向B表示，你進入的話，我將阻撓你進入。假定當B進入時A阻撓的話，A的利潤降低到2，B的利潤是-1。而如果A不阻撓的話，A的利潤是4，B的利潤也是4。

圖3-2-1稱為博弈樹，博弈樹是表示動態博弈的一個好方法。由圖可見，這個博弈由兩階段構成，我們稱之為動態博弈或兩階段的動態博弈。

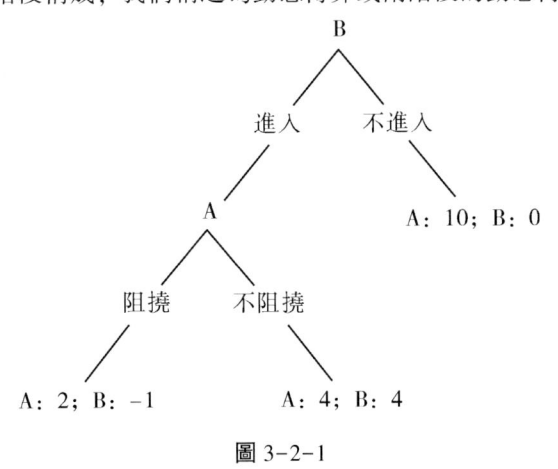

```
                    B
                   / \
                 進入  不進入
                 /       \
                A      A：10；B：0
               / \
             阻撓 不阻撓
             /      \
     A：2；B：-1   A：4；B：4
```

圖 3-2-1

现在让我们回到房地产开发商之间的博弈问题。A的最好结局是「B不进入」，而B的最好结局是「进入」而A「不阻挠」。这两个最好的结局不能构成均衡。那么结果是什么呢？

A向B发出威胁：如果你进入，我将阻挠。而对B来说，如果进入，A真的阻挠的话，它将受损失-1（假定-1是它的机会成本），当然此时A也有损失。对于B来说，问题是：A的威胁可置信吗？B通过分析得出：A的威胁是不可置信的。原因是：当B进入的时候，A阻挠的收益是2，而不阻挠的收益是4。4>2，理性人是不会选择做非理性的事情的。也就是说，一旦B进入，A的最好策略是合作，而不是阻挠。因此，通过分析，B选择了进入，而A选择了合作。双方的收益各为4。

在这个博弈中，B采用的方法为倒推法，或者说逆向归纳法，即：当参与者做出决策时，他要通过对最后阶段的分析，准确预测对方的行为，从而确定自己的行为。在这里，双方必须都是理性的。如果不满足这个条件，就无法进行分析。这个例子只是简单的两阶段博弈，而三阶段或更多阶段的博弈，可用同样方法加以分析。

上述「进入—阻挠」问题的博弈树可用支付矩阵表示（见表3-2-1）。

表3-2-1　支付矩阵

B \ A	进入	阻挠
阻挠	(2, -1)	(10, 0)
不阻挠	(4, 4)	(10, 0)

通俗地说，纳什均衡就是：给定你的策略，我的策略是我最好的策略；给定我的策略，你的策略也是你最好的策略。在纳什均衡点上，每一个理性的参与者都不会有单独改变策略的冲动。

在这个矩阵中，纳什均衡点有两个：（合作，进入）和（阻挠，不进入）。我们可以验证，在这两点上谁都不愿意改变策略。然而（阻挠，不进入）这个均衡是达不到的。因为这是动态博弈，在这个动态博弈中，存在著先后策略选择顺序。

这里分析的是完全且完美信息下的动态博弈。所谓完全信息是指：博弈的支付函数是「公共知识」。完美信息是针对动态博弈而言的，指参与者知道博弈的所有历史。倒推法是动态博弈中有用的工具，它可以说是理性的人自然的推理方式。然而倒推法面临著一个困难，这就是蜈蚣博弈的悖论。这个悖论在

現實中的對應情形是，參與者不會在開始時確定他的策略為「不合作」，但他難以確定在何處採取「不合作」策略。

2. 模型二：信號博弈/不完全信息動態博弈

不完全信息動態博弈是博弈的類型之一。參與人的行動有先後順序，且後行者能夠觀察到先行者所選擇的行動；每個參與人對其他所有參與人的特徵、策略空間及支付函數並沒有準確的認識。

朱豔潔在《房地產業與商業銀行的博弈分析研究》一文中建立了銀行與開發商之間且開發商信息占優勢的動態博弈模型，並通過海薩尼轉換變成完全但不完美信息的動態博弈。

根據上述的假設前提，可以得到最為基礎的房地產業與商業銀行的完全但不完美信息動態博弈樹模型。該博弈樹模型共分為三個階段：第一階段是初始結自然「N」選擇房地產企業的類型，好的房地產企業為 A_g，差的房地產企業為 A_b，概率分別是 $P(A_g) = P$，$P(A_b) = 1-P$。第二階段是房地產企業選擇是否向商業銀行申請貸款，好的房地產企業申請貸款的概率是 $P(a_1/A_g)$，不申請貸款的概率是 $P(a_2/A_g)$，差的房地產企業申請與不申請貸款的概率分別是 $P(a_1/A_b)$ 和 $P(a_2/A_b)$。第三階段是商業銀行選擇是否向申請貸款的企業發放貸款，但由於銀行對房地產企業的真實情況不甚瞭解，所以銀行只能依據整體房地產企業好差的概率來判斷申請貸款的房地產企業好差的概率。博弈樹的模型如圖 3-2-2 所示。

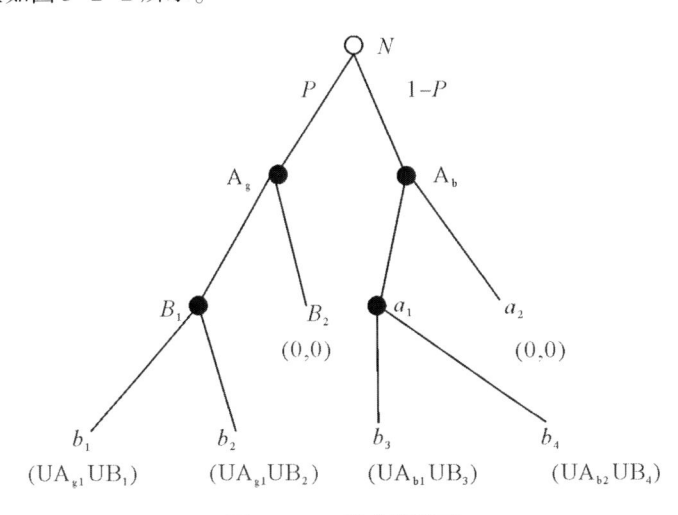

圖 3-2-2 博弈樹模型

根據博弈樹，可以轉化為策略式的博弈類型，如圖 3-2-3 所示。

		好的房地產企業 A_g		差的房地產企業 A_b	
		申請貸款 a_1	不申請貸款 a_2	申請貸款 a_1	不申請貸款 a_2
商業銀行 B	發放貸款 b_1	$W \times r - C_3$ $R - W \times r - C_1$	$-W \times r$ 0	$-W \times (1+r) - C_3$ $R - C_1 - C_2$	$W \times (1+r)$ 0
	不發放貸款 b_2	$-W \times r - C_3$ $-C_1$	0 0	$W \times r - C_3$ $-C_1 - C_2$	0 0

圖 3-2-3　策略式的博弈模型

周京奎在《信念反饋效應與博弈均衡房地產投機泡沫形成的一個博弈論解釋》一文中建立了開發商—置業者的非完全信息博弈模型，其將市場狀態分為繁榮和非理性繁榮，開發商和置業者不知道市場處於哪一種狀態，開發商先判斷、行動，置業者再判斷、行動（見圖3-2-4）。

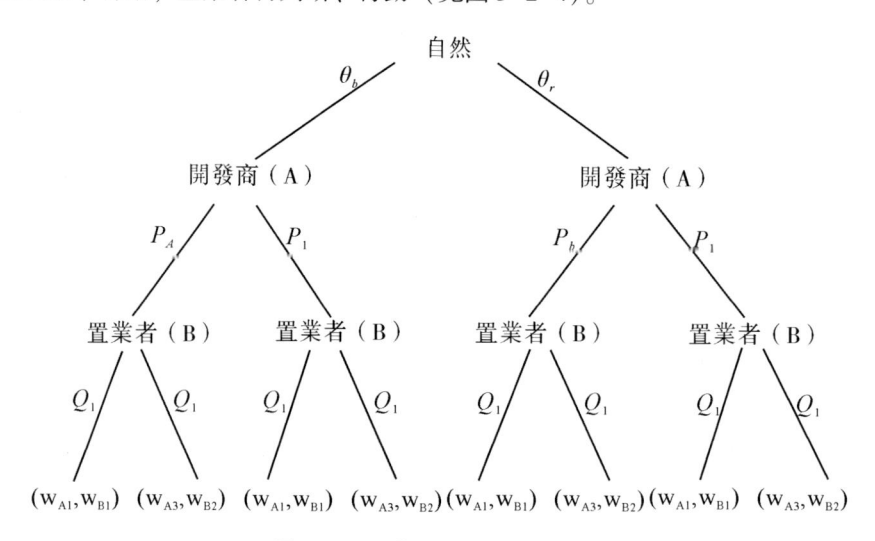

圖 3-2-4　非完全信息博弈模型

通過對該模型的分析，我們得到的啟示是：在信息不完全或者說信息不透明的條件下，信念變化和反饋效應將導致房地產價格波動。因此，要增加有關房地產業信息的透明度和可信度，最大限度地降低信念變化和反饋效應對房地產價格的影響。

3. 模型三：有效工資率/重複博弈

重複博弈是指同樣結構的博弈重複許多次，其中的每次博弈稱為「階段博弈」。重複博弈有以下三個基本特徵：①重複博弈的階段，博弈之間沒有「物質」上的聯繫，即前一個階段博弈並不改變後一個階段的博弈的結構。

②每個參與人都能觀察到博弈過去的歷史，即過去發生的事情。③每個參與人得到的最終報酬是各個階段博弈支付的貼現值之和。

當博弈只進行一次時，每個參與人都只關心一次性的支付；如果博弈是重複多次的，參與人可能會為了長遠利益而犧牲眼前的利益，從而選擇不同的均衡策略。因此，重複博弈的次數會影響到博弈均衡的結果。

假定我們的社會已經形成約束行動者的道德規範。如果對不道德的行為不能產生即時的懲罰，不道德的行為在社會中往往能給行為者帶來好處。這表現在一次性的非合作的博弈中，行為者理性地選取對自己有利的行動。但是，如果存在重複博弈，參與者之間對不合作行為就會形成懲罰機制。

對囚徒困境進行無限次的重複博弈，什麼樣的策略會贏？

這裡涉及參與者以什麼樣的態度對待對方的不合作策略。在博弈論裡，有兩個著名的策略（見表3-2-2）。

表3-2-2 博弈論的兩個著名策略

乙＼甲	不合作	合作
不合作	(1, 1)	(4, 0)
合作	(0, 4)	(2, 2)

如果一方採取不合作的策略，另一方隨即也採取不合作策略並且永遠採取不合作策略，在博弈論裡面稱之為觸發策略，或稱冷酷策略，英文叫 trigger strategy。

如果對方知道你的策略是觸發策略，那麼對方將不敢採取不合作策略，因為一旦他採取了不合作策略，雙方便永遠進入不合作的困境。因此，只要有人採取觸發策略，那麼雙方均願意採取合作策略。但是這個策略面臨著這樣一個問題：如果雙方存在誤解，或者由於一方發生選擇性的錯誤，這個錯誤是無意的，那麼結果將是雙方均採取不合作的策略。即這種策略不給對方一個改正錯誤或解釋錯誤的機會。

第二種策略是，若你採取不合作策略，我也採取不合作策略，但是如果你採取了合作策略，我也採取合作策略。這叫「一報還一報」策略，或者稱之為「針鋒相對」，英文叫 tit-for-tat。

美國密執安大學的羅伯特・埃克斯羅德（Robert Axerold）主持了一次計算機比賽，看誰寫出來的程序能夠贏。參加者有政治學家、數學家、經濟學家、社會學家，他們都詳細研究過囚徒困境。獲勝者是加拿大多倫多大學的拉

波波特寫出的 tit-for-tat 策略。這個程序非常簡單：第一步採取合作，接著看對方採取什麼策略，他便跟著做什麼。

當然還有其他一些策略，如對方採取了不合作，但自己永遠採取合作策略，這個策略可以叫作「以德報怨」策略。這個策略對行動者最為不利，因為對方知道你採取這種策略，他會永遠採取不合作的策略，因而理性的人是不會採取這種「以德報怨」策略的。然而，極端道德的人是超越理性的限制的，此時他會採取「以德報怨」策略。佛說：「我不入地獄，誰入地獄？」基督說：「愛你的敵人。」他們愛一切人而不會計算他愛的行動會給他帶來利益還是災難，而是希望他的行動能感化眾生。

如果是有限次的囚徒困境，那麼情況就不同於上述無限次的囚徒困境的重複博弈。當臨近博弈的終點時，採取不合作策略的可能性加大，如果參與人以前的所有策略均為合作策略，並且被告知下一次博弈是最後一次，那麼雙方肯定採取不合作的策略。這可以解釋許多商業行為。一次性的買賣往往發生在雙方以後不再有買賣機會的時候，盡量謀取高利並且帶欺騙性是其特點。而靠「熟客」「回頭客」便是通過薄利行為使得雙方能繼續合作下去。

4. 模型四：價格競爭博弈/協調博弈

協調博弈，是指在博弈所定義的收益空間中，任何均衡點都符合以下條件：

(1) 在給定其他參與人行為策略的條件下，沒有人有機會改變其行為策略；

(2) 沒有參與者希望其他參與者會願意改變其行為。

表 3-2-3 是協調博弈的一個典型實例。

表 3-2-3　協調博弈的典型案例

	夏娃靠左	夏娃靠右
亞當靠左	3, 3	0, 0
亞當靠右	0, 0	3, 3

協調博弈的最為經典的弈局出現在「交通博弈」中。表 3-2-3 中的收益矩陣給出了一個交通博弈的收益分佈。觀察該矩陣可以發現：該矩陣有兩個納什均衡，即（靠左，靠左）、（靠右，靠右）。因此，只要給定對方的選擇，參與者就沒有激勵偏離均衡策略；或者即使不給定對方的策略，參與者也只能通過協調來實現均衡。

顯然，在這種博弈中，每個參與者的策略問題是：他希望和他的對手就策略選擇進行「協調」，因為不管是否給定對手的策略，協調的結果總是最好

的。森在1967年的論文中，將一個協調博弈稱為「信心博弈」。他指出，協調博弈與囚徒困境博弈剛好相反，每個參與者選擇策略 A 或 B，僅僅需要確信對方也會相應地選擇 A 或 B。他們不像合作博弈那樣需要一個有約束力的契約之類的東西，而是更需要在彼此之間確立一種相互信任的信心。

如果我們考慮將上述關於交通的協調博弈擴展為：在固定參與者之間進行的重複博弈或在特定的群體系統內部非固定參與者之間進行的超博弈，那麼就不難想像，與其每次出現時都去嘗試解決這個博弈，遠不如在行為人之間建立起某種行為或慣例的穩定的均衡模式，進而使得參與人在此後遇到類似問題時都可以加以遵循，而不需要反覆支付信息成本和交易成本。但協調博弈的一個問題在於，均衡解具有不確定性和多樣性，因此哪種均衡的規則將被選擇具有隨機特徵。因此，在習俗層面上講，協調博弈的均衡規則是多樣的。但不管怎樣，只要相應的一種行為模式被廣泛接受，並被自覺遵從，就會形成習俗或自發秩序，並且有助於包括參與者在內的所有群體成員，避免類似弈局中無效率的非均衡收益。

非合作博弈理論把存在於如銀行業經營、國際融資選擇、商業週期出現、社會習俗形成和仲介機構出現及制度設計等各經濟領域的協調問題模型化為協調博弈。存在多個嚴格納什均衡是這類博弈的根本特點，協調博弈成為繼囚徒困境博弈之後又一被廣泛研究的博弈類型。

多重均衡是對傳統經濟理論的一個挑戰，也是非合作博弈理論致命之所在。協調博弈理論研究有助於解決非合作博弈的多重均衡問題，在近十幾年成為學術界關注的焦點。

對稱協調博弈是指無角色區分的參與之間進行的協調博弈，它表現在支付函數的對稱上，策略集是一樣的。從形式上看：對稱協調博弈就是博弈支付矩陣主對角線上的元素都是納什均衡的博弈。協調博弈的均衡選擇並不涉及激勵問題而依賴於參與人之間對博弈如何進行有充分相似的信念。正是由於信念形成是一個相對複雜的過程，所以對協調博弈均衡問題的研究也就顯得非常複雜，不同的信念形成過程動態就會產生不同的均衡。

對稱協調博弈是一類特殊的博弈，均衡選擇不僅要滿足預期的一致性，而且要滿足行動的一致性，因此，博弈結果必定收斂到純策略而非混合策略納什均衡。更為重要的是，協調博弈還有策略互補性及支付外溢性這兩個重要特徵，它是分析協調博弈多重均衡問題的出發點。對稱協調博弈分成三類：支付佔優與風險占優不一致；支付占優與風險占優一致（嚴格納什均衡可進行帕累托排序均衡）；無占優性可比的協調博弈。

支付占優與風險占優不一致的這類博弈最典型的例子就是獵鹿博弈（見表3-2-4）。有兩個獵人，他們可以合作去獵鹿也可以單獨去獵兔。如果合作獵鹿，那麼兩個人都可以分得4個單位的支付；如果一個人去獵鹿而另一個人去獵兔，那麼前者支付為0（因為獵鹿需要兩個人合作才可以成功），後者的支付為2；如果兩個人不合作，都去獵兔，那麼他們都可以得到3單位的支付。

表3-2-4　獵鹿博弈

	獵鹿	獵兔
獵鹿	4, 4	0, 2
獵兔	2, 0	3, 3

顯然該博弈有兩個純策略嚴格的納什均衡，即要麼兩個合作獵鹿，要麼兩人去獵兔與一個混合策略納什均衡。按Harsayi和Selten（1988）的定義，純策略獵鹿是支付占優納什均衡，純策略獵兔是風險占優納什均衡。獵兔策略是一個保險策略，而獵鹿博弈則是一個帕累托效率策略，但行動的不確定性使獵鹿策略具有較大的風險。因此，均衡選擇取決於參與人對風險的態度。

由於存在兩個純策略納什均衡，現實中究竟哪個均衡會出現就是一個問題，這是多重納什均衡下的困境。通過比較「獵鹿博弈」，明顯的事實是：兩人一起去獵鹿的好處比各自打兔的好處要大得多。用一個經濟學術語來說，兩人一起去獵鹿比各自去打兔更符合帕累托最優原則。

這一案例中有一個隱含的假設：兩個獵人的能力和貢獻差不多，所以雙方均分獵物。但是實際情況顯然不會這麼簡單。

如果一個獵人的能力強、貢獻大，他就會要求得到較大的一份，這樣分配的結果就可能是（14，6）或（15，5）。但有一點是肯定的，能力較差的獵人的所得，至少要多於他獨自打獵的所獲，否則他就沒有合作的動機。假設獵人甲在獵鹿過程中幾乎承擔了全部的工作，他據此要求最後的分配結果是（17，3）。這時相對於分別獵兔的收益（4，4），合作獵鹿就不具有帕累托優勢。雖然這樣17比4多，改善了很多，17+3也比4+4大得多，獵人總體收益也改善了很多，但是由於3比4小，獵人乙的境遇不僅沒有改善，反而惡化。也就是說他的收益受到了損害。所以站在乙的立場，（17，3）沒有（4，4）好。如果合作結果是這樣，那麼，乙一定不願合作。所以，為了實現帕累托最優，就必須充分照顧到合作者的利益，使他的收益大於不合作時，他才會願意選擇合作，從而實現雙贏的最佳結局。

在許多研究中，人們通常把協調與合作看作同一個事物，容易引起混淆，但博弈論卻能夠很好地進行區分，下面以囚徒困境與獵鹿博弈來給予說明，支付矩陣如表 3-2-5 和表 3-2-6 所示。

表 3-2-5　囚徒困境博弈的支付矩陣

	合作	欺騙
合作	2, 2	0, 3
欺騙	3, 0	1, 1

表 3-2-6　獵鹿博弈的支付矩陣

	獵鹿	獵兔
獵鹿	4, 4	0, 2
獵兔	2, 0	3, 3

協調博弈解決的是源於參與人之間策略不確定性以及由此引起的行為預期問題。獵鹿博弈中，如果一個參與人選擇獵兔，另一個參與人選擇獵鹿，那麼前者得到支付 2，後者得到支付 0，獵兔策略不是占優策略。由於不能夠確定其他參與人是否會選擇獵鹿策略，儘管每個參與人都意識到這樣可以帶來更多的支付，但他們不會選擇有較高風險的獵鹿策略，因而系統難以達到帕累托效率均衡，因此，解決協調問題就要參與人相信其他人會選擇帕累托效率策略，在這裡需要強化參與人之間的相互信任。

囚徒困境博弈研究的是處於競爭關係的兩參與人之間的合作問題，如果一個參與人選擇欺騙，另一個參與人選擇合作，那麼前者得到支付 3，後者得到支付 0，欺騙策略是占優的。求解囚徒困境博弈的困難在於個人激勵與群體目標並不一致，因而，要求參與人把個人目標放到第二位，而把集體目標放在第一位。

協調博弈與囚徒困境博弈存在著以下兩種不同形式的互動：

（1）協調互動。

協調互動是指一個參與人獲得的支付依賴於其他參與人是否選擇了相同行動，如左行右行博弈，如果兩個相對而行的參與人選擇不同的方向行進，那麼他們會相碰，而選擇相同方向則可以順利通過。

（2）合作互動。

合作互動是指既存在協調又存在衝突的博弈，協調是因為兩個參與人同時

改變行動可以變得更好，衝突是因為儘管其他參與人承諾行動，也不一定有利於該參與人支付的增加，前者可能引起無效率，後者則意味著無效率狀態會成為均衡。

當 $x \geq 2$ 時就是囚徒困境博弈，個人理性並不追求集體最大化目標，唯一的均衡是（欺騙，欺騙）；當 $1 \leq x \leq 2$ 時為獵鹿類型協調博弈，由策略不確定性所引起的均衡結果依賴於參與人之間的行為預期、博弈支付與策略風險；當 $x<1$ 時為最小努力類型協調博弈，支付占優與風險占優是統一的，均衡結果依賴於行為預期與博弈支付。現在進一步分析支付值 x 的變化對合作與協調的影響。囚徒困境博弈中，隨著支付值 x 的增加，不合作的激勵就會越大，追求個人理性的參與人使系統更易於偏離集體目標。獵鹿類型博弈中，參與人對系統達到支付占優均衡的期望值會隨著支付值 x 的增加而減少，選擇合作的風險就會越來越大；最小努力類型博弈中，儘管結果（欺騙，欺騙）是一個均衡，但 x 的下降使欺騙策略會面臨更大的風險（見表 3-2-7）。

表 3-2-7　支付值 x 的變化對合作與協調的影響

	合作	欺騙
合作	2, 2	0, x
欺騙	x, 0	1, 1

四、博弈模型在中國經濟政策制定領域應用研究概述

1. 博弈論在經濟政策制定研究中的意義

經濟政策的制定並不是一個靜態的過程，經濟體對政策的應對，以及政策制定的進一步反應，這些博弈的過程都是一個不可忽視的過程。

作為獨特的經濟學理論，博弈論是一種研究理性的決策者之間衝突及合作的理論，可以對實際決策提供理論基礎和方向指導，最終追求結果是博弈達到利益最大化的均衡，而政策的制定與應對之間的關係可以用博弈論的方法進行研究。運用博弈理論可以從允許選擇的策略中選擇有利於自己的策略加以實施，優化經濟政策的制定。因此，博弈論在經濟活動中是不可缺少的分析工具。

中國政府在經濟中有著舉足輕重的作用。經濟政策的制定，關係到整個國民經濟的發展、行業的平衡穩定，也關係到國內企業的發展與社會福利，怎樣使社會福利更優，關係到中國與其他貿易國的合作發展。而當政策制定後，必將作用於相應的經濟體，並再被經濟體反作用於政策。因此博弈論是一個很好

的研究經濟政策制定的工具。

2. 博弈模型在中國經濟政策制定領域應用

（1）政策制定與反應博弈時的利己主義，必然陷入囚徒困境導致社會福利損失。

當政府制定經濟政策時，不論是對內還是對外，相應的個體之間均存在博弈的情況。而當制定經濟政策時，政府及相關經濟體如果總是選擇最有利於自己的貿易壁壘，必然陷入囚徒困境導致社會福利損失。

例如，當證券市場繁榮時，資本收益遠大於投資收益時，人們更願意投資於資本市場。這是由於自由市場的利己主義，為投資者帶來了相當的利潤，卻對產業型企業造成了非常大的創傷，導致產業型企業非但不能獲得融資，還要將不足的融資投入生產行業，進而造成經濟的不景氣。就像人們在繁華的大城市裡卻衣衫襤褸所源於的利己主義也就是博弈論的「囚徒困境」。在經濟生活中人們也總是做出「囚徒困境」的選擇而浪費了社會福利。

對於國與國之間的貿易在囚徒困境上的選擇，克雷普斯認為，大國能夠利用在市場上的壟斷影響力通過貿易限制改變貿易條件來增進自身的福利（Johnson，1953），但同時也將其負面影響強加於其他國家。這就是所謂一國單邊貿易政策的「貿易條件外部效應」。

同國與國之間的貿易一樣，如果政府和與政府博弈的經濟個體都獨立和理性地制定政策與應對，就會陷入博弈論中常說的「囚徒困境」的僵局：各國都因為選擇貿易限制的占優均衡而遭受福利損失。

在國與國的問題上，克雷普斯證明了只有當兩國能夠通過貿易協定進行互惠性的關稅削減時，才能使博弈均衡從非合作、無效的納什均衡點，向合作、有效的政治最優點移動。消除貿易條件效應是帕累托式福利改進的關鍵。

國與國之間只要存在政治經濟目標，政府的政策就會偏離自由貿易。但相對於後者而言，政治上的最優關稅在效率上也仍有改進的餘地。

而國家內部經濟體之間，如國家與地產、銀行與地產也會有「利己主義」的思想。而當政策制定時，帕累托式福利改進的方法就是政府和與政府博弈的經濟體，他們之間能夠達成某種協定，才能避免陷入囚徒困境，才能盡量減少在博弈時的社會福利的損失。

（2）政府的「聲譽」在制定政策時很重要。

政府在政策制定時，應該考慮其在博弈中的聲譽。政府的政策不是一成不變的，政策作用經濟體的應對行為也是變化的。這必然是一個反覆博弈的過程。

由於博弈均衡是整體性與個體性的統一，既要強調傳統經濟學構建的個體理性選擇基礎，又要符合多主體交互作用的博弈均衡中共同一致性行為選擇的整體結構性要求，兩者的天然矛盾是產生多重博弈均衡的根本原因，僅憑技術上的改進和突破無法徹底解決這類問題。

聲譽模型，又稱「四人」模型。克瑞普斯、米爾格羅姆、羅伯茨和威爾遜（1982）的聲譽模型證明，參與人對其他參與人支付函數或戰略空間的不完全信息對均衡結果有重要影響，合作行為在有限次重複博弈中會出現，只要博弈重複次數足夠長。

自從 Flood（1952）開創重複囚徒困境博弈實驗以來，Roth、Murnighan 和 Axelrod 等相繼開展了這方面的實驗研究，試圖驗證和發現有限次重複博弈中出現的合作是出於利他主義的動機還是為累積聲譽的行為。20世紀90年代，Roth（1996）和 Cooper（1999）等研究者的實驗證據比較集中地指向聲譽模型是一個較好的預測性模型。還有一些實驗顯示，若博弈模型中有足夠多的參試者相信利他動機存在時，就會有一些參試者是真的利他主義者。關於人們是自私還是自願合作地對公共品進行捐助，Ledyard（1995）對這類博弈實驗所共存的基本特徵做了很好的綜述。較新的文獻可參見 Holt 和 Laury（2002）等。他們通過對用倒推歸納法得到的 SPE（子博弈完美均衡）的檢驗，進一步強調了實驗室的實驗結果在主要用於驗證個人水準的決策問題（Aymard et al., 2001）時，也能夠解釋利他主義、知恩圖報和忌妒報復等社會行為在博弈實驗中的觀察結果與理論預測之間的差距。

像政府、銀行這類有影響力的主體中，反覆的博弈必然存在，聲譽模型會是一個較好的預測性模型。

(3) 中國政策轉型微觀層次的「突變」和宏觀層次的「選擇」。

對中央政府而言，其對向市場體制的過渡也是從知之不多到逐漸瞭解的一個過程。楊瑞龍提出過「階梯式的漸進制度變遷模型」，通過對中央治國者、地方政府官員和微觀主體之間的三方博弈過程進行分析，較好地分析了中國制度變遷的過程。只是他的缺點是還不能較好地解釋和模擬各層次制度變遷的演化軌跡，也不能很好地解釋在制度變遷中各行為主體的博弈行為的發展演化。

之後，靳濤在《雙層次互動進化博弈制度變遷模型——對中國經濟制度漸進式變遷的解釋》一文中，把中央政府、地方政府、微觀主體的博弈細分為宏觀層次中央政府和地方政府的博弈及微觀層次地方政府和微觀主體的博弈。兩個層次的博弈通過地方政府的中間橋樑作用連接起來。同時他還提出，就當前來看，雖然各級政府出抬了不少制度創新的方案，但在宏觀層次上的制

度創新不足仍是目前存在的最大問題，主要分為以下兩點：第一，由於中央政府和地方政府考慮其本身效用的最大化和成本的最小化，在宏觀層次博弈中很難出抬力度較大的制度創新方案。第二，由於宏觀層次的制度創新會影響一批人的福利水準，所以改革操作起來也有難度。

在中國的進化博弈中，由於中國的改革和轉型是由中央政府做出的決策，所以，考慮中央政府對制度演化博弈方向和內容的把握和影響，對解釋中國的制度變遷有積極意義。中央政府的效益最大化包括兩方面的內容，一是社會總產出的最大化，二是壟斷租金的最大化。

地方政府在與中央政府博弈的同時，其與微觀主體也進行著重複博弈。微觀主體對新制度體制和新體制下的獲利空間有著最強烈的追求和向往，他們是制度變遷最積極的推動者和回應者。微觀主體在長期的生產實踐中對計劃體制的弊端相對於地方政府和中央政府瞭解得更多，可以假定他們更天然地知道市場體制的好處。微觀主體由於對現狀的不滿足，他們有許多通過向市場體制的過渡而改善自身稟賦的預期。

從地方政府在微觀博弈層次的作用來看，地方政府一方面受中央政府的政策約束（把宏觀層次博弈的結果帶到微觀層次），另一方面也會根據本地區的實際而採取一些有利於微觀主體制度創新的措施。微觀博弈的結果會通過地方政府反饋到宏觀層次中去，這樣通過地方政府就把整個宏觀層次和微觀層次的博弈連接起來。另外，中央政府也不只是聽取地方政府的匯報，他們也會通過其他方式對微觀主體的行為和博弈策略有所瞭解。

當制度的供給滯後於制度的需求時，進化安定均衡就會逐漸被微觀層次的博弈創新所打破。其實從雙層次進化博弈模型來看，社會制度的演進就是在微觀層次和宏觀層次博弈的矛盾運動中體現出來的。當宏觀層次戰略和微觀層次戰略相對一致時，就會進入某一階段的進化安定均衡局面；而當微觀層次的博弈戰略與宏觀層次的博弈戰略不一致時，說明此時制度供給滯後於制度需求，微觀主體和地方政府會在某一限度內進行制度創新的試驗，此時中央政府往往也是支持的，一些成功的經驗又會被中央政府採納，作為制度供給而推向全國。進化博弈的機理是在宏觀層次的「選擇」和微觀層次的「突變」的互動中體現出來的。

「選擇」是指本期中好的策略在下期變得更為盛行（通過中央政府在全國推廣），當某一策略廣為盛行，為博弈主體都選擇的策略時，就會達到上述所說的進化安定均衡，此時「突變」發生在微觀層次的博弈中，它以試驗的方式選擇策略（策略既可能是有效的，也可能是無效的），微觀層次的「突變」

必須經過宏觀層次的「選擇」，只有那些好的適合的策略才能生存下來。例如有一個全部選擇某一特定策略的大群體和一個選擇不同策略的「突變」小群體，如果「突變」小群體侵入大群體後，小群體在混合群體博弈中能夠取得較好的博弈結果，那麼小群體就能夠侵入大群體；反之，小群體就會自動消失。

從雙層次進化博弈模型來看，由於宏觀層次和微觀層次的博弈是互動的，微觀層次的制度需求和制度創新也會影響到宏觀層次的制度供給和制度創新；另外，微觀層次的制度創新的「突變」也會不斷給宏觀層次的「選擇」帶來新的信息和視點，所以中國的漸進式改革會在雙層次的互動中不斷向前演化。對於此經濟博弈模型而言，中國經濟的轉型是一個介於三個主體、兩個層次之間進化博弈的一種漸進式互動制度變遷，制度的演化就是通過微觀層次的「突變」和宏觀層次的「選擇」來實現的。

（4）博弈中的貿易保護主義以及地方保護主義政策。

中國或是中國的地方政府，與周邊經濟體之間的博弈過程與貿易保護戰（即主體與周邊經濟體之間的博弈過程）實質就是經濟體之間實施貿易保護戰的過程。最終結果會導致經濟體之間設置很高的貿易壁壘，阻礙貿易的順利進行。

中國有其不同於其他國家經濟發展的特徵，地域遼闊、人口眾多。一方面，中國作為一個大國，對外部經濟的依賴性要小於小國，因為本身是個大市場，具備內部社會分工的客觀條件，當外部動盪，世界經濟出現問題時，即使對出口有影響，但由於國內還有巨大的內需市場，對經濟的影響狀況較小。另一方面，主觀性和偶然性事件對大國的影響遠小於小國，因而更趨於自然發展過程，具有強烈的必然性。正因為大國經濟的這些特點，在其經濟發展中必然有區別於小國的模型。

何慶光和莫玲娜在《開放經濟條件下的大國經濟博弈模型探析：以中國和美國為例》一文中指出，大國與周邊經濟體之間的博弈過程與貿易保護戰，即大國與周邊經濟體之間的博弈過程，其實質就是大國與周邊經濟體之間實施貿易保護戰的過程。貿易保護戰的結果是使雙邊的貿易最終停止，從而使中國和周邊經濟體的經濟發展速度都變慢。相對來說，貿易保護戰對像中國這樣的大國經濟發展的影響更大一點。對於國內經濟較為薄弱的地區，當經濟發展水準低於外部經濟體時，與外部經濟的關係是一個動態博弈模型。如果採用地方保護主義的政策來進行博弈，最終結果會使得各地區或經濟體之間設置很高的貿易壁壘，阻礙貿易的順利進行。

在現實中，上述中國與周邊經濟體之間的貿易保護戰只有在少數情況下發生。在大多數情況下，貿易保護戰都被制止了。主要原因是中國或者周邊經濟體的一方或雙方意識到了貿易保護戰的危害性。經濟體之間往往會通過談判的方式達成互惠契約或協議，從而有效防止貿易保護戰的發生，如歐盟、WTO等。

（5）通過「隱性程度」方式使合作競爭朝著有利於中國企業發展的方向轉化。

當一批批外商進入，中國的一些本土企業競爭劣勢凸顯，為了本國企業的生存，政府也可以通過制定某些政策來促成外商和本國企業的合作。

企業與市場競爭參與者之間會出現合作與競爭並存的狀況，而且在特定時段可能會偏重於競爭態勢；而在另外時段可能又偏重於市場合作。

陸長春、張德暉和李永鵬在《博弈論在現代市場競爭策略中的作用》一文中提到，行業內市場知識和經營知識的隱性程度越高，越可能出現合作；反之，知識的顯性化程度越高，標準模仿等手段對合作的替代性就會越高。知識的隱性程度與行業創新的複雜程度有關，還與行業內的產品和服務以及經營模式的標準化程度有關。賣場零售行業如沃爾瑪和家樂福之間好像不存在什麼合作的動力，當然不排除沃爾瑪或者家樂福可能與中國本土企業進行合作，那則是另外一種博弈的情形。

企業對於顧客、供應商和互補者更多的是選擇合作策略；而對競爭者可能選擇對抗策略、占優策略、避讓策略或者是合作策略。而如果中國政府想要促成外商與內部經濟體的合作來發展中國企業，那麼當地市場的隱性程度就一定要高。為了本國企業在市場競爭中的生存和發展，政府可以通過改變博弈方式使合作競爭朝著有利於本國企業發展的方向轉化。

3. 模型局限分析與改進建議

（1）模型局限分析。

我們不能忽視的是，中國經濟政策制定模型建立的假設往往基於以下三點：

①假定在博弈戰略中，各博弈主體都遵循亞當・斯密的「經濟人」假說，且都具有有限理性。

②假定新古典經濟學的效用理論和成本-收益理論在模型中仍然適用。

③中央政府在博弈中採取的博弈策略遵循效益最大化和風險最小化原則。

首先，亞當・斯密是以個體的經濟人為基本分析單元，將個人追逐私利的動機作為經濟行為的內生動力，而非經濟的互動層次入手。在他的理論中，個

人追求收益最大化的行為，通過市場的價格傳遞機制，可以使社會整體利益得以實現。從這種個體本位的方法論出發，主流經濟學的經典分析範式只涉及一個生產者、一種商品和一種商品的供給與需求。然而事實上，商品經濟與其他經濟形態的本質區別，就在於它是一種交換經濟。

其次，第二、第三點這兩點假設更基於數學基礎，而非依據實際情況進行選擇性判斷，同時也忽略了不確定因素與風險等重要因素與影響。此外，由於效用理論對需求解釋具有不完整性，效用也具有一定的不可計量性，以及一些循環論證等原因，效用理論存在一定的邏輯缺陷，而一旦效用不可計量，所謂「效用最大化」的理論根基也就無從談起。

最後，這些模型的基本假設在一定程度上假定了目前狀況與未來變化具有必然的一致性，同時假定全部可供選擇的「備選方案」和「策略」的可能結果都是已知的，而事實上這些都是不可能的。

（2）中國政策博弈現狀探討。

儘管在中國的政策博弈中，中國的改革和轉型都是由中央政府做出的決策，考慮中央政府對制度演化博弈方向和內容的把握和影響對解釋中國的制度變遷也是較為有積極意義的，但是僅僅這樣做是不全面的。在中國經濟政策的制定與執行中，導致博弈行為產生的原因主要有三點：

①政策執行的環境因素。例如，中國自改革開放以來「摸著石頭過河」，減小了改革的阻力，有效降低了社會震盪和政策設計失誤所帶來的政治成本和經濟損失，因此在政策執行過程中，政策制定者並不強調政策的剛性，而是在推行新政策時，允許政策執行者適當地且可控地偏離原初的設計目標，以此促進經濟發展和維護社會秩序的穩定。這就導致了政策執行過程中博弈現象的產生。

②政策執行主體的利益因素。博弈主要來自利益驅動，特別是地方黨政組織和中央各部門基於自身的地區利益和集團利益的反改革力量與中央決策改革力量之間存在著博弈。中央的政策經常被地方和部門政策執行者的利益所扭曲。地方和部門集團擴大自由裁量權，運用這些權力實現本地區或單位的利益最大化。但與之對應的中央權威監督政策執行過程和及時評估政策執行結果的能力又相當有限，由此導致選擇性政策執行、適應性遵從等政策執行偏差的現象大量存在。

③經濟政策執行的體制性因素。中國政策執行結構具有體制性的特點，這種結構因素影響了地方對中央政策的執行，從而對於政策的制定與修正也有一定的影響。在這種情況下，利益相關者們不一定會有效地整合各自利益統一

行動。

另外，目前的研究模型主要考慮的僅是中國中央政府的效益最大化，這之中又主要以以下兩方面的內容為參考：一是社會總產出的最大化，二是壟斷租金的最大化。這樣一來，該研究模型就有一定程度的局限性。

（3）改進建議。

首先，我們可以結合美國耶魯大學經濟學家林德‧布洛姆提出的漸進理論和赫伯特‧西蒙提出的有限理性理論，以及政策分析進行研究。這樣的好處有以下三點：

①政策程序是漸進的，政策在每一階段的變化也是漸進的。這樣的假定讓我們認為政策的制定和貫徹是不斷利用啟發信息加以逐步改進的過程，再運用模型較為可靠地衡量和調整目標。

②不總是追求最優的選擇，而是結合其他信息，尋求較滿意的政策即可。因此，作為決策者的個體，其有限理性限制他做出完全理性的決策，他只能盡力追求在他的能力範圍內的有限理性。

③赫伯特‧西蒙用「社會人」取代「經濟人」。有限理性模型是一個比較現實的模型，它認為人的理性是處於完全理性和完全非理性之間的一種有限理性。

另外，可以結合理性預期假說進行適當的分析，這樣一來，既承認了古典經濟理論在經濟分析中強調的經濟變量的實際因素對於經濟當事人的決策的決定作用以及經濟當事人連續實現均衡的內涵，又體現了在博弈模型中的個體在進行經濟活動中隨著政策等的環境變化隨時對自己進行的調整。

4. 中國經濟政策制定策略分析

在處理經濟政策制定的問題上，毫無疑問，國家的角色需要發揮其重要的作用。下面將主要分為三部分展開：

（1）中國政府關注點。

就中國目前經濟社會發展的階段而言，如何協調兩者之間的關係，已經成為一個困難的抉擇：一方面，面對經濟高速增長而貧富差距不斷拉大的現實，將注意力更多地轉移到社會公平上是完全有必要的；但另一方面，目前的中國仍然處在一個格外關注經濟的時代，社會公平絕不是也不應該犧牲市場中的效率原則，更不能改變多年來市場趨向改革的方向。因此，簡單地說以社會發展為中心取代經濟建設為中心並不恰當。可以考慮的思路應當是重心的多元化，突出體現在政府與市場的分工上。這意味著要建立一個具有超越性的、以公共服務為基本職能的政府。建立市場經濟條件下的利益集團合理博弈的均衡機制，首先要改善國家

的再分配。從博弈論的觀點來看,政府主導的有效需求就是一種社會產品的再分配行為。因為在經濟活躍發展的時期,生產受到了人們投機心理的刺激,因此變得失去理性,完全被一種互相爭奪物質財富或者他人勞動成果的行為所掌控。

(2) 中國在應對經濟政策博弈過程中應把握的幾點原則。

①明確而現實的利益目標是博弈參與方制定博弈策略的首要前提。

博弈各方的競爭都有一個切實且明確的目標,任何經濟行為都是雙刃劍,得失相等,關鍵是看博弈各方如何應對。在開展經濟政策博弈研究時,我們需要將宏觀與微觀結合起來、整體與局部結合起來考慮問題。例如,當一個國家在面對內外的政治和經濟雙重壓力困境的時候,不論是採取哪種單一傾向性的經濟策略,都很難避免過度的結果,從而造成經濟極大的不穩定甚至巨大的破壞。特別是我們國家有著更加特殊的國情,不僅在意識形態上經常橫遭責難,甚至還被西方一些發達國家以政治借口進行經濟制裁。在國內事務上,我們也要照顧數量龐大的社會弱勢群體的生存狀態和社會穩定的基本需要,這些都需要我們以不同的視野來進行分析。

②博弈要遵守相應的規則、有一定的約束機制。

圍繞博弈問題,我們必須從維護人類社會基本存在的高度來制定博弈的框架和規則。各方博弈的勝負結果往往會打破社會平衡的局面。

③博弈主體完善的內部組織結構是參與博弈的物質條件。

根據巴納德、卡斯特和羅森茨韋克對組織要素的研究,組織的開放性和系統性決定了組織的一個要素就是組織環境,包括外部環境和內部環境。系統的目的性決定了任何組織都有其存在的目的,建立完善的內部組織結構是一項艱鉅、複雜的系統工程,是創立市場經濟體制必須緊緊抓住的中心環節。

④重視信息資源配置對博弈結果影響的原則。

博弈信息,是指參與人在博弈過程中掌握的對選擇策略有幫助的情報知識,特別是有關其他參與人的特徵和行動方面的知識。信息是博弈理論成立的基本要素之一,在博弈過程中,參與者之間的信息傳遞決定了其行動空間和最優戰略的選擇。時序和信息是我們開展博弈研究強有力的工具。

(3) 博弈論與政策的制定。

特別值得注意的是,博弈論在政策制定和執行過程中都有舉足輕重的分析作用,現在經濟學家們對政策透明度、政策有效性、政策傳導機制等一系列重要問題的分析都已經習慣於用博弈論的語言來詮釋。所以博弈論作為適用範圍廣、現實擬合度高、技術更新快、解釋能力強的經濟學分支,具有無與倫比的旺盛生命力,同時具有超強的現實分析能力。從分析方法上來說,博弈論側重

於對多個利益主體的行為特徵和規律的分析，接近於經濟系統人為因素這一本質特徵，並且對現代科學分析方法和成就，博弈論表現出了更強的兼容性和同步性，使整個經濟分析方法產生了一次大的飛越，邁上一個新的階梯。

5. 中國經濟政策模型應用與發展展望

就博弈論而言，博弈論憑藉自身的理論優勢，已經發展為中國經濟學的前沿知識。雖然它已經逐漸被普遍認可，但還存在一些問題：假設階段，還需要接受實踐的檢驗；理論範圍有待擴展，理論體系有待完善、統一；合作博弈理論發展的不充分等。另外，就經濟政策博弈而言，其在研究要素、研究的理論假設等方面還有待進一步的提高與發展，同時還需聯繫中國以及周邊的政治經濟等實際情況進行模型的構建。

不可忽視的是，中國需要自身經濟發展的「中國模式」。目前中國經濟可能存在的幾個問題有：①長期存在的消費觀導致內需不足，經濟發展缺乏動力，對外依存度較高；②高代價吸引外資，缺乏對國內企業自主盈利的激勵；③經濟發展急需找到新的增長點，否則將會面臨「中等收入陷阱」的困境；④財政政策效率有待提高，部分支出可能存在浪費現象等。這些潛在的問題都可能會成為未來經濟發展的瓶頸，制約經濟的蓬勃發展。因此，國內政策制定者在進行經濟決策時建議考慮多向消費者與企業傾斜。

同時，中國政府在制定經濟決策時也應充當好這樣一個角色：把自己定位為博弈棋局的主體，充分考慮到對手的反應，主動調整經濟政策。在與其他市場經濟主體的博弈中，政府應當以一種全新的視角來關注經濟政策的運行及其實行的效果，使中國的經濟社會沿著健康發展的軌道前進。

第三節　政府、銀行、房地產商博弈模式研究的合理方法

一、問題的提出

近年來，關於抑制房價快速上漲的調控政策的研究和討論一直在監管層面和學術領域進行著。特別是，調控政策從單純的行政手段（限價、限貸和限購）向以市場為導向（供需和價格）的經濟學措施進行擴展和轉變，為我們研究在合作與衝突框架下（資源配置、社會福利和社會成本），國民經濟中三個關鍵抽象節點之間（政府、銀行和房地產業）的動態博弈均衡提供了廣闊的研究空間和應用前景。

儘管關於房地產價格調控以及房地產調控過程中政府、銀行、房地產三者

兩兩行為關係以及博弈理論在房地產領域應用的理論研究和實證分析成果豐碩，但在基於合作與衝突框架下，這三者之間的動態博弈研究中還面臨一些目前尚未定論而在實際操作和執行過程中不可迴避的問題。歸納起來，我們面臨的主要問題是：①如何將政府、銀行和房地產作為一個完整而封閉的系統，對它們三者之間的合作與衝突行為關係進行研究，從而根據它們之間合作行為和衝突行為的內在結構，選取相關因素為自變量，以整體效用的增加和減少為因變量，構建由政府、銀行、房地產三個節點構成的整體系統合作福利模型與衝突成本模型。②如何在政府、銀行與房地產三者之間的合作與衝突過程中，研究社會總福利和社會總成本的傳導和疊加結構，從而厘清研究政府、銀行和房地產業三個主體的動態合作與衝突行為的過程和結果。③如何在設定經濟增速目標以及社會總福利與社會總成本最優配置的約束條件下，建立重複博弈和動態均衡模型，從而在可行解空間範圍內獲得最優解集，作為政策建議的基礎。上述這些實證分析中所面臨的問題，是我們研究政府、銀行和房地產的合作與衝突框架下的動態博弈的主要困擾，而這些問題尚未在理論與實證的研究中得出共識性的結論。

二、國內外研究現狀及分析

1. 關於政府、銀行和房地產三方關係的研究，現有文獻主要集中在三方內的兩兩互動

首先，對於政府干預房地產市場或金融系統，Mussa 等（1981）研究了政府干預市場對經濟帶來的影響，認為政府干預市場的舉措收效甚微，而 Dominguez 等（1990）認為政府對市場的干預是有效的，並且 Dominguez（1993）從資產特徵的角度探討了市場干預帶來的價值。Lan（2002）提出政府政策應從社會福利角度來制定，包括干預市場。Lawrence 等（1987）研究了房地產市場泡沫對經濟帶來的潛在風險和福利損失，提到了政策干預的有效性。Christian（2010）通過實證研究發現中國房地產市場存在泡沫，且泡沫的擠壓並不會過多地影響中國經濟。國內的研究主要集中在國外干預市場的措施在中國的可實施性。李正全（2005）認為房地產具有必需品屬性，因此政府對房地產市場的干預是必要的，同時根據國外房地產干預措施，提出政策建議。李曉萍等（2011）從「市場失靈」的角度下探討了當前國內房地產調控措施的實施效果和經濟影響。相關領域研究還有 S. Clarke（1975）、Patrick（1997）等。綜上，政府制定政策干預市場是有必要的，為本書的研究基礎提供了理論依據，同時政策的制定應權衡社會福利與成本，拓寬了本書的研究思

路。就房地產宏觀調控問題，即政府與房地產市場如何互動的研究，其基礎源自市場失靈理論，庇古、凱恩斯、弗里德曼、科斯等從不同角度提出瞭解決措施。M. White（1975），J. E. Riehard（1982），Wheaton 和 C. William（1993）運用宏觀經濟學的理論，探討了政府在房地產業發展中的職能、政府干預的效率等。Carey, DeniseDipasqual 和 William C. Wheaton 以及 Dennis J. Mckenzie 和 Rechard M. Betts 等研究了房地產價格的決定因素，以及房地產業與國民經濟的關係、地方政府與房地產業的關係，提出了政府運用財政政策、貨幣政策和行政手段對房地產業干預和管制的必要性。Kosuke Aoki 等建立了用於房地產信貸市場的均衡模型，提出房屋可作為抵押物的性質，強化了金融政策對於房地產投資、消費與價格的影響。Robert（2005）根據發展中國家的實際狀況探討了房地產調控政策對社會福利的影響及通過何種效應進行影響。2007 年次貸危機發生後，Joseph E. Stiglitz 撰文指出美國次貸危機與此前美聯儲連續降低利率的政策有關。Gerald H. Lander 等分析了次貸危機爆發的原因，進一步提出政府的首要任務是出抬政策干預市場和恢復信心。國內學者大多關注於政府單向調控過程，如羅龍昌（1999）提出房地產宏觀調控的總量調控、結構調控、財政調控、金融調控等問題，張泓銘和龐元（2006）通過研究提出土地調控應該成為房地產市場調控的主要途徑和環節。梁運斌、羅龍昌、林增杰等認為應遵循房地產市場運行規律，通過經濟、法律、行政以及輿論等手段建立起基於房地產總需求和總供給的管理宏觀調控系統。孟曉蘇、餘凱等提出理性的反週期理論，強調房地產調控的前瞻性和長期性。厲以寧、李宏謹等提出以房價調控為目標，運用打擊住房市場投機、科學管理土地供應、倡導理性個人消費等方式抑制房價過快上漲。通過參閱大量文獻，我們發現國外學者大多提倡運用經濟手段對房地產業進行干預和調控，強調政策之間的聯繫，國內學者多從房地產宏觀調控的整體性、目標、房價控制等入手研究。相關領域研究文獻還有 William，David，Jiri（1987）和 M. J.（1998）等。就銀行信貸與房地產市場的探討，即銀行與房地產市場互動問題的研究，Collyns 和 Senhadji（2002）在國際貨幣基金組織的工作論文中提及銀行信貸與房地產價格之間存在著正向反饋機制。Kyung（2003）探討了銀行信貸政策對房價及對房地產調控政策有效性的影響。Pavlov（2004）從期權的角度來解釋這兩者的關係，他認為銀行首先應合理計算賣出期權的價格，然後確定房地產貸款利率。Gcrlach 和 Peng（2005）通過實證分析，認為房地產價格、銀行信貸、實際 GDP 長期內存在因果關係。國內學者的研究主要集中在房價變動和銀行信貸的相互作用機制上。李宏瑾（2005）通過實證分析，發現房地產市場供求由商業銀行信

貸支撐，調控信貸規模有助於調劑房地產需求進而影響房價變動。段忠東、曾令華、黃澤先（2007）採用多變量協整分析技術發現長期狀態下銀行信貸規模與房地產價格波動存在穩定關係。張喜峰、趙雪（2009）通過對上海市2004—2007年的數據分析發現，房地產價格與自身相關，在短期和長期內均具有一定的慣性。相關領域研究還有 Kyung（1993）、R. J.（1989）、J. R.（1985）、I. De（2000）等。而對於調控過程中政府與銀行行為關係的研究文獻較少，主要集中在政府管制下的銀行行為模式。P. Sapienza（2004）探討了政府控股銀行的信貸行為，主要得出了政府控股銀行相對於其他銀行傾向於更低的利率向企業貸款的結論。I. Serdar（2005）提出發展中國家的銀行在政府的管制之下，在競選時會提供更多的信貸。M. Gertler（2012）提出政府應制定政策來降低銀行在房地產市場上的風險暴露。由於房價調控的作用過程實際上是政府、銀行和房地產業三者之間利益關係的合作與衝突過程，因此應該將三者作為一個完整而封閉的系統，對它們三者之間的合作與衝突行為進行建模研究，才能真實刻畫房地產宏觀調控的作用機制和效果。

2. 關於社會總福利、社會總成本的衡量以及政策改變對社會總福利和社會總成本的影響

效用的福利（成本）度量和福利（成本）變化度量，已被公認為是較為成熟的技術。Boadway 和 Bruce（1984）根據所獲得的信息不同，將福利度量分為序數可度量、基數可度量、比率可度量、完全可度量。A. Sen 隨後的研究表明，使用基數效用可以獲得個體間比較方面的信息，得出社會排序，由此提出了一系列不同的基數效用函數，企圖對社會狀態進行排序。Green 等（1997）證明了個體擁有房屋會有許多正的社會福利產出與正外部性。Bajari 等（2005）運用構建模型和實證研究的方法分析了房屋價格上漲對社會福利的影響，得出社會總福利並不會過多地減少，但會造成社會群體內財富大量轉移的結論，並沒有論證社會財富過度轉移導致的收入不公平現象進而造成的社會福利損失。Liran 等（2010）在理性消費者理論的假設下衡量了市場價格變化及無效定價對福利的影響，G. S.（2012）研究了市場供給需求改變及一方議價能力的改變對市場福利的動態影響。另外，政府的職責是通過制定再分配政策來增加社會福利。North（1991）提出效用函數包含的變量和政策制定的影響方面有關，政策的制定除了考慮社會總福利外，還應使統治者租金最大化及降低產權規則和交易費用，並能促進經濟增長。韓萬渠、丁一等研究了房地產調控的績效評價機制。段銀弟（2003）根據效用函數提出了在金融制度變遷的大環境下福利效用函數應包含的變量，對本書具有借鑑意義。相關領域研

究文獻還有 John C（1953）、Erik（1986）、Willem（1990）、Paul（1998）、John E（2006）等。福利理論的發展為本書提供了技術支持。然而現有文獻缺乏在政府、銀行與房地產三者之間的合作與衝突過程中社會總福利和社會總成本變化的研究，從而無法釐清研究政府、銀行和房地產業三個主體的動態合作與衝突行為的過程和結果，也就無法從學術角度提出符合社會福利最大化的房地產調控政策建議。

3. 關於博弈論研究各個理性決策個體在行為發生直接相互作用時的決策及決策均衡問題

John Von Neuman 和 Oskar Morgenstern（1944）第一次系統地將博弈論引入經濟中。Nash 兩篇著名的文章中明確提出了納什均衡的概念。Tucker（1950）定義了「囚徒困境」，其模型故事的生動性幫助了博弈論的傳播。J. C. Harsanyi（1967）首次把信息不完全引入博弈分析，之後不完全信息動態博弈得到迅速發展，20 世紀 70 年代以後博弈論就形成了一個完整的體系，成為主流經濟學的一部分。博弈論的運用在許多領域取得了長足的發展，Victor（2009）、Anastassios（2003）、Celso、Drew（1983）、Han（1993）等運用動態博弈建模研究了商業競爭行為，Thomas、Steffen、A. Haurie（2002）、Bas 等（2001）、Jian（2006）等從動態博弈的角度研究政策對相關政策目標的影響。從博弈角度研究房地產市場宏觀調控中政府、銀行、房地產商行為模式的相關文獻較少，國外運用博弈論工具對房地產市場的研究主要體現於對房地產市場信息不對稱的研究。Liza（2000）研究了不同風險等級的借款人在信息不對稱條件下對固定利率和浮動利率的選擇問題。Colin Camerer（2004）研究了房地產市場的信息泡沫，認為在資產市場存在不完全或不對稱的條件下，投資者對相同信息的不同理解會造成資產價格高估。Alan（1992）認為土地市場極度無效率，規則對土地利用的限制會抬高地價，進而引起房地產價格波動。Mark Bagnoli（1991）研究了房地產市場買賣合約問題。Jonh R. Knight（1994）研究了房地產市場的價格信號和買者行為問題。關於運用博弈理論研究房地產市場現象的文獻還有 M. Pohjola（1986）、Jess（1987）、Amitrajeet（1995）、J. Shinar（1995）、E. J.（2001）、Massimo（2005）、J. Ma（2008）等。國內較多運用博弈理論分析房地產市場上政府之間的行為或消費者與房地產商的行為模式。王文華（1999）建立了一個中央與地方關於財政分成的重複博弈模型。蔣滿元（2003）將中央與地方博弈領域細分為制度變遷博弈、資源支配博弈、經濟增長博弈和財稅博弈四個類型。楊蕾（2004）運用博弈論中的古諾模型、伯川德悖論研究了中國房地產的週期波動。楊建榮（2004）解釋了消費者的

雙重信息弱勢，認為預期是房價漲跌的主要動因之一。尚國菲（2005）在對房地產開發過程中的土地交易分析指出，利益博弈的規則比改變利益博弈本身更為重要。唐紅超（2005）探討了土地市場中的尋租博弈問題。呂偉（2007）指出了中國房地產市場政策博弈的無限性、動態性、信息不完全性和非零和性特徵，認為房地產開發商、商業銀行、地方政府和房地產投機者為主的聯盟的結盟程度遠遠高於以房地產消費者和中央政府為主的結盟。從國內外學者運用博弈論應用於房地產領域的研究文獻可以看出，房地產調控下三方博弈的相關研究較為薄弱，本項目將系統地研究政府、銀行和房地產業三者之間的博弈行為，既有合作博弈又有非合作博弈，試圖通過找到系統性博弈均衡解，為房地產調控探索最優切入點和途徑，同時為現有研究提供補充。在運用動態規劃對房地產市場決策和尋優過程的研究上，離散選擇動態規劃（Discrete Choice Dynamic Programming，DCDP）估計方法的發展給許多領域提供了新的研究前沿，大量的文獻研究了 DCDP 模型估計方法，並給出了相關領域的應用（Eckstein (1989)，Miller (1997)，Rust (1993, 1994)。J. Vernon（1989）建立了動態規劃模型研究房地產市場上的消費者決策，Alex（1989）給出了包含不同偏好消費者的房地產市場的動態均衡解，Alvin（2010）從地產商的角度運用動態規劃模型給出了最優房屋供給模型，Patrick（2013）構建房屋需求的動態均衡模型，給出了估計方法，並提出了相關政策建議。吳萌強等（2008）對社會資源在房地產項目配置的問題進行了研究，並給出了動態規劃解。由於本研究是基於三節點完整系統的動態博弈，其規劃求解的過程將更為複雜。因此，需要開發出符合本研究框架要求的最優解尋優方法。

三、結論

篇幅所限，關於銀行與房地產之間的風險傳導、風險度量包括壓力測試技術的理論和實證分析文獻就不再贅述。

綜上，我們認為，雖然目前關於政府、銀行、房地產三者兩兩行為關係以及博弈理論在房地產領域應用的理論研究與實證分析成果豐碩，但在基於政府、銀行、房地產三者合作與衝突框架下動態博弈最優解集的理論研究與實證分析還少有涉及。從理論研究方面看：①房價調控導致的社會福利和社會成本應該至少是政府、銀行和房地產業三者之間合作和衝突的過程和結果，我們需要把現有的兩兩行為關係研究擴展為它們三者之間的合作與衝突行為關係研究，從而根據它們之間合作行為和衝突行為的內在結構，構建三個主體的封閉整體合作福利模型與衝突成本模型，目前尚未見相關文獻報導。②政府、銀行

與房地產三者之間的合作與衝突是一個動態和重複博弈均衡過程，目前尚未研究這三者之間的社會總福利和社會總成本的傳導和疊加結構，從而在研究政府、銀行和房地產業三個主體的動態合作與衝突行為過程和結果上存在著裂縫和間隙。從實證分析方面看：①在最優均衡模型的實證研究方面主要集中在政府、銀行和房地產三者中的兩兩局部博弈行為，且以非合作博弈方式為主，在信息不對稱基礎上，設定經濟增速目標以及社會總福利與社會總成本最優配置的約束條件下，建立重複博弈和動態均衡模型還未見相關文獻；②從求最優解的結果上講，目前尚未在可行解空間（可行調控政策）的基礎上，獲得可行最優解集（含單個最優解和次優解的集合）的文獻報導。

第四章　房價調控政策博弈行為研究

第一節　銀行間動態博弈仿真研究

一、引言

通常情況下商業銀行的決策都是在不完全動態信息的環境下做出的。這些決策涉及微調它們的信貸政策以獲得最大的回報或風險調整資本回報率（RA-ROC）。A. R. Heidari（2010）的研究表明，博弈參與者（競爭對手）需要以衝突或合作的方式做出他們的商業決策，這會使情況更為複雜。因為，合作競爭策略不僅需要考慮對自己的影響，還需要考慮對對手的影響。Kim 和 Kwon 通過研究分析策略代理（Strategic delegation）和後發優勢，認為一個相互衝突的策略最大限度地為其參與者自身提供了最大的回報。本研究的模擬結果表明，對於一些銀行來說，最好的競爭決策是合作，而其他銀行則是衝突。當真實環境中的決策變得複雜時，如果沒有智能計算技術的幫助，博弈的最佳平衡將不易實現。

首先，我們通過構建一個動態不完全信息博弈模型和算法，用以解決信息的不一致和決策過程的動態問題，以在兩種情景下［衝突（算法1）和協作（算法2）］使獎勵最大化，其中獎勵功能與信貸政策明確結合，並結合算風險管理措施。其次，我們使用增強學習馬爾可夫決策過程中對風險轉移概率進行建模，結合非靜態馬爾可夫鏈模型（算法3）的 t-Copula 算法來研究外部風險因子對轉換概率的影響。最後用強化學習 DQN 算法驗證從博弈決策過程得出的最優策略的有效性。根據這兩個假設——衝突或合作，每家銀行有三次機會來調整其信貸政策（算法5）或每個銀行都有無限的機會（算法6）。前者主要集中於分析競爭類型的影響和反應的快速性，後者主要關注各種情景下各銀行的報酬比較。此外，為了研究參與者在不一致和隨機複雜環境下的長期動

態決策，我們將在無限制的調整情景下估計最佳信貸政策和最佳競爭策略。因此，本書提出的方法不僅對跨學科研究具有重要意義，而且對銀行管理和監管也具有重要意義。

本研究提出的方法將解決 Zu 所示的隨機決策中信息不完全、信息不一致動態決策常見的幾個難點。首先，在真正的商業競爭中，信息很少是完全的。大多數情況下，都是信息不完全的博弈。博弈參與者經常會故意發布關於他們的策略的虛假信息（因此導致不一致），以便在策略上誤導對手。因此，我們提出了不同競爭情景（衝突或合作）的不完全動態信息博弈模型，以分離出不可信信息，並將真實行為模式從實際結果中抽象出來。我們使用的是經審計的關鍵風險指標，也是有效的績效評估指標，在收集信息方面即使滯後的獎勵也非常有用。其次，通過比較衝突情景下的模擬結果與合作情景下的模擬結果，可以將誤導信息的影響保持在最小。博弈模型和競爭場景的詳細描述和推理見後文。

在真實的商業運作中，決策是一個複雜的系統。此外，通常非同步的決策可能是隨機、不合理的。我們將強化學習 DQN 算法用於推導不同政策調整情景下的詳細決策過程，每個策略調整方案都旨在執行各種目的的分析。因此，可以通過同時評估所有博弈參與者的每種潛在策略的未來獎勵軌跡以及被考慮的各種因素相互交織的交互作用來隔離最優理性決策過程。

最後，即使決策過程遵循每一個合理的程序，由於各種無監管的因素，結果仍然可能是一個隨機的決策結果。在這個研究中我們利用非平穩馬爾可夫鏈模型 t-copula 模擬分析了獎勵（結果）轉換過程。該模型不採用現有的近似分析模型以防止引入所謂的「模型錯誤」。相反，我們採用每個因素的經驗分佈以及因子和轉換概率之間的相關係數來生成無模型（model-free）的分佈。換句話說，我們只考慮模型中假設的相關性的大小，並且將所有其他因素都留給模擬。因此，模擬的獎勵更加穩定和可追蹤，在樣本外測試中更是如此。

二、文獻綜述

1. 智能決策技術（IDT）

Bonczek 是智能決策技術（IDT）的奠定人之一。Morsalin 等研究了基於人工神經網路的 IDT 來確定電動汽車充電調度。其中，Pombeiro 將遺傳算法應用於 IDT 以控制 HVAC（Heating, Ventilation and Air Conditioning）系統。翁將專家系統引入 IDT，構建了一個智能決策工具，幫助投資者做出交易決策。Salih 和 Abraham 將隨機森林（random forest）算法引入 IDT，為即時健康監護系統

提供支持。Dovbysh 進行了一些應用於醫療放射性同位素診斷的智能決策支持系統（IDSS）的聚類分析。Sen 將「概率推理」引入 IDT，為多機器人和人類聯動設計了一個智能框架。趙和魏研究了基於貝葉斯決策的 IDT，以開發一種新穎的機器人手臂類人體運動規劃算法。Zhu 和 Guan 研究了基於 D／S 證據理論的 IDT 及其在科學研究項目選擇中的應用。另外，基於不確定性決策的 IDT 最初是在 IFIP TC 8 WG 8.9 國際會議上提出的。Tan 將模糊集理論應用於智能決策技術。Vagin 等研究了基於粗糙集理論的智能決策。諾蘭、波特、昆蘭等也對 IDT 進行了研究。

2. 人工智能在經濟管理中的應用

隨著人工智能技術的不斷發展，人工智能應用於經濟學中已經是一種非常普遍的現象。定量交易策略在證券市場中已被廣泛使用。蔣等通過使用 AI 進行預測，提出了一個適應性股指交易決策支持系統。AI 在 IDT 上的應用重塑了經濟理論：Marwala 研究了人工智能在 IDT 中對有限理性、有效市場假設和前景理論的經濟學理論的影響。此外，也有學者認為人工智能在 IDT 中的應用某些情況下可能會取代人類，比如管理領域，並提出政府可以基於博弈論和利用 IDT 的最優決策制定經濟決策和規劃決策，這些智能決策預計會使社會更加公平和高效。至於企業方面，財務預警系統已得到了廣泛使用，人工智能在 IDT 中的應用在信用卡應用系統中同樣扮演著重要的角色。Narayanan，Adla 和 Zarate 以及 Vagin 等，都對 IDT 在經濟領域應用做出了貢獻。

本研究提出的方法通過三種方式對現有文獻進行了擴展：首先，將針對沖突和合作競爭情景設計的動態博弈模型用來解決信息不一致和動態決策環境所帶來的問題。其次，利用 DQN 算法通過同時評估所有博弈參與者在考慮各種因素時相互作用的每種潛在策略給予不同獎勵（reward），來處理決策過程中的複雜性和非理性。最後，為了最大限度地降低不確定性，本研究採用基於 t-Copula 模擬的非平穩馬爾可夫鏈模型，推導出轉移概率和獎勵狀態的概率分佈。數學模型和算法的詳細推導在下一節中介紹。

三、數學模型和算法

深度強化學習特別適用於解決信息不完善和隨機獎勵不一致、動態環境下的決策問題。首先，假設決策過程的動態特性被計算強化學習 DQN 算法捕捉，其中每個步驟的獎勵是決定時間點的最佳動作的函數。換句話說，該算法會產生一組動作，其中通過對每個決策點執行動作來達到最佳回報。這個過程是對真實人類的決定推斷過程的近似模仿。其次，決策背景的不確定性和隨機性方

面是用 t-Copula 模擬的非平穩馬爾可夫鏈建模的，其中 t 時刻的轉移概率是以下因素的函數：內部政策、對手政策的滯後（時間 t 後顯露）、估計在時間 t 的獎勵和對手的滯後獎勵（時間 t 後顯露）。最後，博弈參與者必須做出決定的不一致環境被呈現在一個不完善的信息動態博弈模型中，以模擬真實世界複雜的博弈。

1. 不完全信息動態博弈模型

為了評估不同複雜情景下的決策，我們將銀行的策略或行為分為兩大類：合作或衝突。博弈中衝突策略的參與者將選擇最大化他們自己獎勵的行動，而選擇合作策略的參與者將最大化所有博弈參與者的回報。因此，定義 $R_t^j(r_t^j, q_t^j(r_{t-1}^j, r_{t-1}'))$，$j = 1, \cdots, m$ 作為獎勵函數，採用基於發行貸款利潤的指標「風險調整資本回報率」（RAROC），則函數 $R_t = r_t q_t$（利率乘以未還貸款），簡而言之，在時間 t，對於銀行 j，R_t^j 是 r_t^j（零售抵押貸款利率的信貸政策）的函數，q_t^j 則是銀行 j 的未償還貸款（q_t^j 被定義為風險調整量。因此，即使名義金額相等，分類為次級貸款的個人貸款 $q_t^j = 30\%$ 也不及 $q_t^j = 10\%$ 的次級貸款。因此，$R_t^j(r_t^j, q_t^j(r_{t-1}^j, r_{t-1}'))$ 隱含在 3.2 節的計算風險管理工具裡）。由於未償還貸款 q_t^j 的數額取決於 j 銀行的信貸政策以及除 j 之外的其他銀行的政策，q_t^j 本身是滯後信貸政策的一個函數，r_{t-1}^j，r_{t-1}'。最大化博弈獎勵的最佳信用政策給出如下：

$$R_t^{*j} = \underset{r_t^j}{\operatorname{argmax}} R_t^j(r_t^j, q_t^j(r_{1,t}, r_{2,t-1}, r_{2,t}')) \quad (4-1-1)$$

在方程中給出的 R_t^j，由於只有通過調整信貸政策以實現最大化的回報才能達到 R_t^j 的最大化，(4-1-1) 處於衝突情況下。另外，包括銀行 j 在內的所有銀行的合作方案下的多目標優化如下：

$$R_t^{*j} = \underset{r_t^j}{\operatorname{argmax}} \{R_{t-1}^1, \ldots, R_t^j(r_t^j, q_t^j(r_{1,t}, r_{2,t-1}, r_{2,t}')), \cdots, R_t^m\} \quad (4-1-2)$$

其中調整其現行政策的決定需要考慮自身和整個銀行業的最佳回報。

為了簡單起見，我們假設業內只有兩家銀行，即銀行 1 和銀行 2，而最大化其回報的策略是操縱零售抵押貸款利率。定義 $r_{1,t}$，$r_{2,t}$，作為銀行 1 和銀行 2 在 t 時間（或 t 輪）的利率，$r_{1,t-1} r_{2,t-1}$ 作為銀行 1 和銀行 2 分別在 $t-1$ 時間（或 $t-1$ 輪）的利率，$r_{1,t}' r_{2,t}'$ 作為關於銀行 1 和銀行 2 在 t 時間（或 t 輪）的利率的不完全信息。則銀行 j 在時間 t 處的獎勵，j=1, 2，由下式給出：

$$\underset{r_t^j}{\operatorname{argmax}} R_t^j(r_t^j, q_t^j), q_t^j = \begin{cases} q_t^j(r_{1,t}, r_{2,t-1}, r_{2,t}^{'}), & j=1 \\ q_t^j(r_{1,t}^{'}, r_{1,t-1}, r_{2,t}), & j=2 \end{cases}, Conflicting$$

$$R_t^{'j} =$$

$$\underset{r_t^j}{\operatorname{argmax}} \{R_{t-1}^1, \dots, R_t^j(r_t^j, q_t^j), \dots, R_{t-1}^m\}, q_t^j = \begin{cases} q_t^j(r_{1,t}, r_{2,t-1}, r_{2,t}^{'}), & j=1 \\ q_t^j(r_{1,t}^{'}, r_{1,t-1}, r_{2,t}), & j=2 \end{cases}, Cooperative$$

$$(4-1-3)$$

這說明銀行 1 的收益是其當前自身利率的函數。而在 t 時刻，對手滯後一個時期的利率取值，以及對手當前時刻的利率取值都是未知的。令 $c_{t,i}^*$ 為固定成本，$c_{t,i}$ 為可變成本，則銀行的總成本為 $c_{t,i} = c_{t,i}^* + c_{t,i} q_{t,1}$，$i=1, 2$。以下算法分別給出了衝突和合作情景下所有決策點 $t = 1, \cdots, T$ 的均衡回報：

算法 1：衝突情景下的均衡收益 $(r_{1,1}^*, r_{1,2}^*)$

Input：$r_{1,t}$，$r_{2,t}$，$r_{1,t-1}$ $r_{2,t-1}$，$r_{1,t}^{'}$ $r_{2,t}^{'}$，$c_{t,i}^*$，$c_{t,i}$

OutPut：Equilibrium rewards $(r_{1,1}^*, r_{1,2}^*)$ for both banks

For t=1, 2, …T

Step 1：assuming Bank 2 takes the first action, then

Max $R_t^{'2} = \underset{r_t^j}{\operatorname{argmax}} R_t^2(r_t^2, q_t^2(r_{1,t}, r_{2,t-1}, r_{2,t}^{'}))$

s. t. $q_{t,2} = q_{t,2}(r_{t,1}^{'}, r_{t-1,1}, r_{t,2})$

$C_{t,2} = c_{t,2}^* + c_{t,2} q_{t,2}$

$\dfrac{dR_{t,2}}{dr_{t,2}} = 0$

Output：Optimal strategy for bank 2 $r_{t,2}^* = r_{t,2}(r_{t-1,1}, r_{t,1}^{'})$

Step 2：Bank 2 takes the first counter-measure action,

Max $R_t^{'1} = \underset{r_t^j}{\operatorname{argmax}} R_t^1(r_t^1, q_t^1(r_{1,t}, r_{2,t-1}, r_{t,2}^*))$

s. t. $q_{t,1} = q_{t,1}(r_{t,1}, r_{t-1,1}, r_{t,2}^*)$

$C_{t,1} = c_{t,1}^* + c_{t,1} q_{t,1}$

$\dfrac{dR_{t,1}}{dr_{t,1}} = 0$

Output：Optimal strategy for bank 1 $r_{t,1}^* = r_{t,1}(r_{t-1,1}, r_{t,2}^*)$

Step 3：Record the optimal strategies for both banks at time (round) t and the rewards

$r_{t,i}^* = (r_{t,2}^*, r_{t,2}^*)$，$i=1, 2$

$R_{t,i} = (R_{t,1}, R_{t,2})$, $i = 1, 2$

Stop

算法 2：合作情景下的均衡收益 $(r_{1,1}^*, r_{1,2}^*)$

Input：$r_{1,t}, r_{2,t}, r_{1,t-1}, r_{2,t-1}, r_{1,t}', r_{2,t}', c_{t,i}^*, c_{t,i}$

OutPut：Equilibrium rewards $(r_{1,1}^*, r_{1,2}^*)$ for both banks

For t = 1, 2, ⋯ T

for j = 1, 2

Step 1：assuming Bank 2 takes the first action, then

$\text{Max } R_t^{'j} = \underset{r_t'}{\operatorname{argmax}} \{R_{t-1}^1, \ldots, R_t^j(r_t^j, q_t^j(r_{1,t}, r_{2,t-1}, r_{2,t}')), \ldots, R_{t-1}^m\}$

s. t. $q_{t,2} = q_{t,2}(r_{t,1}', r_{t-1,1}, r_{t,2}')$

$C_{t,2} = c_{t,2}^* + c_{t,2} q_{t,2}$

$\dfrac{dR_{t,2}}{dr_{t,2}} = 0$

Output：Optimal actions and strategies $(r_{t,2}^*, r_{t-1,1}^{*'})$, $(R_t^{*2}, R_t^{*'1})$

Step 2：Bank 2 takes the first counter-measure action,

$\text{Max } R_t^{'j} = \underset{r_t'}{\operatorname{argmax}} \{R_{t-1}^1, \ldots, R_t^j(r_t^j, q_t^j(r_{1,t}, r_{2,t-1}, r_{2,t}')), \ldots, R_{t-1}^m\}$

s. t. $q_{t,1} = q_{t,1}(r_{t,1}, r_{t-1,1}, r_{t,2}^*)$

$C_{t,1} = c_{t,1}^* + c_{t,1} q_{t,1}$

$\dfrac{dR_{t,1}}{dr_{t,1}} = 0$

Output：Optimal actions and strategies $(r_{t,2}^{*'}, r_{t,1}^*)$, $(R_t^{*'2}, R_t^{*1})$

Step 3：Record the optimal strategies for both banks at time (round) t and the rewards

$r_{t,j}^* = (r_{t,2}^*, r_{t,2}^*)$, $j = 1, 2$

$R_{t,j} = (R_{t,1}, R_{t,2})$

　　Stop

Stop

這兩種算法的主要區別在於，算法 2 在步驟 1 中估計並記錄了銀行 2 的理論最優行動 $r_{t,2}^{*'}$ 和獎勵 $R_t^{*'2}$。（$r_{t,1}^{*'}$ 和 $R_t^{*'1}$ 是銀行 1 在第二步的利率與回報），但對手可能不會採取這些行動，因為這是來自第一家銀行對第二家銀行的推測。對手銀行將採取的實際最佳行動以及因此銀行能夠獲得的真實最佳獎勵是由算法 2 的步驟 3 從其自身的角度估計的，例如 $r_{t,2}^*$ 和 R_t^{*2} 對銀行 2（$r_{t,1}^*$

第四章　房價調控政策博弈行為研究

和 $R^{*\,1}_{\,\cdot}$ 對銀行 1）。

2. 非平穩馬爾可夫鏈的 t-Copula 仿真

由於風險管理是評估複雜環境下決策結果的重要因素之一，因此我們選擇所發行的時間作為零售抵押品的質量依據。具體而言，將 A 定義為正常，B 為關注，C 為次級，D 為可疑，E 為違約，F 為還清，這個轉換矩陣如下：

$$P_{ih} = \begin{matrix} A \\ B \\ C \\ D \\ E \\ F \end{matrix} \begin{bmatrix} A\text{-}A & A\text{-}A & A\text{-}B & 0 & 0 & 0 & A\text{-}F \\ B & B\text{-}A & B\text{-}B & B\text{-}C & 0 & 0 & B\text{-}F \\ C & 0 & 0 & C\text{-}C & C\text{-}D & 0 & C\text{-}F \\ D & 0 & 0 & 0 & D\text{-}D & D\text{-}E & D\text{-}F \\ E & 0 & 0 & 0 & 0 & E\text{-}E & E\text{-}F \\ F & 0 & 0 & 0 & 0 & 0 & 0 \end{bmatrix} \quad (4\text{-}1\text{-}4)$$

轉換只發生在從 $i \in \{A, B, C, D, E\}$ 到 $h \in \{A, B, C, D, E\}$。因為國家 F 是一種吸收狀態。一旦貸款還清，它將被從銀行的帳目中註銷，並且不會有未來的轉換記錄。因此，$P_{ih}^{t+1} = 0$，$i = F$，$h = A, B, C, D, E, F$。在大多數情況下，銀行通常使用每月的數據來生成風險報告，從標準狀態（定義為沒有逾期的貸款）過渡到不合標準狀態（定義為過期 91 至 360 天的貸款）不可能發生在 30 天內，因此，$P_{AC} = 0$。同樣的推理適用於上面轉換矩陣中的其他概率為零的轉換。另外，在實踐中，如果貸款逾期超過 90 天，銀行通常不會將其狀態恢復為正常狀態或 A，即不會在其逾期餘額付清後立即恢復正常狀態，除非該帳戶的全部餘額已付清。然而，在後一種情況下，貸款將轉入已付清的狀態 F。因此，轉換概率 C-A, C-B, D-A, D-B, D-C, E-A, E-B, E-C, a 和 E-D 都是零。表 4-1-1 給出了狀態的詳細定義。

表 4-1-1 定義貸款狀態以及轉移概率

$\Pi \in \{A, B, C, D, E\}$ 定義貸款的狀態			$P^t(\Pi)$, $\Pi \in \{A, B, C, D, E\}$ 最後觀察到的狀態概率	
A:	正常	貸款沒有逾期	$P^t(A)$	貸款為正常的概率
B:	關注	逾期 1~90 天的貸款	$P^t(B)$	貸款為關注的概率
C:	次級	逾期 91~360 天的貸款	$P^t(C)$	貸款為次級的概率
D:	可疑	逾期 361~720 天的貸款	$P^t(D)$	貸款為可疑的概率
E:	損失	逾期超過 720 天的貸款	$P^t(E)$	貸款為損失的概率
F:	還清	貸款完全還清	$P^t(F)$	貸款為還清的概率

根據史密斯等（1996），$P^{t+1}(\Pi)$，$\Pi \in \{A, B, C, D, E, F\}$ 可以表示如下：

$$P^t(h) = \sum_{i=A}^{E} P^{t-1}(i) \cdot P_{ih}^t, \quad h = A, B, C, D, E, F \tag{4-1-5}$$

其中 P_{ih}^{t+1}，從狀態 i 到狀態 j 的估計轉移概率可以通過模擬來計算。因此，轉移概率與外部因素之間的關係（r_{t-1}^j，q_{t-1}^j，R_{t-1}^j，j = 1，2 在衝突的情況下，r_{t-1}^j，q_{t-1}^j，$R_{t-1}^j R_{t-1}^j$，j = 1，2 在合作方案中）可以表示為：

$$\begin{cases} P_{ih}^t = f(X_t) = f((\cdot)), & \text{Cooperative} \\ P_{ih}^t = f(X_t) = f((\cdot)), & \text{Confliciting} \\ i = A, B, C, D, E, \\ h = A, B, C, D, E, F \\ j = 1, 2 \end{cases} \tag{4-1-6}$$

本研究中不會指定特定的模型類型。相反，基於 t-Copula 的模擬將用於估計外部因素對轉移概率的影響，以便克服諸如「模型誤差」之類的問題。根據 Demarta 和 McNeil（2004），多元 t-Copula 由下式給出：

$C^t(P_{ih}, r_{t-1}^j, q_{t-1}^j, R_{t-1}^j, R_{t-1}^j, \tau) = C_{\tau,v}^t(F_1^{-1}(r_{t-1}^j), F_2^{-1}(q_{t-1}^j), F_3^{-1}(R_{t-1}^j), F_4^{-1}(R_{t-1}^j))$，Cooperative

$$C_{\tau,v}^t(r_{t-1}^j, q_{t-1}^j, R_{t-1}^j, R_{t-1}^j) = \int_{-\infty}^{F_1^{-1}(r_{t-1}^j)} \int_{-\infty}^{F_2^{-1}(q_{t-1}^j)} \int_{-\infty}^{F_3^{-1}(R_{t-1}^j)} \int_{-\infty}^{F_4^{-1}(R_{t-1}^j)}$$

$$\frac{\Gamma(\frac{v+n}{2})}{\Gamma(\frac{v}{2})\sqrt{(\pi v)^n |\tau|}} (1 + \frac{X'\tau^{-1}X}{v})^{-\frac{v+n}{2}} dX$$

$X_t = (\cdot)$，$i = A, B, C, D, E$，$h = A, B, C, D, E, F$，$j = 1, 2$

$C^t(P_{ih}, r_{t-1}^j, q_{t-1}^j, R_{t-1}^j, \tau) = C_{\tau,v}^t(F_1^{-1}(r_{t-1}^j), F_2^{-1}(q_{t-1}^j), F_3^{-1}(R_{t-1}^j))$，Confliciting

$$C_{\tau,v}^t(r_{t-1}^j, q_{t-1}^j, R_{t-1}^j) = \int_{-\infty}^{F_1^{-1}(r_{t-1}^j)} \int_{-\infty}^{F_2^{-1}(q_{t-1}^j)} \int_{-\infty}^{F_3^{-1}(R_{t-1}^j)} \frac{\Gamma(\frac{v+n}{2})}{\Gamma(\frac{v}{2})\sqrt{(\pi v)^n |\tau|}}$$

$$(1 + \frac{X'\tau^{-1}X}{v})^{-\frac{v+n}{2}} dX$$

$X_t = (\cdot)$，$i = A, B, C, D, E$，$h = A, B, C, D, E, F$，$j = 1, 2$

$$\tag{4-1-7}$$

其中 v_i 表示第 i 個單變量 t 分佈的自由度。$F^{-1}(P_{ih})$ 是轉移概率的經驗分佈函數的倒數，$F^{-1}(X)$ 是變量經驗分佈函數的倒數。v 是 t 分佈的自由度的向量，$v = (v_0, v_1, \cdots, v_k)^T$，$k = 3(confliciting)$，$4(cooperative)$，$\tau$ 是一個非參數相關係數矩陣，Eq. (7) 通過考慮它們與它們對應的外部變量 r_{t-1}^j，q_{t-1}^j，R_{t-1}^j，$j = 1, 2$ 在衝突情形和合作情形中的相關性來估計轉移概率 P_{ih}。

算法3：用 t-Copula 模擬估計 $P^{t-1}(i)$，$i = A, B, C, D, E, F$

Input：$P^{t-1}(i)$，P_{ih}^t，$j, h = A, B, C, D, E, F$，r_{t-1}^j，q_{t-1}^j，$R_{t-1}^j R_{t-1}^j$，$j = 1, 2$

OutPut：$P^t(i)$，$i = A, B, C, D, E, F$

Step 1：Calculate Kendall's τ and its P-Value matrix. Then, record the significant elements in the first column with their P-Values less than 5%.

Step 2：Use Kendall's τ and generate t-distributed random variables $T = (t, t_1, t_2, \cdots, t_n)^T$ with degrees of freedom v

Step 3：Calculate the multivariate cumulative t-distribution function：$U = CDF(t, t_1, t_2, \cdots, t_n)$

Step 4：Calculate the inverse cumulative distribution functions：$F^{-1}(P_{ij})$，$F_1^{-1}(x_1)$，$F_2^{-1}(x_2)$ by Eq. (6) under different competition scenario.

Step 6：Calculate the final simulated matrix, M, by mapping the results from Step 5 to Step 3 in such a way that the joint cumulative probability distribution of each elements in M is equivalent to U from Step 3.

Step 7：Use the corresponding elements of matrix M and Eq. (5) to approximate $P^t(i)$，$i = A, B, C, D, E, F$

算法1中步驟6的效果實際上是根據步驟3中模擬的多元 t 分佈所代表的概率法（步驟2中估計的出現概率和相關係數）從 $F^{-1}(P_{ij})$，$F_1^{-1}(x_1)$，$F_2^{-1}(x_2)$，$\cdots$，$F_n^{-1}(x_n)$ 中隨機抽取元素的映射過程。

3. 馬爾科夫決策過程和強化學習 DQN 算法

馬爾可夫決策過程由五元組 $\{St, At, P_{S_t S_{t+1} | A_t}, \gamma, Rt\}$ 組成，其中 $S_t \in \{s_1, \cdots, s_m\}_t$ 是時間 $t \subset \{1, \cdots, T\}$ 的銀行狀態，At 是時間 $t | 1, 2, 3, \cdots, m\}$ 處可用動作的集合，$P_{S_t S_{t+1} | A_t}$ 是給定動作 At 從狀態 S_t 到狀態 S_{t+1} 的轉移概率。在本研究的後面，將使用 $P_{S_t S_{t+1}}$ 來代替，因為動作 At 是過渡 $P_{S_t S_{t+1}}$ 發生的必要條件，將在後文中通過非平穩馬爾可夫鏈的 t-Copula 模擬進行明確建模。γ 是貼現因子 $\gamma \subset (0, 1]$，用於將未來的回報折扣回現值，因為1年後的1美元不如今天的1美元那樣有價值。最後，$Rt | A_t$ 是在時間 t 取決於行動 At 的獎勵。

馬爾可夫決策過程（MDP）的動態過程可以描述如下：在初始狀態 S_0 中，從 A 中選擇一個動作 A_0，即所有可用動作的集合。在狀態 S_0 和 A_0 被選擇的情況下，$P_{S_0 S_1}$ 通過 t-Copula 模擬進行估計並且下一個狀態由馬爾可夫性質確定：

$$\begin{cases} P_{S_1} = P_{S_0} \cdot \sum_{S_1 \in \{s_1, \cdots, s_m\}} P_{S_0 S_1}, & S_1 \in \{s_1, \cdots, s_m\} \\ S_1 \subset \underset{S_1}{\text{argmax}}(P_{S_1}) \end{cases} \quad (4-1-8)$$

Eq.（8）描述了在時間 I 確定狀態的步驟。在更新銀行的狀態之後，代理轉換到下一個狀態 S_1，然後，執行操作 A_1，並按照上述相同的步驟將銀行狀態更新為 S_1。因此，下面給出了狀態轉換過程及其相應的回報：

$$S0 \xrightarrow{A0} S1 \xrightarrow{A1} S2 \xrightarrow{A2} S3 \xrightarrow{A3} S4$$

$$\{S0, A0, R0, S1, A1, R1, \cdots, Sn, An, Rn\}$$

每條路徑的回報函數之和如下：

$$Q(S_t, A_t) = R0(A0, S0) + \gamma^1 R1(A1, S1)$$
$$+ \gamma^2 R2(A2, S2) + \cdots + \gamma^T R_T(A_T, S_T) \quad (4-1-9)$$
$$t = 0, 1, 2\cdots, T$$

γ^t 是時間 t 的折扣因子，它比以前的獎勵更重視早期的獎勵。假設行動的每個獎勵是已知的並且由算法 1 給出，則平均期望總獎勵函數 Q 給出如下：

$$Q(S0, A0) = \text{E}\left[\sum_{t=0}^{\infty} \gamma^t R(St, At) \mid S = S0, A = A0\right] \quad (4-1-10)$$

其中 E 表示期望值，折扣因子等於 1 以使計算更容易。

通過選擇貪婪的 $Q\pi$ 來選擇最佳的博弈策略或行動。換句話說，選擇行動的目標是最大化其總獎勵。因此，針對所有可用操作的所有操作的最大值給出如下：

$$\pi' = greedy(Q\pi), \text{ or} \quad (4-1-11)$$
$$\pi' = \underset{A_t \in A}{\text{argmax}} Q\pi(S_t, A_t), \ t = 0, 1, 2, \cdots, T$$

其中 $Q\pi$ 是每一步的最佳策略，A 是所有可用操作的集合。π' 的相應策略是最好的策略。由於在算法 1 和算法 2 中分別考慮了衝突或合作競爭情景，基於馬爾可夫決策過程的增強學習算法將呈現一般情況。第 3.1 節中的算法將被相應調用以產生適當的競爭結果。

為了在不一致和動態的環境下以更詳細的模式呈現智能決策制定計算，博弈將如此安排以至於需要兩個不同的決定。首先，博弈將限於參與者只有三次機會在博弈重新開始之前調整其信貸政策的情況。其次，每個部分都會有無限的機會調整政策。最後，在每個安排下選擇最優政策和獎勵。使決策更複雜的

是，這場比賽被認為是在中國兩家截然不同的銀行之間進行的，中國工商銀行北京分行（世界最大的商業銀行）和北京銀行（一家營運的地鐵銀行國家）。由於兩家銀行在規模、業務策略和客戶細分方面存在很大差異，因此這款博弈非常有趣。算法4將實現方程式（4-1-11）的一般形式，而算法5給出了3種策略調整安排，算法6給出了無限的安排。算法7在每個時間 t 產生最優策略和獎勵，這種策略不僅產生最近的立即狀態獎勵，而且產生時間 t 之前的所有狀態。

算法4：實現方程（4-1-11）並估計 Q 函數和 π'

Input：the policy π to be evaluated

Output：max $Q(S,A)$，π' under different competition scenarios

Initialize $Q(s)=0$

Repeat(for each episode)：

Initialize S

Choose Action A from S using policy derived from Q

Repeat(for each step of episode)：

A← action given by π for S

Take action A, observe R, S'

Choose A' from S' using policy derived from Q

Call Algorithm 3 to get the Transition Probability $P_{S,S_{t+1}}$

$\{[S_0,A_0,R_0],[S_1,A_1,R_1],\rightarrow[S_n,A_n,R_n]\}\rightarrow Q(s_t,a_t)=E[\sum_{t=0}\gamma^t R(S_t,A_t)|S=S_0,A=A_0]$

  if competition scenarios == conflicting

   Call Algorithm 1

   $Q(S_t,A_t)\leftarrow(1-\alpha)*Q(S_t,A_t)+\alpha*(R_t+\gamma*\max Q(S_{t+1},A_t))$

   $\pi'=\max Q(S,A')=E[\sum \gamma^t R(S_t,A_t')|S=S_0,A=A_0]$

   S←S'；A←A'

  Else

   Call Algorithm2

   $Q(S_t,A_t)\leftarrow(1-\alpha)*Q(S_t,A_t)+\alpha*(R_t+\gamma*\max Q(S_{t+1},A_t))$

   $\pi'=\max Q(S,A')=E[\sum \gamma^t R(S_t,A_t')|S=S_0,A=A_0]$

   S←S'；A←A'

 until S is null

stop

算法 5：銀行有 3 個機會調整其對 GDRR 的政策

Input：the policy π to be evaluated

Output：max Q(S,A)，π' for 3 opportunities

Initialize R,A,ξ

For each move of the time $<=3$

If($|icbcreward_t - icbcreward_{t-1}| > \xi$) &&($|bjbreward_t - bjbreward_{t-1}| > \xi$)

time：=time+1

call Algorithm 4

Output R,A,

　　　Stop

算法 6：銀行有無限的機會調整其對 GDRR 的政策

Input：the policy π to be evaluated

Output：max Q(S,A)，π' for unlimited opportunities

Initialize R,A,ξ

Repeat for each step && (if ($|icbcreward_t - icbcreward_{t-1}| > \xi$) && ($|bjbreward_t - bjbreward_{t-1}| > \xi$))

call Algorithm 4

Output R,A,

Stop

算法 7：兩個銀行的 GDRR 的最優政策

Input：the policy π to be evaluated

Output：max Q(S,A)，π' for all step

Initialize R,A,ξ，$M\_icbcreward_t, M\_bjbcreward_t$ MA_icbc,MA_bjbc

Repeat for each step

call Algorithm 6

If $R\_icbc_t > M\_icbcreward_t$

$M\_icbcreward_t = R\_icbc_t$

Appendix A_t_icbc to MA_t_icbc

If $R\_bjbc_t > M\_bjbcreward_t$

$M\_bjbcreward_t = R\_bjbc_t$

Appendix A_t_bjbc to MA_t_bjbc

Output$M\_icbcreward_t$, $M\_bjbcreward_t$ MA_icbc,MA_bjbc

　　　Stop

算法 7 不斷更新和記錄工商銀行對應的獎勵變量 M_ bjbcreward 以及北京銀行對應的獎勵變量 M_ icbcreward。它還在每個時間 t 中為工商銀行的策略向量 MA_t_ icbc 和北京銀行的策略向量 MA_t_ bjbc 疊加對應的更新最優策略。

四、實證結果

本部分演示了不同情景下的智能決策過程和結果。這些情景包括兩個競爭情景（衝突和合作）和先手設置（即哪家銀行首先採取行動）。回報的變量為風險調整資本收益率（RAROC），這也是評估銀行業績的行業標準。我們獲得了銀行 RAROC 從 2008 年 6 月 30 日至 2017 年 6 月 30 日的年度報告數據。由於 RAROC 可能受到銀行管理層套利管理的操縱，因此不同銀行報告的 RAROC 可能不一致。因此，我們將工商銀行和北京商業銀行的 RAROC 按 BIS 批准的標準方法重新計算。另外，政策調整的細節也是通過跟蹤銀行公告收集的。中國工商銀行和北京銀行的 RAROC 因此重新計算並報告在表 4-1-2 中。

表 4-1-2　中國工商銀行和北京銀行的 RAROC

日期	北京銀行	中國工商銀行
2017-06-30	0.066,036,77	0.104,591,005
2016-06-30	0.079,814,696	0.114,510,64
2015-06-30	0.102,478,745	0.125,286,983
2014-06-30	0.105,892,099	0.130,893,197
2013-06-30	0.115,009,335	0.129,546,713
2012-06-30	0.135,260,315	0.137,900,605
2011-06-30	0.149,859,282	0.136,658,693
2010-06-30	0.131,862,672	0.124,110,183
2009-06-30	0.105,571,945	0.099,878,232
2008-06-30	-0.044,777,781	0.147,729,63

此外，這項研究還將使用強大的測試來評估稅收、貸款價值（LTV）和風險加權資產（RWA）這三個因素對智能決策過程的影響。很容易看出，稅收對銀行決策、產品開發和營運策略有巨大的影響。稍微改變稅率水準會導致管理層調整整個業務決策。LTV 主要衡量貸款違約情況下銀行可能損失多少，這是銀行信貸員在制定政策決策時需要考慮的另一個重要因素。銀行傾向於低 LTV。相反客戶更喜歡高 LTV，因為它也意味著客戶可以通過抵押相同資產獲得更多的資金。RWA 將發放的貸款金額與銀行所承擔風險的金額直接聯繫起來。當管理層做出策略性政策調整決策時，RWA 是一個關鍵因素。因此，我

們選擇上述三個因素來執行穩健的測試。

本節內容安排如下：第一部分報告智能決策的結果和三個政策調整機會，第二部分介紹無限機會的結果，第三部分介紹三個因素的穩健測試：稅收、LTV 和 RWA。

(一) 三項政策調整機會的結果

一般來說，銀行在一個典型的年份中會將其貸款政策改變 3~4 次。這通常是由監管問題引起的，目前的表現基本上是符合預期的。假設博弈參與者輪流做出政策調整決策，那就是當一家銀行看到需要調整政策並採取相應行動時，另一家銀行對結果進行評估，並採取相應的舉措，這在現實世界中普遍存在。另外，如果一家銀行希望調整其信貸政策，標準流程至少需要 1 個月才能實施調整後的政策，因此每步博弈至少需要一個季度。因此，結果與一個會計年度的智能決策接近。

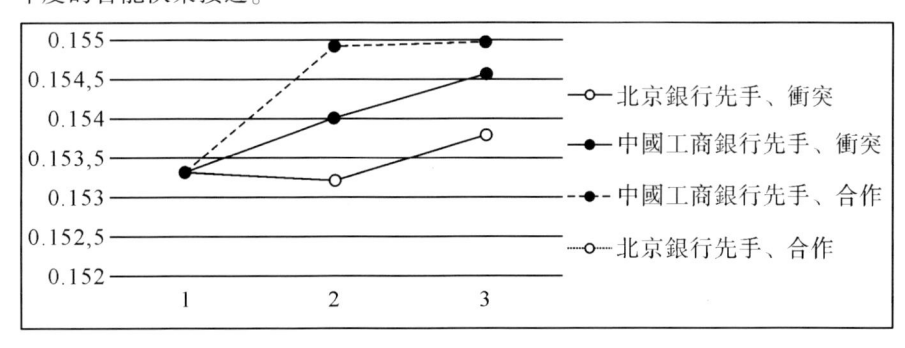

圖 4-1-1（a） 三個政策調整機會：
中國工商銀行在不同場景下的 RAROC

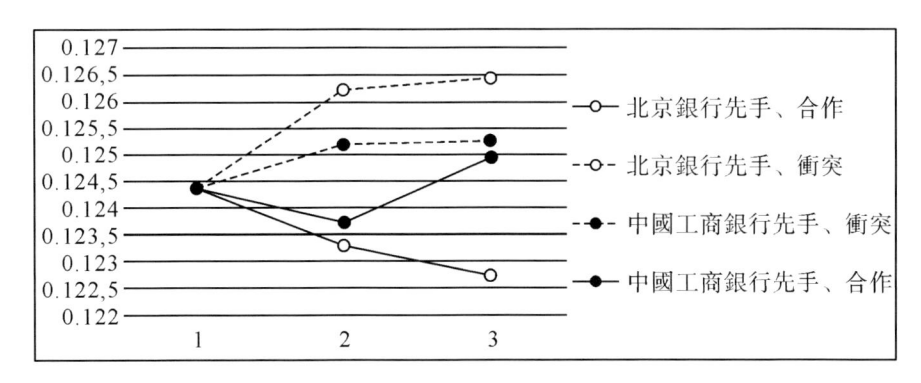

圖 4-1-2（b） 三個政策調整機會：
北京銀行在不同場景下的 RAROC

圖4-4-1（a）是工行在衝突和先手情況下的RAROC。中國工商銀行先開始博弈並採用合作策略是最有效的。讓北京銀行先開始博弈並採用合作卻是得到最低的RAROC。因此，中國工商銀行先手博弈始終是最佳選擇。無論競爭格局如何，中國工商銀行都可通過縮短回應時間或者提高效率來改善狀況。另外，如圖4-4-1（b）所示，無論誰開始博弈，北京銀行採用衝突策略都會更好。對於像北京銀行這樣規模較小的銀行而言，忍耐和退讓在競爭中從來都不是理性的選擇，因為工行採取主動並採用合作策略時，北京銀行選擇合作後的收益顯然不怎麼樣。

（二）無限調整機會的結果

在無限制的調整假設下，如果博弈達到平衡狀態，模擬將停止，平衡點定義為兩家銀行連續模擬出的RAROC的差值小於預設值ξ。在這種情況下，兩家RAROC銀行的博弈過程如圖4-1-2（a）和圖4-1-2（b）所示。

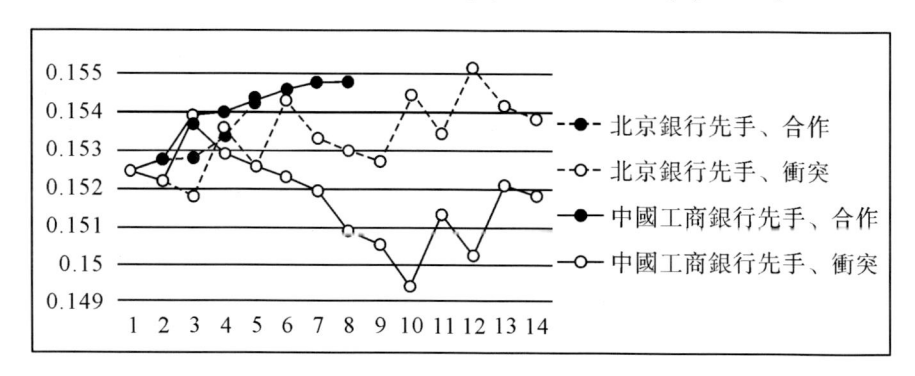

圖4-1-2（a） 無限調整機會：中國工商銀行在不同場景下的RAROC

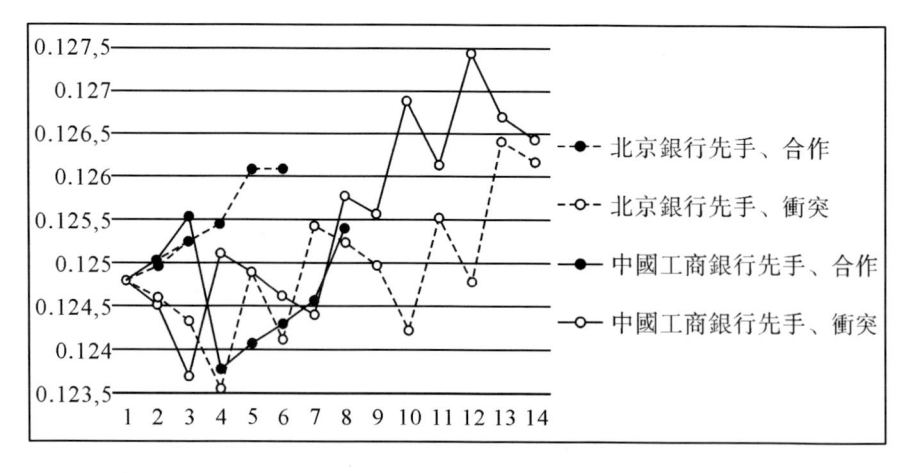

圖4-1-2（b） 無限調整機會：北京銀行在不同場景下的RAROC

圖4-1-2（a）和圖4-1-2（b）展示了一些有趣的現象：①博弈在達到平衡之前停在14。如果一個輪流博弈（一家銀行調整政策，其次是另一個）需要一個季度，則最長時間跨度為7個季度。由於很少有銀行在一年內不調整其政策，因此該模擬包含了銀行對最優信貸政策做出最優決策的整個可能的時間跨度。②在圖4-1-2（a）和圖4-1-2（b）中都顯示出合作競爭策略比衝突策略更早地完成博弈。③對於大型主導銀行而言，無論誰先手，合作性策略都會給其帶來更高的獎勵或RAROC。④在衝突的情況下，大型主導銀行應該讓小銀行主動並通過建立新的市場秩序（相互衝突）來「糾正」這種情況。⑤對於小型銀行來說，一個相互矛盾的策略會產生比合作策略更高的回報。放棄衝突（盲目追隨大銀行的政策）永遠不會是最好的策略。換句話說，古諾納什均衡可以在更高的獎勵領域達成。⑥對於小型銀行而言，最好的策略是讓大型主導銀行開始博弈並微調政策以解決被忽視的市場角落。

（三）三個因素的穩健測試：公司稅、LTV和RWA

在本節中，我們將通過考慮最佳信貸政策和競爭模式的最佳決策過程來執行穩健測試，即最佳決策過程。換句話說，銀行將採取任何信貸政策和競爭策略相結合的方式，在整個時間範圍內實現其RAROC的最大化。換言之，每個銀行在時間t的最優政策是在時間間隔$[0, t]$內使RAROC最大化的政策。第一部分將提出三個政策調整機會下的最佳政策範例。第二和第三部分分別給出了公司稅、LTV和RWA的穩健測試結果。

1. 信貸政策和競爭組合的最佳過程

中國工商銀行和北京銀行的最優政策導致利率和RAROC增加，這在中國工商銀行尤其如此。

圖4-1-3為在三步博弈下的最優博弈過程。

圖4-1-3演示了兩個有趣的現象。首先，無論中國工商銀行的政策如何，北京銀行的最優政策在中國工商銀行第一手和北京銀行第一手的情況下都是相互衝突的。這可以通過以下事實來解釋：首先，雖然北京銀行是較小的銀行，但它應該努力實施最佳的衝突政策以最大化其RAROC。其次，無論北京銀行的政策如何，中國工商銀行的最優政策都是合作。這些結果可以在第二部分中得到確認。

1) ICBC first hand
   Start
First: ICBC cut interest rates first, both sides' RAROC as follows:
        (0.14055718491009114, 0.06329366093451642)
Second: BJB does not cooperate, raise interest rates, both sides' RAROC as follows:
        (0.14304920364244192, 0.06620480925704499)
Third: ICBC cooperates, increase the interest rate, both sides' RAROC as follows:
        (0.14313847704208948, 0.06634308779521489)
   End
2) BJB upper hand
   Start
First time: BJB first move to cut interest rates, both sides' RAROC as:
        (0.13907674094399547, 0.06786299189999827)
Second: ICBC cooperates, cut the interest rate, both sides' RAROC as follows:
        (0.14128623661809245, 0.06775928355137734)
Third: BJB does not cooperate, raise interest rates, both sides' RAROC as follows:
        (0.1429105382295444, 0.0711978725806942)
   End

圖 4-1-3　在三步博弈下的最優博弈過程

2. 稅收的魯棒性測試

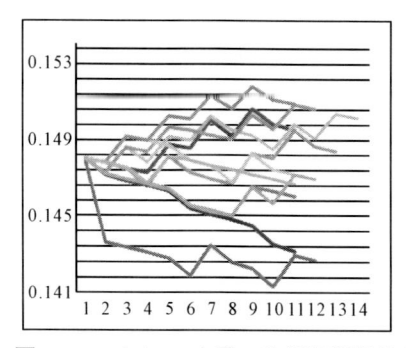

圖 4-1-4（a）　中國工商銀行對稅收的魯棒性測試 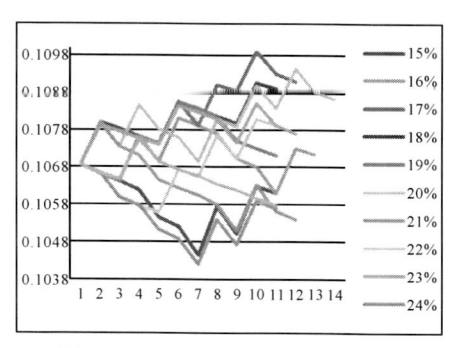　　圖 4-1-4（b）　北京銀行對稅收的魯棒性測試

　　如圖 4-1-4（a）和圖 4-1-4（b）所示，稅收以完全不同的方式影響中國工商銀行和北京銀行。雖然較高的稅率通常會給較小的銀行——北京銀行帶來較差的回報，但實際上會為銀行業中占據主導地位的中國工商銀行提供更高的回報。這種現象可能是由於大銀行通常擁有更豐富的信貸額度，這使得它們能夠利用信貸政策、信貸產品甚至營業地點的業務策略分配來避免徵稅。因此，稅收對小型銀行的影響通常大於對較大銀行的影響。監管機構在做出有關稅收的決定時應考慮這一結果。

3. LTV 的穩健測試結果

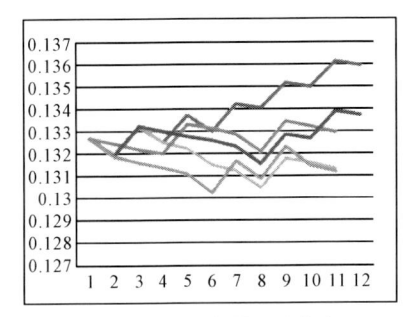

圖 4-1-5（a）　中國工商銀行 LTV 穩健性測試

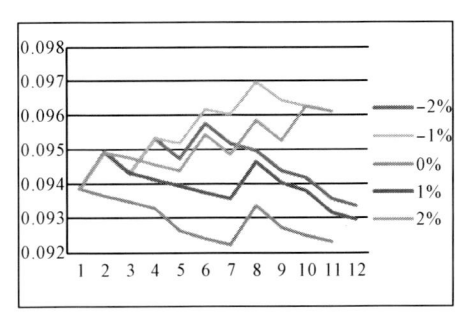

圖 4-1-5（b）　北京銀行 LTV 穩健性測試

圖 4-1-5 顯示，較小的銀行通常對 LTV 更敏感，衡量貸款違約時銀行可能損失多少。較低的 LTV 優於較高的 LTV。因此，至少在短期內，北京銀行的回報隨著 LTV 的增加而下降，並隨著 LTV 的降低而增加。一方面，在較長時間內，如果北京銀行實施較低的 LTV 政策，北京銀行的客戶可能會轉移至其競爭對手，將長期影響銀行的收益。另一方面，主導銀行——中國工商銀行的回報在不同的 LTV 水準下非常穩定，除了低-2%的 LTV。由於中國工商銀行可以通過使用其市場優勢地位來設定 LTV 的市場標準，所以回報為-2%的 LTV。

4. RWA 的魯棒測試

圖 4-1-6 為 RWA 的魯棒測試。

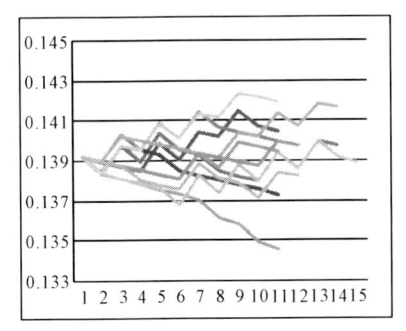

圖 4-1-6（a）　中國工商銀行對 RWA 的魯棒測試

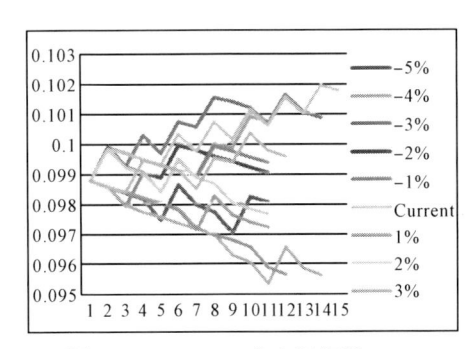

圖 4-1-6（b）　北京銀行對 RWA 的魯棒測試

圖 4-1-6 顯示了在各種 RWA 條件下中國工商銀行和北京銀行的相反情形。儘管北京銀行風險較低會更好，但中國工商銀行承擔更多風險將是最佳選擇。高風險可以為中國工商銀行更大的信貸額度和更大的資產量做出貢獻。中

國工商銀行可以輕鬆使用策略資產配置，在不同的信貸額度之間分散風險手段，這對於像北京銀行這樣的小銀行來說通常是難以達到的。

五、結論

在本部分中，我們提出了基於 t-Copula 非平穩馬爾可夫鏈模擬的增強學習 DQN 算法的動態不完全信息博弈模型，以解決信息不一致的複雜環境下的決策問題，其中兩家銀行需要決定它們的信貸政策（零售抵押貸款利率水準），以最大化它們的預期回報。前後信息不一致，甚至是虛假信息，非同步決策和獎勵的內生性，以及不確定和隨機的決策結果共同構成了這種複雜場景。首先，我們針對衝突和合作競爭場景設計了一個不完善的動態博弈模型，用於克服信息不一致和動態決策環境的問題。其次，增強學習 DQN 算法旨在通過同時評估所有博弈參與者在未考慮各種因素之間相互交織的各種潛在策略的未來回報軌跡來處理決策過程中的複雜性和不合理性。最後，為了使決策結果不確定性保持最小，本部分採用非平穩馬爾可夫鏈模型進行 t-Copula 模擬，推導出轉移概率，從而確定獎勵狀態的概率分佈。本書提出的方法不僅對跨學科研究具有重要意義，而且對於銀行管理層和監管機構等從業人員也具有重要意義。

但是，有幾個問題需要指出。首先，在這部分研究中，銀行被假定輪流做出政策決定，在現實世界中情況很少。一般來說，這個問題有兩種可行的解決方案。一是建立一個單獨的模型來跟蹤各種營運指標。如果任何指標觸發信號，則會出現政策決定。二是可以使用泊松過程來模擬每個博弈參與者的決策強度。然而，上述方法將引入額外的計算複雜性，並且可能並不能改進目前模型的準確性。其次，在這節研究中銀行的行動被認為只限於控制貸款利率水準。但在實踐中，銀行可以使用其他幾種策略來獲得競爭優勢。儘管我們可以很容易地增加更多的行動以使研究更加接近實際應用，但這種設置的簡化結構仍然有助於獲得有關動態決策過程的總體情況。我們希望這項工作能夠促進多學科之間的科學對話。

第二節 銀行與房地產商之間的博弈研究

一、引言

在這節研究中，我們採用多標準決策分析（Multiple Criteria Decision Analysis）方法處理實際決策情況下的兩個代理問題。銀行和房地產開發商必須做

出戰略決策，以最大化在多個約束條件及不同的場景下的預期收益，即合作（代理制定多標準決策（MCD），以最大化雙方的預期回報）或競爭（代理制定多標準決策（MCD），以最大化它們自己的預期回報）。MCD 的回報不僅取決於參與者在時間 t 的預期，也取決於對手在時間 $t-1$ 的滯後行為，因為每個參與者的 MCD 只有關於對手第一輪不完全信息和最後一輪完全的信息。

Belton 和 Stewart（2002）指出，多標準決策分析（MCDA）技術是構建和評估複雜決策情況的寶貴工具，它可以提供更明智、更有潛力的決策。多標準決策分析（MCDA）是指在有限（無限）解決方案中競爭與信息不一致限制條件下做出的決策。它基於一系列不相關和不一致的規則，以評估在預定義約束的邊界內一系列潛在的可行策略（或解決方案）（Belton et al., 1997）。在分析決策理論的內容中，對替代方案中 MCDA 結果的最優解的分析方法具有十分重要的意義。與傳統的評估方法相比，MCDA 在以下方面表現出色：①MCDA 在評估、列隊及多目標同時選擇方面有很好的適用性（Tan et al., 2010）；②將決策矩陣作為項目評估表，將其集成到一個具有強大分析機制的動態分析系統中，然後利用現代化智能計算技術（比如本研究中提出的方法）快速處理信息（Chen et al., 2009）；③當用來解決現實中的並行決策問題時，MCDA 的內生性質非常有用，因為它解決了在複雜情景下需要反覆做出決策的問題。

根據決策方案是有限的還是無限的，MCDA 可以被劃分為多屬性決策（Multi Attribute Decision Making，MADM）和多目標決策（Multi Objective Decision Making，MODM）（Saad, 2008）。多屬性決策，也稱為有限計劃多目標決策，是指在考慮多個屬性時選擇最優選擇或計劃順序的決策方法。它的理論和方法廣泛應用於工程、技術、經濟、管理、管理、軍事等多個領域。數學編程模型的方法常用於解決多屬性決策問題。而多目標決策是指需要同時考慮兩個或兩個以上目標的決定（Kim et al., 2000）。約束條件涉及相互影響和相互限制，一般需要由人工智能、專家系統、土木工程、醫學數據分析、數據挖掘、模式識別、決策理論等複雜模型進行優化協調（Xu et al., 2011）。在過去幾十年的深入研究中，MODM 已經被證明非常有用，它可以在管理科學、工程設計和運輸等多個領域的許多重要應用領域解決多標準決策和規劃問題。

此外，MCDA 特別適用於處理經濟和金融領域的現實問題，因為現有方案的指導價值往往是不明確的，甚至是無法判定的（Roy et al., 1986）。解決經濟和財務相關的 MCDA 問題的主流方法包括：ELECTRE 方法、PROMETHEE 方法、加權平均法和這些方法的各種改進版本（Dulmin et al., 2003；Linkov et al., 2011；Xu, 2001)。然而，它們似乎都未能得出一致的標準結論。這個嚴重且經常發生的問題使得這些方法廣受批評（Zhang et al., 2015）。

銀行和房地產公司作為社會經濟的兩大主體，有著錯綜複雜的競爭關係（Ying et al., 2015）。一方面，房地產公司需要依靠銀行貸款來融資。另一方面，銀行也需要房地產公司向它們借入資金——事實上，房地產公司的高回報和穩定的現金流使它們成為銀行的「受歡迎客戶」。博弈方的行為都會對自己和對手的競爭結果產生影響：銀行可以控制貸款的條款，比如未償貸款的利率和強制償還手段，以獲得比較優勢，而房地產開發商也可以採取行動，比如包括自發違約和提前還款。銀行和開發人員也可以採用合作，其目標是最大化雙方收益，或者是相互衝突的競爭以最大化它們自己的收益。因為雙方的運作都受到流動性和風險管理的限制，銀行和房地產公司之間相互影響的動態博弈過程將是 MCDA 的一個非常好的適用領域。

在本研究中，我們提出了 MCDA 方法的應用，以處理現實世界的決策問題，其中兩個代理——一個銀行和一個房地產開發人員，必須做出決策，以便在不同的情況下，最大化它們的期望回報。不同的情況即：合作（決策者制定多個標準決策（MCD）），以最大化雙方的預期回報，或競爭（決策者制定多個標準決策（MCD）），以最大化它們自己的預期回報。我們還可以把 MCD 做得更加複雜，預期回報不僅取決於自身 t 期的預期回報，也取決於對手的滯後 $t-1$ 期的決策，因為決策各方的 MCD 只有對方開始輪的不完全信息以及上一輪結束的完整信息（對手決策在結束後才能得到）。對此，我們結合強化學習 Deep-Q-Network（DQN）算法在合作或競爭場景下動態模擬決策者的每一步決策，以跟蹤決策者的最大化期望收益以及最優策略。各方既有三次調整策略機會，即三次博弈（決策時間跨度適用於季度戰略董事會會議），也有無限次調整策略機會，即無限次博弈（決策時間跨度適用於年度戰略董事會會議），使得我們能更好地模擬現實。

二、文獻綜述

（一）MCDA 方法

Lei 和 Thissen（2009）提出了一個多角色和多準則決策模型的綜合框架，不僅僅擴展了現有的方法，而且為在單方或多方環境下博弈參與者提供了更有效的決策支持。Phillips（2017）提出了一個關於如何從透視和定性的角度對 MCDA 決策進行明確和量化的方案。Belton 和 Pictet（1997）提出了一種利用 MCDA 模型進行集體決策的框架，從社會科學角度將 MCDA 加以闡述。

Gouveia 等（2008）研究了數據包絡分析（DEA）和 MCDA 與決策單元（DMUs）之間的聯繫，提供另一種決策方法。Athanassopoulos 和 Podinovski（1997）用多準則模型對一組有限決策集進行決策分析，並對服務質量等一些難以定量的問題進行量化。此外，Cid-Lopez 等（2017）提出了一種基於語言評估模型的 MCDA 新模型。Zhu 等（2016）提出了一種基於多重標準相關性的水庫防洪操作 MCDM 模型。上述研究豐富了 MCDA 的模型，為本研究中提出的方法奠定了重要的理論基礎。

（二）MCDA 在政策制定中的應用

Drake 等（2017）使用 MCDA 評估與醫療保健相關的政策。他們認為 MCDA 的過程促進了決策過程的透明度、參與性和連續性。Oliveira 等（2017）開發了一個 MCDA 系統來預測中小企業破產的可能性，該系統將認知圖與測量方法相結合，通過基於分類的評估技術（MACBETH），為評估中小企業及其破產風險提供了一個更加完整和透明的方法。Ouma 等（2011）提出了一個 MCDA 的應用，結合 GIS 中的疊加分析，確定了一個新的垃圾填埋場的位置。他們的模型採用了兩階段分析和協同效應，形成一個空間決策支持系統，用於快速對發展的城市中心的垃圾填埋場進行選址。另外，大多數銀行受到經濟衰退的負面影響，將迫使它們評估其經營業績，包括分行支行的業績。Ferreira 等（2014）通過基於分類的評估方法，將認知圖與 MCDA 結合起來，構建了一套銀行績效評估指標。Ferreira 等（2014）設計了一個 MCDA 支持系統（DSS），這樣能源決策者可以使用不同的 MCDA 方法和不同的標準應用於各種領域。Yu 和 Lai（2011）提出了一個 MCDA 系統，用於土耳其的能源測試。上述文獻表明，MCDA 在實際決策中具有突出的優勢和可操作性，為預測和政策評價提供了堅實的實證案例。

（三）人工智能和 MCDA 方法

Dewhurst 和 Gwinnett（1990）首先將人工智能與傳統的解決問題的方法相比較，從而提出了 MCDA 系統架構的全面組合。Balestra 和 Tsoukias（1990）利用人工智能技術分析 MCDA 過程多目標的可能性。Moore（1995）使用遺傳算法進行可視化控制和優化。Cavus（2010）開發了一個基於 Web 的決策支持系統，通過使用由人工智能模糊邏輯理論和智能算法來評估學習管理系統。Bilski（2011）使用非線性 MCDA 人工智能算法進行文檔分類。Gottlob 和 Szeider（2007）研究了在人工智能和基於 MCDA 的自動推理方法下的參數複雜化的問題。Agung 和 Gaol（2012）也為 MCDA 提供了理論基礎。以上文獻為 AI 與 MCDA 的整合提供了理論基礎和實踐案例。

本研究中所提出的方法對現有文獻有以下三方面的貢獻：首先，將不完全信息動態博弈模型應用於跟蹤 MCD 決策過程，此過程決策者將根據自身的決策以及對手的滯後決策（晚於 t 期才能得到）。因此，雖然當需要考慮合作或競爭場景時，這種設定使系統的複雜性增加了多倍，但它幫助該方法提高了對真實模擬商業分析評估決策結果的能力。其次，為了模擬人的決策過程，並根據需要對所有博弈參與者的每個潛在決策的未來獎勵軌跡進行評估，我們採用強化學習 DQN 算法來處理這種複雜估計。最後，本研究以跨學科模式為基礎，將當前的 MCDA 方法發展為一個完整的實踐決策績效評估平臺。它不僅可以用來理解 MCDA 在動態複雜的商業環境中的行動，還可以為公司的管理提供一種實驗工具，盡可能地模擬真實世界以測試政策結果。

第三節　模型與算法

不完全信息動態博弈模型和強化學習 DQN 算法尤其適用於演示 MCDA 的步進過程。首先，在一個不完善的信息動態博弈模型中，決策者必須做出決策的 MCDA 環境的動態，以還原真實商業世界中競爭的複雜性。其次，不確定性和隨機性決策情況採用 t-Copula 與非平穩馬爾可夫鏈模擬建模、轉換概率是 t 時刻的決策和對手決策的函數。最後，MCD 過程的動態特性是由增強學習 DQN 算法模擬的，其中，每一步的最大獎勵作為最優的動作，並滿足多決策約束。換句話說，該算法生成一組動作，其中最優的獎勵是通過對每個決策點執行操作獲得的。這個過程是對一個決策者的 MCDA 過程的決策的仿真。在本部分的研究中，首先闡述了不完全信息動態博弈模型，其次用非平穩馬爾可夫鏈與 t-Copula 仿真，最後介紹了馬爾科夫決策過程和強化學習 DQN 算法。

一、不完全信息動態博弈模型

在銀行與房地產企業的博弈過程中，銀行面對企業的貸款申請有三種策略行為：不發放貸款、遵循合同或發放貸款。其中發放的貸款數量由銀行根據企業的信用評級決定，可以選擇完全滿足或部分滿足企業的貸款需求。而作為企業，其自身也有三種策略行為：按時還貸、遵循合同或發生違約。還貸的時間由企業自身決定，及時還貸可以維護自身的信用評級，而延後還貸可以獲得貸款在延後時期內帶來的利益。

銀企博弈是有先後順序的，我們根據現實生活中的常識來規定銀企動態博

弈的次序。首先，企業向銀行提出貸款申請之後，銀行做出決策，然後企業再做決策，依此循環下去。為了評估不同情境下的決策，我們可以根據上述分析定義博弈中的「合作」與「衝突」：對銀行來說，「合作」定義為發放貸款，「衝突」定義為不發放貸款；對企業來說，「合作」定義為及時還貸，「衝突」定義為發生違約。

對於銀行來說，其決策目標有兩個：一是自身回報最大化。在這裡，我們用風險調整的資本回報率 RAROC 代表銀行發放貸款取得的回報。二是風險最小化（假定銀行為風險厭惡的），即要使得放出去的貸款發生違約時帶來的損失最小。銀行通過調整採取「合作」「中性」或「衝突」的決策與放貸規模、放貸利率來達到這兩個目標。

對於房地產企業來說，其決策目標只有一個，即使自身回報最大化。我們用淨資產收益率 ROE 代表企業決策帶來的回報。企業通過調整採取「合作」「中性」或「衝突」的決策與延後還貸時間來達到自身目標。

經過上述分析，我們已經得到了博弈過程中雙方的決策目標，下面對雙方的目標函數進行定義。

(一) 銀行的目標函數

我們用預期損失（Expected Loss，EL）來代表銀行在貸款業務中所面臨的風險。預期損失是信用風險損失分佈的數學期望，是一段時間內銀行信貸損失的平均值，也是銀行可以預先估計的可以發生的損失，其計算公式如下：

預期損失（EL）= 違約率（PD）×違約損失率（LGD）×違約風險暴露（EAD） (4-3-1)

其中，EAD（Exposure at Default）是指違約發生時債權人對於違約債務的暴露頭寸，包括已使用的授信餘額、應收未收利息、未使用授信額度的預期提取數量以及可能發生的相關費用等。銀行的信貸資產主要由未清償貸款（OS）和貸款承諾（COM）組成，當貸款違約時，貸款承諾將以一個固定的提用比例（UGD）被部分提用。計算違約風險暴露的公式為：

EAD = OS + (COM - OS) × UGD

PD 和 LGD 都是反應債權人面臨債務人違約的信用風險的重要參數，都受到債務人信用水準的影響。然而，PD 是一個交易主體相關變量，其大小主要由作為交易主體的債務人的信用水準決定；而 LGD 具有與特定交易相關聯的特性，其大小不僅受到債務人信用能力的影響，更受到交易的特定設計和合同的具體條款如抵押、擔保等的影響。對於 LGD 的研究，國內現有相關文獻較少，其中張海寧（2004）以 191 個中國大型商業銀行信貸項目作為樣本進行的

實證研究顯示平均回收率為33%，最大值80%，最小值為0。

對於 PD，由於可用歷史數據一般較少，故採用貝葉斯統計推斷方法對違約率進行估計，其基本思想是：首先建立違約率的先驗分佈，其次由先驗分佈和樣本分佈推導獲得違約率的後驗分佈，最後根據後驗分佈估計違約率並分析其統計特性。

在貝葉斯估計中，違約率 θ 被視為隨機變量，具有先驗分佈 $p(\theta)$。由於 Beta 分佈可以作為伯努利分佈和二項式分佈的共軛先驗分佈，故採用 Beta 分佈作為先驗分佈，即 $p(\theta) \sim Bete(\alpha, \beta)$，其中 α, β 為超參數，其密度函數可以寫為：

$$p(\theta) = \frac{1}{B(\alpha, \beta)}\theta^{\alpha-1}(1-\theta)^{\beta-1} = \frac{\Gamma(\alpha+\beta)}{\Gamma(\alpha)\Gamma(\beta)}\theta^{\alpha-1}(1-\theta)^{\beta-1}$$

$\alpha>0$, $\beta>0$

其中，$B(\alpha, \beta)$ 為 Beta 函數，$B(\alpha, \beta) = \int_0^1 t^{\alpha-1}(1-t)^{\beta-1}dt = \frac{\Gamma(\alpha)\Gamma(\beta)}{\Gamma(\alpha+\beta)}$

令 q_i 表示第 i 次放貸量，l_i 為第 i 次放貸的指示變量，即

$$l_i = \begin{cases} 1, & \text{企業未發生違約} \\ 0, & \text{企業發生違約} \end{cases}$$

則總違約數量為 $L = \sum l_i q_i$，並服從二項分佈 $B(q, \theta)$，其密度函數為：

$$p(L=l) = \binom{q}{l}\theta^l(1-\theta)^{q-l}, \quad d=0, 1, 2\cdots$$

在給定違約數據 L 的條件下，似然函數可表示為：

$$L(\theta/q, l) = \theta^L(1-\theta)^{q-l}$$

則由先驗信息和樣本信息形成違約率的後驗分佈：

$$p(\theta/d) = \frac{p(\theta)p(d|\theta)}{\int p(\theta)p(d|\theta)d\theta} = \frac{\Gamma(\alpha+\beta+q)}{\Gamma(\alpha+\beta)\Gamma(\beta+q-d)}\theta^{\alpha+d-1}(1-\theta)^{\beta+q-d-1}$$

可以看到，後驗分佈為 $Bete(\alpha+d, \beta+q-d)$，故可以得到違約率的估計：

$$\theta = E(\theta|d) = \frac{a+d}{\alpha+\beta+q} = \omega\frac{d}{q} + (1-\omega)\frac{\alpha}{\alpha+\beta}$$

$$\omega = \frac{q}{\alpha+\beta+q}$$

在得到違約率的貝葉斯估計模型後，先驗分佈的超參數（α, β）的確定成為該模型中的核心內容。根據文獻，對先驗分佈中參數的確定可採用專家判斷法。其具體方法為：首先根據若干專家的判斷，獲得貸款組合違約率 θ 的可能區間，再根據上下限求出先驗均值 $\bar{\theta}$，即有：

$$\frac{\alpha}{\alpha+\beta}=\bar{\theta}$$

在上式的基礎上，根據風險管理者對先驗均值 $\bar{\theta}$ 的確信程度來確定（α, β）。若對先驗均值 $\bar{\theta}$ 的確信程度較高，則可選擇使 $\alpha+\beta$ 較大的參數，從而縮小後驗估計的方差；反之，可選擇使 $\alpha+\beta$ 較小的參數，適當放大後驗估計的方差，體現管理者謹慎保守的風險管理思想。

用 $RAROC_t$ 表示 t 時刻銀行從貸款業務中得到的回報，EL_t 表示 t 時刻銀行貸款業務的風險，則銀行的目標函數為：

$\max RAROC_t\ (q,\ r,\ D_t^1)$

$\min EL_t\ (q,\ r,\ D_t^1)$

$\qquad EL = PD \times LGD \times EAD$

$\qquad EAD = OS + (COM-OS) \times UGD$

s. t. $\quad PD = \hat{\theta} = \omega \dfrac{d}{q} + (1-\omega)\dfrac{\alpha}{\alpha+\beta}$

$$\omega = \frac{q}{\alpha+\beta+q}$$

其中，q 為放貸數量，r 為貸款利率，n 為銀行決策的指示變量，含義為：

$$D^1 = \begin{cases} 1,\ 「合作」，即發放貸款 \\ 0,\ 「中性」，即遵循合同 \\ -1,\ 「衝突」，即不發放貸款 \end{cases}$$

由此可見，銀行的決策為多目標優化問題，本書中採用多目標人工蜂群算法進行求解，此內容將在後面展示。

（二）企業的目標函數

對於企業來說，當其發生違約時，需要考慮對自身信用評級的影響。一般來說，企業違約次數越多，其信用評級越低，在下一次申請貸款時將會導致銀行放貸數量的縮減，甚至不發放貸款。然而企業延期還款也會給自身帶來一定的財務利益，如將這筆款項進行項目投資或存放銀行帳戶得到利息。因此，企業在決策時需要同時考慮這兩個方面的影響。

為簡化起見，我們用銀行的放貸縮減率 δ 表示企業違約對其信用評級的影

響，其不僅受到歷史違約次數的影響，還受到每次違約期限和違約金額的影響，因此，

$$\delta = \delta(\{s_1, s_2, \cdots, s_i\}, \{k_1, k_2, \cdots, k_i\})$$

其中，n 表示歷史違約次數，向量 $\{s_1, s_2, \cdots, s_t\}$ 為每次違約期限，$\{k_1, k_2, \cdots, k_n\}$ 為每次違約金額。

本書用 ROE_t 表示 t 時刻房地產企業從貸款業務中得到的回報，則企業的回報函數為：

$$\max ROE_t(n, D_t^2)$$

$$s.t. \begin{cases} q = \delta q' \\ \delta(\{s_1, s_2, \cdots, s_i\})\{k_1, k_2, \cdots, k_i\} \end{cases}$$

其中 q' 為企業的申貸數額，δ 為銀行的放貸縮減率，n 為企業延期還款天數，D^2 為企業「合作」「中性」或「衝突」決策的指示變量，其含義為：

$$D^2 = \begin{cases} 1, 「合作」，即及時還貸 \\ 0, 「中性」，即遵循合同 \\ -1, 「衝突」，即發生違約 \end{cases}$$

（三）銀行決策的求解

通過前面的分析可知，銀行決策的目標有兩個，即風險最小與收益最大，這是一個多目標規劃問題。為了採用多目標的人工蜂群算法進行求解，我們可將目標函數表示為一個向量，該問題可表述如下：

$$\max [RAROC_t, -EL_t]$$

$$\max [RAROC_t, -EL_t]$$

$$s.t. \begin{cases} EL = PD \times LGD \times EAD \\ EAD = OS + (COM - OS) \times UGD \\ PD = \hat{\theta} = \omega \dfrac{d}{q} + (1-\omega) \dfrac{\alpha}{\alpha + \beta} \\ \omega = \dfrac{q}{\alpha + \beta + q} \end{cases}$$

此問題的解向量為 (q, rD_t^1)，q 為銀行放貸數量，r 為放貸利率，D_t^1 為銀行「合作」「中性」或「衝突」的選擇。

人工蜂群算法（ABC）是一種通過群體合作完成目標優化的智能算法。在人工蜂群算法中，蜂群被分為三類子種群：引領蜂、跟隨蜂和偵查蜂。其原理為：每個雇傭蜂對應一個確定的蜜源（解向量），並在迭代中對其鄰域進行搜索；根據蜜源豐富程度（適應值大小）雇傭觀察蜂採蜜（搜索新蜜源）；若蜜

源多次更新沒有改進，則放棄該蜜源，雇傭蜂轉為偵察蜂搜索新蜜源。在求解多目標規劃問題時，由於問題的解是一個 Pareto 集合，因此需要綜合考慮支配關係和分佈關係。

1. 初始化階段

我們令初始化種群數量為 N，最大迭代次數為 M，外部檔案最大存儲個數為 L，綜合懲罰係數為 η_1 與 η_2。隨機初始化蜜源並計算其適應度值，根據支配關係選擇互不支配的解進入檔案。

2. 雇傭蜂搜索階段

本書採用支配關係和擁擠距離交替的方式選取精英個體，一方面，基於擁擠距離選取精英個體有利於引導種群進化；另一方面，通過支配關係選取可以保持種群的多樣性，防止陷入局部最優。具體方法如下：

算法 1：選取精英個體

Step 1：初次迭代時，按照下式計算 Patero 最優解集的擁擠距離，選取除兩端點外擁擠距離最大的解作為精英個體：

$$d_i = \begin{cases} \frac{1}{2}\sum_{k=1}^{2}(f_i^k - f_1^{k-1})^2 + (f_i^k - f_i^{k+1})^2, \\ \inf, \end{cases}$$

其中，f_i^k 為第 i 個個體第 k 個目標函數值，s 為最優解集個數。

Step 2：對新個體進行貪婪選擇，若新個體能夠支配原精英個體，則將其選為精英個體；否則採用輪盤賭的方法決定是否替換原精英個體。

Step 3：當迭代次數達到總數的 10%，…，90%時，重新按 Step 1 選擇精英個體。

在精英個體引導種群方面，本書將種群分為非支配個體和支配個體兩部分進行進化，相對於單一的精英領導，更有利於保持種群多樣性。其進化公式為：

$$\begin{cases} v_{ij} = x_{ij} + rand(-1, 1) \times (x_{ij} - x_{kj}) + rand(-1, 1) \times (x_{ij} - x_{bj}) \times (x_{ij} - x_{bj}), & \text{支配個體} \\ v_f = x_f + rand(-1, 1) \times (x_f - x_b), & \text{支配個體} \end{cases}$$

其中，x_{ij} 與 x_{kj} 分別表示第 i 個與第 k 個支配個體的第 j 維，x_{bj} 為精英個體的第 j 維，x_f 為第 f 個非支配個體。進入採蜜過程後，雇傭蜂通過貪婪選擇策略對新蜜源進行篩選，選取適應度較高的蜜源。

3. 跟隨蜂搜索階段

搜索過程完成後，雇傭蜂將傳遞蜜源信息給跟隨蜂，根據下式計算出選擇跟隨蜂的概率，並通過輪盤賭的方式對適應度較高的優質蜜源進行更新：

$$p_i = \begin{cases} \dfrac{1}{1+e^{\eta_1 d_i}}, & 支配個體 \\ \dfrac{1}{1+^{-\eta_2 d_i}}, & 非支配個體 \end{cases}$$

其中，d_i 為非支配個體的擁擠距離，η_1 與 η_2 為綜合懲罰係數，l_i 為支配個體到 Patero 最優前沿的歐氏距離，按下式計算：

$$l_i = \min \sqrt{\sum_{k=1}^{2}(f_{ik}-f_{jk})^2}$$

f_{ik} 為第 i 個支配個體的第 k 個目標函數值，f_{jk} 為非支配個體的第 k 個目標函數值。

4. 外部檔案維護階段

當外部檔案存儲個體過多時，會極大地增加維護成本，不利於得到分佈均勻的 Patero 最優解集。故本書設定最大外部檔案數，當達到設定值時根據支配關係和擁擠距離評價個體適應度，並判斷該解是否能進入外部檔案。具體方法如下：

算法 2：外部檔案維護

Step 1：當外部檔案數未達到設定值時，選取互不支配的解進入外部檔案。

Step 2：當外部檔案數達到設定值時，計算外部檔案中解的擁擠距離，刪去擁擠距離最小的解，並記錄該擁擠距離，並取最大值為 $d^{\max}$。

Step 3：當某個新解與外部檔案中任一解互不支配時，需要進入外部檔案。計算該解與外部檔案中所有解的歐氏距離，並取其最小值為 $d^{\min}$。且當 $d^{\min} > d^{\max}$ 時，該解進入外部檔案。

綜合上述過程，可以得到用多目標人工蜂群算法求解銀行目標函數最大值的算法如下：

算法 3：銀行決策的求解

Step 1：設定初始化種群數量為 N，最大迭代次數為 M，外部檔案最大存儲個數為 L，綜合懲罰係數為 η_1 與 η_2。隨機初始化蜜源並計算其適應度值，根據支配關係選擇互不支配的解進入檔案。

Step 2：按照算法 1 選擇精英個體，並對引領蜂進行更新。更新後的蜜源如果支配原蜜源則保留，否則對種群其他支配解進行貪婪選擇。

Step 3：計算跟隨蜂的選擇概率，並依據所計算概率選擇是否對該蜜源進行深度進化。

Step 4：按照算法 2 進行外部檔案維護。

Step 5：迭代次數加 1，判斷是否達到最大迭代次數 M，若達到則結束並

輸出外部檔案，否則轉 Step 1。

（四）企業決策的求解

通過前面的分析可知，企業的決策目標只有一個，即使自身收益最大化，決策向量為 (n, D_t^2)。基於此問題，本書採用模式搜索法進行參數尋優。

該算法的基本思路為，尋找一系列越來越靠近最優值的點，當搜索進行到終止條件時則將最後一個點作為本次搜索的解。該算法首先需要確定一個可供選擇的搜索方法模式和一個試探性移動的準則。這裡的模式可表示為下式所示的矩陣：

$$p_t = BC_t, \quad p_t \in R^{n \times p}$$

其中 $p > 2n$，$B \in R^{n \times p}$ 為基矩陣，在迭代中不發生變化，$C_t \in Z^{n \times p}$ 為生成矩陣，由整數元構成，Z 是整數集，C_t 可記為：

$$C_t = [M_t, -M_t L_t] = [\Gamma_t L_t]$$

其中，$M_t \in M \in Z^{n \times n}$，$L_t \in Z^{n \times (p-2n)}$，$M$ 是由整數元構成的 n 階非奇異方陣的集合，至少包含一個 0 向量列。模式搜索法的搜索方向一般取 p_t 的某一列，C_t 包含 0 向量表明迭代中出現不能移動的情況。

模式確定後則考慮進行試探性移動。對於步長 $\delta \in R$，$\delta > 0$，按照下式定義第 k 試探步：

$$s_k = \delta_t BC_t^i$$

其中 C_t^i 為 C_t 的第 i 列。在進行第 k 迭代步時，要從 s_t^i，$i = 1, 2, \cdots p$ 中找到一個 s_t^i 滿足如下條件，若在 $2n$ 個方向上找不到這樣的 s_t^i，則需要縮短步長，然後再進行循環迭代。

- $s_k \in \delta_t p_t = \delta_t [B\Gamma_t, CL_t]$
- 若 $\min \{f(x_t+y), y \in \delta_t B\Gamma_T\} < f(x_t)$，則 $f(x_t+s_t) < f(x_t)$

算法 4 給出了運用模式搜索法求解企業決策的算法。

算法 4：企業決策的求解

Step 1：確定參考點 $y = x_1 = (n, D_t^2)$，令 $j = 1$。

Step 2：從點 y 出發沿 e_j 作正軸向探測，若 $ROE_t(y+\delta_k e_j) > ROE_t(y)$，令 $y = y+\delta_k e_j$，轉 Step 4；否則，轉 Step 3。

Step 3：從點 y 出發沿 e_j 作負軸向探測，若 $ROE_t(y+\delta_k e_j) > ROE_t(y)$，令 $y = y-\delta_k e_j$，轉 Step 4；否則，轉 Step 3。

Step 4：若 $j = 1$，令 $j = j+1$，返回 Step 2；否則，令 $x_{k+1} = y$，轉 Step 5。

Step 5：若 $ROE_t(y+\delta_k e_j) > ROE_t(y)$，從點 x_{k+1} 出發沿加速方向作模式移動。令 $y = 2x_{k+1} - x_k$，$\delta_{k+1} = \delta_k$，$k = k+1$，$j = 1$；否則，轉 Step 6。

Step 6：若 $\delta_k < \varepsilon$，迭代終止，得到近似最優解 x_k；否則，轉 Step 7。

Step 7：若 $x_{k+1} = x_k$，令 $\delta_{k+1} = \alpha \delta_k$，$k = k+1$，返回 *Step* 1；否則，令 $x_{k+1} = x_k$，$\delta_{k+1} = \delta_k$，$k = k+1$，返回 Step 2。

二、概率轉移矩陣估計

從雙方博弈過程中可以看出，銀行的每一步策略及決策時刻都與企業的信用狀況有關，因此需要對每筆貸款的質量進行評估。假設時刻 t 時企業 i 的貸款質量為 X_{ih}，並設 $\{X_{ih}\}$ 為非齊次馬爾科夫鏈，其狀態空間為 $S = \{A, B, C, D, E, F\}$。具體來說，定義貸款的狀態 A 為正常，B 為關注，C 為次級，D 為可疑，E 為違約（損失），F 為還清，每個狀態的定義和轉移矩陣如下：

$$P_{ih} = \begin{bmatrix} & A & B & C & D & E & F \\ A & A-A & A-B & 0 & 0 & 0 & A-F \\ B & B-A & B-B & B-C & 0 & 0 & B-F \\ C & 0 & 0 & C-C & C-D & 0 & C-F \\ D & 0 & 0 & 0 & D-D & D-E & D-F \\ E & 0 & 0 & 0 & 0 & E-E & E-F \\ F & 0 & 0 & 0 & 0 & 0 & 0 \end{bmatrix}$$

	$\Pi \in \{A, B, C, D, E\}$ 定義貸款的狀態		$P^t(\Pi)$，$\Pi \in \{A, B, C, D, E\}$ 最後觀察到的狀態概率	
A:	正常	貸款沒有逾期	$P^t(A)$	貸款為正常的概率
B:	關注	逾期 1~90 天的貸款	$P^t(B)$	貸款為關注的概率
C:	次級	逾期 91~360 天的貸款	$P^t(C)$	貸款為次級的概率
D:	可疑	逾期 361~720 天的貸款	$P^t(D)$	貸款為可疑的概率
E:	損失	逾期超過 720 天的貸款	$P^t(E)$	貸款為損失的概率
F:	還清	貸款完全還清	$P^t(F)$	貸款為還清的概率

根據史密斯等（1996），$P^{t+1}(\Pi)$，$\Pi \in \{A, B, C, D, E, F\}$ 可以表示如下：

$$P^t(h) = \sum_{i=A}^{E} P^{t-1}(i) \cdot P_{ih}^t, \quad h = A, B, C, D, E, F$$

其中，狀態 F 為吸收態，一旦貸款還清將從銀行的帳簿上註銷，不再進行

狀態的轉移，故矩陣中最後一行全為 0。在大多數情況下，銀行通常使用每月的數據來提供風險報告，從標準狀態 A（定義為沒有過期的貸款）過渡到不合標準的狀態（定義為過期 91~360 天的貸款）不可能發生在 30 天內，因此轉移概率 A-C，A-D，A-E 均為 0。另外，如果貸款逾期超過 90 天，銀行通常不會將其狀態恢復為標準狀態 A，即在其逾期餘額已付清後立即恢復正常狀態，除非該帳戶的全部餘額已付清，因此轉移概率 $C-A$，$D-A$，$E-A$ 均為 0。

從狀態 i 到狀態 j 的估計轉移概率可以通過模擬來計算，考慮到外部因素的影響，本書採用基於 t-Copula 的模擬方法。根據 Demarta 和 McNeil（2004），多變量 t-Copula 由以下方程得出：

$$C^t(P_{ih}, r^j_{t-1}, q^j_{t-1}, R^j_{t-1}, R^j_{t-1}, \tau) = C^t_{\tau, v}(F_1^{-1}(r^j_t), F_2^{-1}(q^j_{t-1}), F_3^{-1}(R^j_{t-1}), F_4^{-1}(R^j_{t-1})), \text{Cooperative}$$

$$C^t_{\tau, v}(r^j_{t-1}, q^j_{t-1}, R^j_{t-1}, R^j_{t-1}) = \int_{-\infty}^{F_1^{-1}(r^j_t)} \int_{-\infty}^{F_2^{-1}(q^j_{t-1})} \int_{-\infty}^{F_3^{-1}(R^j_{t-1})} \int_{-\infty}^{F_4^{-1}(R^j_{t-1})} \frac{\Gamma(\frac{v+n}{2})}{\Gamma(\frac{v}{2})\sqrt{(\pi v)^n |\tau|}} \left(1 + \frac{X^t \tau^{-1} X}{v}\right)^{-\frac{v+n}{2}} dX$$

$$X_t = (\cdot, i = A, B, C, D, E, h = A, B, C, D, E, F, j = 1, 2$$

$$C^t(P_{ih}, r^j_{t-1}, q^j_{t-1}, R^j_{t-1}, \tau) = C^t_{\tau, v}(F_1^{-1}(r^j_t), F_2^{-1}(q^j_{t-1}), F_3^{-1}(R^j_{t-1})), \text{Conflicting}$$

$$C^t_{\tau, v}(r^j_{t-1}, q^j_{t-1}, R^j_{t-1}) = \int_{-\infty}^{F_1^{-1}(r^j_t)} \int_{-\infty}^{F_2^{-1}(q^j_{t-1})} \int_{-\infty}^{F_3^{-1}(R^j_{t-1})} \frac{\Gamma(\frac{v+n}{2})}{\Gamma(\frac{v}{2})\sqrt{(\pi v)^n |\tau|}} \left(1 + \frac{X^t \tau^{-1} X}{v}\right)^{-\frac{v+n}{2}} dX$$

$$X_t = (\cdot, i = A, B, C, D, E, h = A, B, C, D, E, F, j = 1, 2$$

(4.3.2)

其中 v_i 表示第 i 個單變量 t 分佈的自由度，$F^{-1}(P_{ih})$ 是轉移概率的經驗分佈函數的倒數，$F^{-1}(X)$ 是變量的經驗分佈函數的倒數，v 是 t 分佈的自由度的向量，τ 是非參數相關係數矩陣。算法 5 給出了基於 t-Copula 的模擬方法。

算法 5：通過 t-Copula 模擬估計 $P^{t-1}(i)$，$i = A, B, C, D, E, F$

輸入：$P^{t-1}(i)$，P^t_{ih}，$j, h = A, B, C, D, E, F$，r^j_{t-1}，q^j_{t-1}，$R^j_{t-1} R^j_{t-1}$，$j = 1, 2$

輸出：$P^t(i)$，$i = A, B, C, D, E, F$

步驟 1：計算 Kendall's τ 和它的 P 值矩陣，然後記錄第一列中 P 值小於 5% 的的元素（顯著值）

步驟 2：通過 Kendall's τ 生成自由度為 v 的 t 分佈隨機變量 $T = (t, t_1, t_2, \cdots, t_n)^T$

步驟 3：計算多元累積 t 分佈函數：$U = CDF(t, t_1, t_2, \cdots, t_n)$

步驟 4：通過公式 6 計算不同競爭場景下的逆累積分佈函數：$F^{-1}(P_{ij})$，F_1

$^{-1}(x_1)$, $F_2^{-1}(x_2)$

步驟5：通過將步驟5的結果映射到步驟3，計算最終的模擬矩陣 M，使 M 中每個元素的聯合累積概率分佈等於步驟3中的 U。

步驟6：利用矩陣 M 的對應元素和公式5進行近似估計 $P'(i)$, $i = A$, B, C, D, E, F

三、馬爾科夫決策過程與 DQN 算法

一個馬爾科夫決策過程一般包含如下五個元素：

(1) 狀態集 S= $\{S_1, s_2, \cdots, S_T\}$；

(2) 動作集 A= $\{A_1, A_2, \cdots, A_T\}$；

(3) 狀態轉移概率 $P_{S_t S_{t+1} A_t}$ 表示在狀態 S_t 下執行動作 A_t 後到達狀態 S_{t+1} 的概率分佈，其中 S_t, $S_{t+1} \in S$, $A_t \in A$；

(4) 折扣因子 $\gamma \in (0, 1]$；

(5) 回報函數 R：S×A→R，表示當前狀態下執行某一動作得到的回報值。

則決策過程可以表示為：

$$S0 \xrightarrow{A0} S1 \xrightarrow{A1} S2 \xrightarrow{A2} S3 \xrightarrow{A3} S4$$

$\{S0, A0, R0, S1, A1, R1, \cdots\cdots Sn, An, Rn\}$

則每一路徑的總回報值為：

$V = R_0(S_0, A_0) + \gamma R_1(S_1, A_1) + \gamma^2 R_2(S_2, A_2) + \cdots + \gamma^T R_T(S_T, A_T)$

平均期望總獎勵函數可表示為：

$$V = E\left[\sum_{t=0}^{\infty} \gamma^t R_t(S_t, A_t) \mid S = S_0, A = A_0\right]$$

在每一步決策中，總是採取使得回報函數最大的策略，則最優策略 π^* 為

$$\pi^* = \text{argmax} V(S_t, A_t) = \text{argmax} E\left[\sum_{t=0}^{\infty} \gamma^t R_t(S_t, A_t) \mid S = S_0, A = A_0\right]$$

為了更詳細地呈現銀行與房地產企業動態博弈的結果，我們分兩種情況進行討論。在第一種情況中，將雙方在一次博弈中的行動次數設定在三次以內；第二種情況則不對雙方的行動次數進行設定，即雙方均可進行無限次行動。在算法6中給出了最優策略的實現，算法7為第一種情況，算法8為第二種情況，算法9則產生博弈中雙方每個策略帶來的回報。

算法6：博弈均衡的求解

Input：the policy π to be evaluated

Output：max Q(S,A), π' under different competition scenarios

Initialize Q(s)= 0

Repeat(for each episode):
Initialize S
Choose Action A from S using policy derived from Q
Repeat(for each step of episode):
A← action given by π for S
Take action A, observe R, S'
Choose A' from S' using policy derived from Q
Call Algorithm 3 to get the Transition Probability $P_{SS_{t+1}}$

$$\{[S_0,A_0,R_0],[S_1,A_1,R_1],\cdots[S_n,A_n,R_n]\} \to Q(s_t,a_t) = E[\sum_{t=0} \gamma^t R(S_t,A_t)|S=S_0, A=A_0]$$

  if competition scenarios = = conflicting
   Call Algorithm 1
   $Q(S_t,A_t) \leftarrow (1-\alpha) * Q(S_t,A_t) + \alpha * (R_t + \gamma * \max Q(S_{t+1},A_t))$
   $\pi' = \max Q(S,A') = E[\sum \gamma^t R(S_t,A_t')|S=S_0,A=A_0]$
   S←S'; A←A'
  Else
   Call Algorithm2
   $Q(S_t,A_t) \leftarrow (1-\alpha) * Q(S_t,A_t) + \alpha * (R_t + \gamma * \max Q(S_{t+1},A_t))$
   $\pi' = \max Q(S,A') = E[\sum \gamma^t R(S_t,A_t')|S=S_0,A=A_0]$
   S←S'; A←A'
 until S is null
stop

算法7：博弈雙方均產生3次行動

Input: the policy π to be evaluated
Output: max Q (S, A), π' for 3 opportunities
Initialize R, A, ξ
For each move of the time <= 3
If (| firm_ reward$_t$ −firm_ reward$_{t-1}$ | >←ξ) && (| bank_ reward$_t$ −bank _ reward$_{t-1}$ | >ξ)
 time: =time+1
 callAlgorithm 6
 Output R, A,
 Stop

算法 8：博弈雙方行動次數不限

Input：the policy π to be evaluated

Output：max Q (S, A), π' for unlimited opportunities

Initialize R, A, ξ

Repeat for each step && (If | firm_ reward$_t$ -firm_ reward$_{t-1}$ >ξ) && (| bank_ reward$_t$ -bank_ reward$_{t-1}$ |))

call Algorithm 6

Output R, A,

Stop

算法 9：博弈雙方回報

Input：the policy π to be evaluated

Output：max Q (S, A), π' for all step

Initialize R, A, ξ, M_ firmreward, M_ bankreward, MA_ firm, MA_ bank

Repeat for each step

call Algorithm 8

If R_ bankreward$_t$ >M_ bankreward$_t$

M_ bankreward$_t$ >R_ bankreward$_t$

Appendix A$_t$_ bank to MA$_t$_ bank

If R_ firmreward$_t$ >M_ firmreward$_t$

M_ firmreward$_t$ >R_ firmreward$_t$

Appendix A$_t$_ firm to MA$_t$_ firm

Output _ firmreward$_t$, M_ bankreward, MA_ firm, MA_ bank

Stop

四、實證結果

本節中展示了博弈模型的實證結果，並採用中國工商銀行和恒大地產於2016年6月30日中報中所披露的數據。在短期高頻博弈中，我們設定雙方進行高頻交易，並考察銀行在採取四種不同決策情況下的博弈過程與結果。在長期博弈中，我們假設雙方持續博弈，直到達到均衡為止。

（一）短期高頻博弈

假設企業先向銀行發出貸款申請，則銀行做出博弈中的第一個決策：執行放貸、提前收款、遵循合同或拒絕放貸，接下來企業面臨三種決策：主動違

約、提前還貸或遵循合同。本部分展示了銀行第一個決策在四種情況下雙方的博弈情況。在這裡我們設定雙方出手時間間隔為半個月，博弈兩個月停止，即進行短期高頻博弈。

圖4-3-1為銀行第一個決策為提前放貸時雙方的博弈結果，在該過程中雙方各做出兩次決策，整個博弈過程可表示為：銀行提前放貸—企業提前還貸—銀行提前收款—企業提前還貸。可以看出銀行採取該決策時，雖然第一步博弈帶來的回報較低，但隨著博弈的進行，可以大幅提高自己的回報，並最終超過企業的回報。在整個博弈過程中，企業一直採取「合作」態度，未發生違約狀況，並配合銀行的決策，若銀行提前放貸，則企業提前還貸；若銀行提前收款，則企業提前還貸。

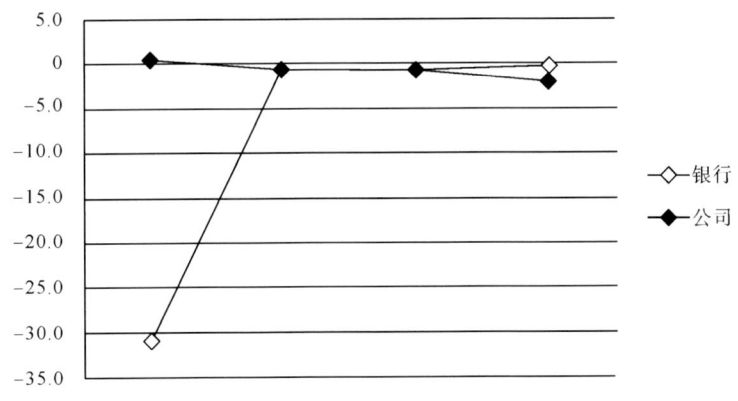

圖4-3-1　銀行第一個決策為提前放貸時雙方的博弈結果

圖4-3-2為銀行第一個決策為提前收款時雙方的博弈結果，整個博弈過程可表示為：銀行提前收款—企業主動違約—銀行執行放貸—企業遵循合同。從中可以看出，當銀行提前收款時，可以使其保持較高的回報，且為企業帶來了較大的損失。但隨著博弈的進行，企業調整自己的決策，使其回報逐漸上升，但未超過銀行。在整個博弈過程中，仍表現出較強的「合作」意識，若銀行提前收款，則企業將通過主動違約提高自己的回報；若銀行執行放貸，則企業遵循合同。

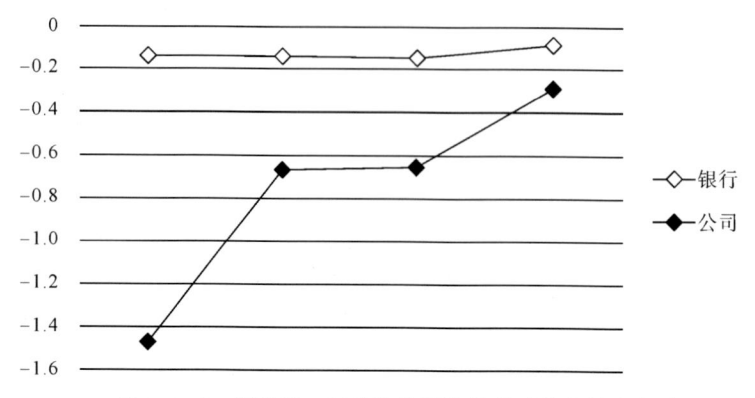

圖 4-3-2　銀行第一個決策為提前收款時雙方的博弈結果

　　圖 4-3-3 為銀行第一個決策為遵循合同時雙方的博弈結果，整個博弈過程可表示為：銀行遵循合同—企業主動違約—銀行執行放貸—企業主動違約。結果顯示，當銀行遵循合同時，會給其帶來較高的回報；而企業則不斷主動違約，最終使其回報大幅度減少。在整個博弈中，企業表現出了與銀行之間的不斷「衝突」，通過主動違約期望獲得高回報，然而卻因決策失誤給其帶來了損失。

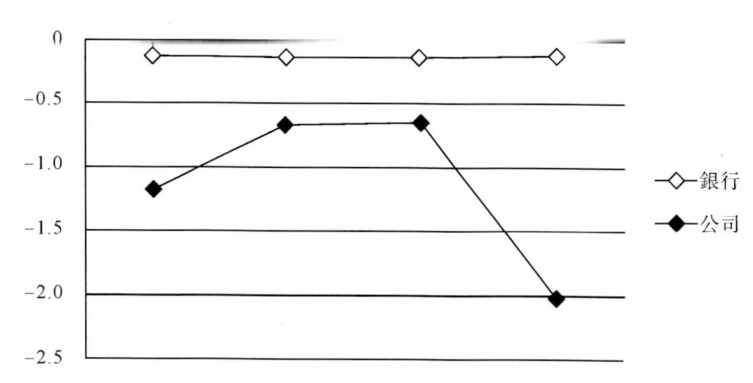

圖 4-3-3　銀行第一個決策為遵循合同對雙方的博弈結果

　　圖 4-3-4 為銀行第一個決策為拒絕放貸時雙方的博弈結果，整個博弈過程可表示為：銀行拒絕放貸—企業遵循合同—銀行遵循合同—企業提前還貸。在該過程中，銀行的回報一直保持在較高的水準，而企業的回報則一直下降。

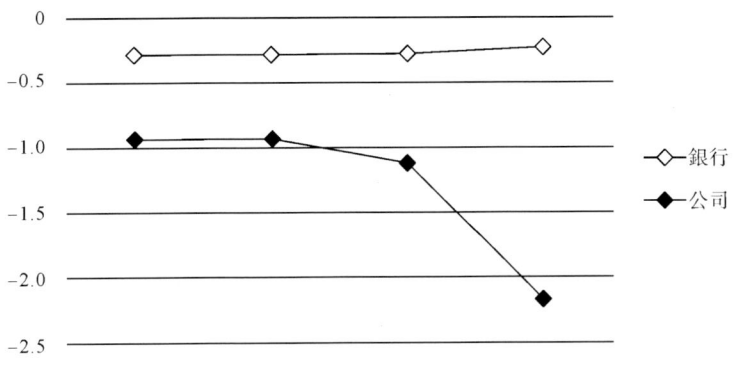

圖 4-3-4　銀行第一個決策為拒絕放貸時的博弈結果

通過以上四種情況的分析，可以看出銀行在第一次決策時，除了提前放貸這一決策，其餘決策均可使其自身回報保持在較高的水準，且高於企業回報；而對於企業而言，只有當銀行第一次決策選擇提前放貸，它的回報才能保持較穩定的水準，其餘情況時回報均大幅低於銀行。可見，當雙方頻繁改變策略時，在短期中銀行將佔有較大優勢。

（二）長期博弈

本部分展示了雙方博弈在長期中如何收斂及最後的均衡狀態。假定雙方出手時間間隔為一個月，博弈到均衡停止。根據圖 4-3-5 的結果，博弈在雙方各進行五次決策後達到均衡，整個博弈過程可表示為：銀行執行放貸—企業主動違約—銀行提前收款—企業遵循合同—銀行遵循合同—企業主動違約—銀行拒絕放貸—企業提前還貸—銀行提前收款—企業遵循合同。

從圖 4-3-5 可以看出，在長期博弈過程中，企業的回報將保持在較高水準，在博弈中佔有優勢地位，通過不斷違約、提前還貸策略的調整，使其回報遠高於銀行。同時可以看出，在長期內雙方的博弈呈現較明顯的「衝突」特性，若銀行執行放貸或遵循合同，則企業主動違約；若銀行提前收款，則企業遵循合同。

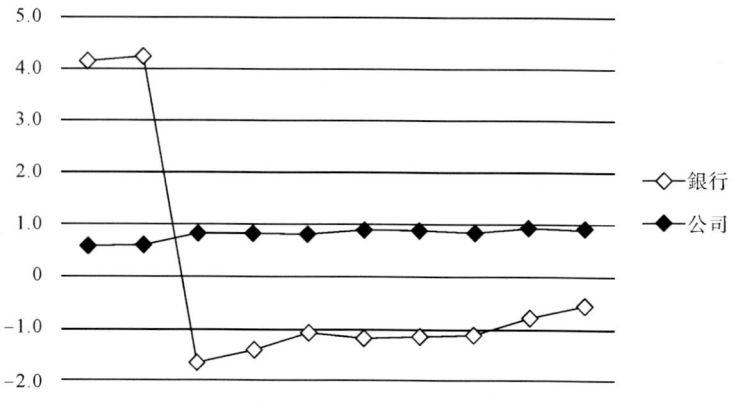

圖 4-3-5　銀行與房地產企業的長期博弈

通過對銀行與房地產企業短期高頻與長期均衡的博弈模擬，可以看出，在短期內雙方傾向於採取「合作」的態度，且銀行的回報相對於企業有較大優勢；而在長期內雙方傾向於採取「衝突」的態度，且在整個過程中企業的回報相對穩定，最終達到均衡時企業的回報高於銀行。

五、結論

在本研究中，我們將不完全信息動態博弈模型結合強化學習 SQN 算法應用於 MCDA 系統並提高了其性能以及在合作或競爭的情況下其決策的能力。我們接著將 MCDA 系統加入兩個決策者——銀行和房地產開發商，讓期決策以最大化期望的回報，期望回報不僅取決於自身一系列的決策疊加，還受到對手的決策約束（決策選擇在 t+1 期才能得到）。此外，為了使系統盡可能地模擬真實的決策行為，各方既有三次調整策略機會，即三次博弈（決策時間跨度適用於季度戰略董事會會議），也有無限次調整策略機會，即無限次博弈（決策時間跨度適用於年度戰略董事會會議）。因此，本研究提出的系統不僅可以作為 MCDA 評估平臺，而且可以作為一個平臺進行跨學科實驗。

儘管如此，我們還應該注意兩個主要問題：一方面，在這項研究中，決策者被假定輪流做出政策調整決策，而實際在現實世界中很少這樣。因此我們提出了兩種可能的解決方案，第一個方案是建立一個單獨的模型來跟蹤各種可跟蹤指標，如果任何指標觸發信號，系統就可出做出策略決策；第二個方案使用泊松過程模擬每個參與者做出決策的密度。儘管這兩種方法在計算中都會引入額外的複雜性，並且可能無法提高目前模型的準確性，但第一個方案更好，因為泊松強度很難估計。另一方面，雖然現實世界中的策略是多樣的，但在這項

研究中，決策者的行為集是單調的，假設銀行的策略是控制貸款利率，房地產開發商的策略是提前支付貸款和逾期，在實踐中還可以利用其他幾種策略來獲得競爭優勢。儘管我們可以添加其他策略使研究更加實用，但是設置的簡化結構有助於獲得關於 MCDA 的動態決策過程的整體情況。我們更希望通過此研究促進多學科之間的交流。

第五章　國內外房價調控政策評價

第一節　中國歷年房價調控政策評價

　　從需求側來看，2006—2010 年的房地產政策中，主要目的在於調控住房需求——在房價上漲過快的時候抑制住房需求，而在房價上漲較慢時刺激住房需求。

　　其政策穩定性在於主要是通過房貸和交易環節徵稅這兩個方面進行調節：在房價上漲過快時，提高首付比例及房貸利率，嚴格化所得稅的徵收條件；在房價上漲較慢時，降低首付比例及房貸利率，放寬所得稅的徵收條件。在這兩個方面之外，限購也是調節住房需求的措施。目前，雖然房地產市場的整體情況是價格上漲，而且庫存壓力很大。但是每當房價提高時，政府首先提出的兩個政策就是寬鬆房貸和減稅。在此之外，政府還提出了資產證券化。其實質是以更大的力度刺激住房需求。

　　但中國房價依舊上漲甚至有時上漲速度較快，這是由於以上政策無法起到抑制住房需求的作用，在快速城鎮化過程中，人口不斷增長，進而對住房的需求也不斷增加，住房需求增長是剛性的。在目前狀況下，這些政策也無法起到擴大住房需求的作用，原因在於雖然人們的住房需求很旺盛，但是在房價高的情況下無法轉化為有效需求。

　　縱觀以前的房地產政策調控後的結果，幾乎都是量下降而價上漲、量下降而價停滯和量下跌與價下跌並存的過程。並且調控效果往往在 5~6 個月後才會顯現。調控之後，「寬貨幣、低利率」的環境沒有變化，按揭利率仍處於較低水準。

　　其創新性在於中國以大城市為調控重點並逐漸向周圍地區擴散，屬於大城市過渡到小城市。對於經濟特區、新區加強調控收縮力度，堅持住房用來住而

非用來炒。

從需求側來看，從 2005 年開始，政府就陸續推出一系列房價調控政策，通過政府打出的這一套連環拳，許多城市的房價在近兩年達到頂峰後出現了下跌的趨勢，房價上漲的城市上漲幅度也下降了許多。除去政府政策的影響，還有一個比較特殊的原因就是人口結構的變化，從結構來看，25~35 歲是結婚的高峰，也是第一次購房的最高峰。20 世紀六七十年代人口高峰期出生的人口，在 2000 年左右正好是處於買房、結婚的高峰。但 2008 年之後，當 1978 年出生的人口年齡超過 30 歲時，中國的人口高峰期出生的人口將結束他們買房、結婚的高峰期了。2008 年前後的人口結構變化非常明顯，2008 年之後的結婚人口比 2008 年之前下降 30% 多，而且是突然的下降。這樣的人口變化對房地產市場的影響可能是巨大的，因為影響房價的最重要原因是邊際需求因素，當邊際需求減少時，房價下跌是必然的。

第二節　國外歷年房價調控政策評價

一、美國

美國供給側改革源於 20 世紀 70 年代且美國總統里根也曾採取相關的政策主張。但實際上這些政策並沒有徹底的改革成果。就此來看，美國的房地產政策增加政府購買以增強人們的福利，並加強對經濟的管制以抑制壟斷、負外部性等各種市場失靈。在當時有許多人認為美國的房地產政策可以從根本上防止 20 世紀 30 年代的大蕭條悲劇重演。但這些政策過分依賴於凱恩斯宏觀政策使得自 20 世紀 60 年代以來的通貨膨脹率節節攀升。到 70 年代更是導致了滯漲現象的出現——高通貨膨脹率和高失業率並存。

美國的房地產政策穩定性在於：里根上任後，很快就推動國會通過《1981 經濟復甦稅法》（俗稱坎普－羅斯減稅法案），計劃將個人所得稅整體削減 25%（最後實際減稅 23% 左右），完成了美國歷史上最大規模的減稅行動。里根總統一系列令人炫目的政治動作，一下子就把名不見經傳的供給學派推到了聚光燈下。人們也把里根的經濟政策稱之為「供給革命」。

其創新性在於：政府利用拉弗曲線加以發揮，增大企業投資，解決通貨膨脹。這些房地產政策以激勵的作用高效地促進社會福利、解決就業，但是滯漲問題依舊沒解決。在里根任期中，聯邦政府財政赤字大幅膨脹，美國也成為全球第一債務國。不僅如此，在當時的貨幣緊縮政策下，房地產政策強調房價由

國家調控，使得住房成為人民可負擔的消費。

從需求側來說，強調住房用來住而不是炒，這和目前中國的方向是一致的。但不同的一條就是在出租房屋時也要繳納稅金，進一步限制了將住房用以投資的業主的收益，從而也抑制了部分炒房行為。

二、英國

從供給側看，英國房地產政策的穩定性在於加強了住房供給，刺激了民生內需和城市化進程，使得不少鄉村變成了小城市，小城市變成了大城市。

從需求側看需求側政策穩定性體現在對於首次購房者和家庭條件拮據者而言，英國的房地產政策促進了消費並減少了「住房難」問題的出現。並且英國的房地產政策也考慮到了人口增長放緩和經濟不穩定的問題。

由於英國的經濟不太穩定，其國內通貨膨脹率遠高於政府設定的2%，通過對銀行利率的調整，使得GDP穩中有進。但由於不穩定因素的存在，英國的就業增長率不大樂觀，因此這些房地產政策保障了這些人的住房問題，況且居民收入水準表現疲軟，房地產政策自然需要控制房價，不能讓房價肆意妄為地增長。

自20世紀80年代至2008年的全球經濟危機為英國業主帶來了黃金時代，除了少數週期性起伏，英國房價一直表現出色。

黃金時代的起源在於：20世紀70年代，英國進入金融改革動蕩時期，並在後來十年加速了進程。這導致了抵押貸款的重大結構性改變，也刺激了供應商之間更激烈的競爭，最終使得業主貸款的持續增長。20世紀80年代中後期，愈發自由化的市場伴隨著經濟復甦，加上減免的貸款稅率，使得房屋交易數量在20世紀80年代後期到達頂峰。

但是這一繁榮的結果並不盡人意，由於英國人民並沒有持續消費，使得銀行不得不調高利率導致利率大漲。而利率的上漲使得人們對房地產的消費又陷入了僵局。

英國房地產政策的創新性在於提出了「共享產權」，可以讓人們選擇購買部分產權而並不是整個房產，由此使得人們的購房壓力得以緩減。「共享產權」計劃即是允許人們購買部分的房產產權，同時還可於之後逐步增加購買剩餘的產權，對於房產中剩餘的尚未購買的產權部分，還可以交租的方式來予以使用。

三、德國

第二次世界大戰後，聯邦德國曾是歐洲房荒嚴重的國家之一。這主要是由

於第二次世界大戰中不少城市 80%左右的房屋遭到破壞,城市住宅有 25%變成了廢墟或因遭到嚴重破壞而無法居住。另外戰爭結束後,有 1,000 多萬東歐國家的難民和移民湧進聯邦德國,並且無房可住。

德國房地產政策的創新性在於將房屋分為公益性和非公益性。私人自有自住住房,國家提供資助,不屬於公益性住宅。出租的公益性住宅房租,實行低房租制,受政府控制。其租金按住宅投資價格加上維修管理費等綜合計算,租金標準由鄉政府與承建者根據建房費用商定。

其房地產的穩定性體現在兩個方面:在房租價格方面,公益性住宅要低於市場房租,出售的房價也要低於市場房價。在補貼方面,對於公益性的住房補貼是無償的,但政府卻能夠用少量的資金吸收大量的社會資金,增加了人民效用,提高了社會福利。從經營效益來看,聯邦德國的公益性住宅的經濟效益也高於英國的公共住房。

聯邦德國的公益性住房是由私人資本直接經營管理的,私人資本對公益性住房的經營管理受到兩方面的壓力。一方面,私人資本在投資建造、經營和管理公益性住房環節上精確地進行經濟核算,盡量節約資金,減少費用,以便取得盡可能多的利潤。利潤規律和市場規律迫使私人資本加強經營管理。另一方面,住房的經營者獲得政府的資助,必須在國家法令約束的條件下謹慎地經營,更準確地進行核算,謀取合法的利潤。所以,聯邦德國政府雖然不直接經營公益性住宅,但是其在經營活動中發揮了主導作用。這是因為它們充分地利用了市場和私人資本的力量,加以因勢利導的結果。需要指出的是,雖然公益性住房在解決居民住房方面取得了成功,但為此也帶來了巨大的財政負擔。儘管聯邦德國的財政經濟狀況較好,但是 20 世紀 70 年代的通貨膨脹和經濟停滯迫使其實行緊縮政策以進行經濟調整。因此,住房政策的重點逐步轉移到鼓勵和支持住宅自有方面,以加快住宅自有化進程。公益性住宅 20 世紀 50 年代占每年建設住宅總戶數的 70%,70 年代下降為 20%。80 年代大幅度減少,1984年已下降到 2%。起初大部分用於出租,在 1970 年出售的比例占 30%,1978年出售的比例已上升到 60%。

收入較低的家庭購建住房的,國家提供長期低息貸款和補助,對於年輕的夫婦、小孩和殘疾人,國家另給予補充貸款。從第 16 個月開始,按年利率 7%每年歸還 2%的貸款,直到貸款還清為止。凡購建住房者,在 8 年內每月減免 250 馬克的所得稅,從而減輕了購建房者償還貸款的經濟負擔。收入低的家庭免稅後仍然難以還本付息的,國家會另外給予債務補助費。

對房價進行炒作或是想要在房產中牟利的行為基本都被德國的房價調控政

策拒之門外了。這樣一來，房子的作用就僅僅限制在了住的方面，對房子的投資需求就大大減少了，房產市場被定位為了消費市場，而不是投資市場，故使得其房價能夠長時間保持穩定。

還有一個原因就是德國的價格水準穩定，價格上漲幅度在 2.5% 以內，由於物價長期保持穩定，民眾對貨幣有信心，所以不會通過購買房產來達到避險和保值的目的。一旦民眾對物價和貨幣有穩定的信息和預期，就不會產生恐慌情緒，因此德國人沒有必要搶購住房，從而不會發生房價突然暴漲的問題。他們可以根據自身需要，從容地購買其他消費品。這就形成了一個良性循環：合理消費、合理生產和合理的經濟增長。合理的產業佈局和經濟循環避免產業結構的畸形，也避免了房地產泡沫的出現，政府就可以將經濟發展的重點放在實體經濟上。

政府政策與物價水準的共同作用下，使得德國的房價長期保持穩定。

四、法國

法國房地產政策的創新之處在於零利率房貸、住房個人化補助、入住盤點標準、共同房主利益、房產轉讓稅……零利率住房貸款享受者範圍大幅拓寬。政府《2016 年金融法》第 107 條的精神通過 2015 年 12 月 29 日「2015—1813 號法令」已得到執行。它簡化了「零利率住房貸款」規章，大幅度拓寬了享受者的範圍。其要點歸結為以下四方面：①PTZ 貸款可為購買或興建新房者解決最高 40% 的經費；②放寬經濟收入上限標準，允許更多家庭享受優惠；③根據經濟收入情況，償還 PTZ 貸款的年限至少可以推遲 5 年，還可能達到 10 年或 15 年；住戶只要居住滿 6 年，無論貸款是否已經還清，有權將房屋出租；④零利率住房貸款今後適用在全國範圍購買需要工程整修的舊房；全國住房信息局已對「2016 年 1 月 1 日起零售利率貸款」方案有詳細分析。

法國房地產政策的穩定性依舊體現在規定租金金額超過一定額度就需要繳納稅金這一點上，以幫助低收入家庭獲得穩定住房。個人與經營住房的單位共同籌劃、建設和管理，有租住或購買等形式，在經費上能獲得資助。有關這一特殊類型住宅的出租、股份轉讓或饋贈可能，以及退出入股等細節，已有新的法律形式予以確定。以此目的已經存在的公司可以依此確定其律例。

五、日本

房價堅挺對經濟有利，而讓房價高到空前絕後的地步，則是一種極端的只顧眼前利益的表現。

日本房地產政策的創新之處是槓桿信貸。沒有錢也可以買東西，這使得購買力理論上達到了無限，這就是槓桿信貸威力強大的原因。在房價問題上，以日本人的精明，肯定是發現了信貸對房價的巨大作用，而日本政府也肯定意識到了房地產對經濟的拉動作用，所以就放任信貸泛濫，來推動房價的上漲。

因此日本政府不時地調整房地產政策，日本的銀行不遺餘力地推銷貸款，整個社會的風氣就是「日本的房價不會跌」，整個社會都看好房價，房價上漲已經沒有後備軍了，所以當房產空頭全力一擊的時候，就會轟然倒塌了。

之後，開始限制對房地產的貸款，而且是極短時間內非常大力度地控制房地產貸款。以下是日本企業被收縮信貸後情況的記錄：「內外融資環境極度惡化，企業在1991年的土地購買量縮減64%，1990年後，直接融資額按50%的速度縮減；不動產貸款總量限制政策導致銀行貸款同比縮減85%，由9.5萬億日元降至1.4萬億日元；外部融資（新增不動產貸款加直接融資）與倒閉企業負債總額的差額由1989年的35.2萬億日元，下降到1991年的0.8萬億日元，到1992年變成了-1.6萬億日元。企業所面臨的惡劣的內外融資環境不言而喻。控制貸款政策的效果非常顯著，房地產貸款增長率由1989年的30.3%，突然下降到1990年年底的3.5%。」

從以上這些數字變化中，我們可以感受到房地產被釜底抽薪後的慘狀，就像火箭被抽走了燃料，日本的房地產在融資信貸方面在短時間內被迅速地卡了脖子。

日本房地產政策的創新還在於提高利息，而且是極短時間內大幅度地提高利率。日本政府和銀行提高利率的手段有：①基準利率在2.5%左右。②低水準加息。③增加貸款利率。

從日本的經驗看，主要是「極短時間內極大程度地收縮房地產信貸」和「極短時間內極大幅度地增加貸款利率」。因此，日本的房地產政策在起初階段總的來說保障了失去土地農民的基本生存，控制住了房價。但之後由於房價抬升過快，使得房地產政策並沒有發揮太大作用。

六、其他典型國家

（一）韓國

和大多數西方國家一樣，韓國房地產的政策重點和穩定性在於保障人民的住房需求得到合理滿足，同時控制炒房團的哄抬房價行為。

首先，韓國房地產政策的創新在於韓國政府敢於以強硬手段提高資本收益稅，不分段抬升，從30%到60%。60%的資本收益稅這一相當高的稅率使得炒

房得到進一步的遏制。其次,韓國還成立了兩個專門的機構刺激內需,以家庭的房地產數量和價值作為參考標準進行徵稅,使得住房的基本需要得以滿足,同時使炒房得到抑制。

(二) 俄羅斯

俄羅斯的房地產政策強調去泡沫、去槓桿,強調房地產公司的信譽程度,強調住房用來居住,而非用以炒作。

(三) 澳大利亞

澳大利亞有專門的投資性房產,其一直是外國投資者青睞的目的地。外來投資的急遽增加使澳大利亞的房價有所波動,為了防止房地產泡沫,政府對房產投資者進行了一定的政策限制(優惠政策的取消),給房地產市場潑了一瓢冷水。它的創新之處在於有一定的針對性。

(四) 巴西

巴西的房地產政策主要是減少以往的優惠政策。在巴西,很少有人炒房,因為大多數人買房都不貸款,不用槓桿工具。因為巴西通脹率一直很高,央行基準利率也非常高,目前已經超過12%,在全球主要經濟體中位居第一。

正因為有10%以上的全球超高利率,一直到2007年,巴西基本上沒有超過5年期限的房地產貸款,房地產價格也長期維持在相對低檔的價位。到了2008年年底金融危機發生,巴西政府為了推動經濟復甦,推出了「My House My life」計劃。該計劃規定,只要申請人有正當職業,就可以由政府進行擔保,申請長達30年的房地產貸款。因此在之後的三年裡,巴西房價飛漲。

即便如此,大部分巴西人還是以全款買房為主。要負擔12%的房貸利息,不是一件容易的事。如果用於投資出租,目前的租金回報只有8%左右,雖然比中國的2%高很多,但也難以彌補利息支出。對房產的邊際投資回報率基本為零甚至小於零使得少有投資者願意在巴西投資房產。

(五) 加拿大

加拿大政府的房價調控政策的創新在於有針對性,通過連續出抬政策給住房投資者加壓來降低其投資炒作的影響。因為加拿大有許多住房優惠政策,然而許多外來投資者利用這些政策進行住房投機,對當地居民的生活條件造成了很大影響。這些政策的出抬也只會降低住房投資的熱度,仍然無法從根本上抑制住房投資。

(六) 墨西哥

墨西哥調控政策的創新性在於對供給端進行調整。它更偏向於開發廉價經濟適用房,價格降下來後,開發商的利潤也就相應降低了。投資成本升高過

後，在供給方面，住房的供給量也就會相應地減少；在需求方面，利率與房價成正比，那麼人們只會希望房價越低越好，人們的需求與開發商的供給達到一個均衡時，房價會達到一個穩定的狀態。這樣一來，炒作房價的現象也就大幅降低，甚至沒有。

它的房價調控政策可以說是針對貧困家庭，為縮小貧富差距而建立的。

（七）挪威

同許多西方國家一樣，為了遏制炒房導致的房價的過分上漲，挪威房地產政策要求部分地區房價限定、借款購房的借款額限定，並且對於炒房的人徵收相應的稅。

（八）新西蘭

由於新西蘭的房地產有較好的投資價值，因此新西蘭政府出抬的政策要求禁止外國購房者推高房價，尤其是中國購買者已成為新西蘭房價上漲的主要因素，就如同澳大利亞一樣。

（九）新加坡

新加坡的房價調控政策可以說是最嚴政策了。在需求方面，大部分居民居住的是組屋這種無法用於炒作的住房，從而大大降低了人們對建設商品房的需求。對於購買商品房的家庭，又通過限制其轉手次數來抑制炒房。但是有關數據顯示，新加坡炒房現象仍然存在，但是不得不承認它的房價調控政策非常合理且嚴格。

（十）哈薩克斯坦

哈薩克斯坦的房價調控政策創新在於其在住房材料的價格上進行調控。政府通過嚴控住房所需材料的價格來進行價格調控，恐怕不會有太大的效果。

第六章　房價調控政策仿真與模擬

第一節　政策集合的生成與可行政策集合分析

一、橋模型

1. VAR 模型①

（1）模型含義

向量自迴歸模型簡稱 VAR 模型，是一種常用的計量經濟模型，1980 年由克里斯托弗·西姆斯提出。VAR 模型是用樟型中所有當期變量對所有變量的若干滯後變量進行迴歸。VAR 模型用來估計聯合內生變量的動態關係，而不帶有任何事先約束條件。

向量自迴歸（VAR）是基於數據的統計性質建立模型。VAR 模型把系統中每一個內生變量作為系統中所有內生變量的滯後值的函數來構造模型，從而將單變量自迴歸模型推廣到由多元時間序列變量組成的「向量」自迴歸模型。

（2）VAR 模型公式

一般的 VAR (p) 模型可以寫為：

$$y_t = v + A_1 y_{t-1} + \cdots + A_p y_{t-p} + B_1 x_{t-1} + \cdots + B_q x_{t-q} + \mu_t$$

其中：$y_t = (y_{1t}, \cdots, y_{kt})$ 表示 $K \times 1$ 階隨機向量；A_1 到 A_p 表示 $K \times K$ 階的參數矩陣；x_t 表示 $M \times 1$ 階外生變量向量；B_1 到 B_q 是 $K \times M$ 階待估系數矩陣，並且假定 μ_t 是寶噪聲序列，即 $E(\mu_t) = 0$，$E(\mu_t \mu_t^{'}) = \Sigma$，並且 $E(\mu_t \mu_t^{'}) = 0$，($t \neq s$)。

VAR (1) 模型形式如下：

---

① 李上康. 基於 VAR 模型的江蘇港口物流溢出效應分析 [J]. 武漢交通職業學院學報，2017，19（4）：50-57.

$$\begin{bmatrix} yt \\ yt-1 \end{bmatrix} = \begin{bmatrix} c \\ 0 \end{bmatrix} + \begin{bmatrix} A1 & A2 \\ I & 0 \end{bmatrix} \begin{bmatrix} yt-1 \\ yt-2 \end{bmatrix} + \begin{bmatrix} \mu t \\ 0 \end{bmatrix}$$

其中 I 是單位矩陣。

（3）VAR 模型的特點

①每個分量都是內生變量。

②每個方程的解釋變量都相同，是所有內生變量的滯後變量。

③Yt 的動態結構由它的 p 階滯後刻畫出來，p 時刻之前的變量對 Yt 無影響。

（4）模型輸出

①OLS 統計量。

②殘差的協方差行列式（自由度調整以後）的計算原理：$|\hat{\Sigma}| = \det(\frac{1}{T-m}\Sigma\hat{\varepsilon}t\hat{\varepsilon}t)$。

其中 m 表示 VAR 系統中每一個方程帶骨參數的個數，非調整的估計可以忽略 m。

③似然對數值

計算：$l = -\frac{T}{2}\{k(1 + \log 2\pi) + \log|\hat{\Sigma}|\}$

④AIC 和 SC 信息準則

在實際應用中，由於滯後期 p 和 q 足夠大，因此它能夠完整地反應所構造模型的全部動態關係信息。但其缺陷在於，如果滯後期越長，那所要估計的參數就會變得越多，自由度會減少。因此需要在自由度和滯後期之間找出一種均衡狀態。一般的準則是 SC 和 AIC 量中統計量最小時的滯後期，其統計量見下式：

$AIC = -2l/n + 2k/n$

$SC = -2l/n + k\log n/n$

兩式中 $n = m(qd + pm)$ 表示待估計參數個數，n 表示觀測樣本個數，同時滿足

$$l = -\frac{nm}{2}(1 + \log 2\pi) - \frac{n}{2}\log[\det(\Sigma_t \hat{\varepsilon}_t \hat{\varepsilon}'_t/n)]$$

（5）VAR 模型滯後階數確定

對於 VAR（1），$Yt = c + \Pi 1 Yt-1 + et$ 模型穩定的條件是特徵方程 $|\Pi 1 - \lambda I| = 0$ 的根都在單位圓內，或相反的的特徵方程 $|I - L\Pi 1| = 0$ 的根都

第六章　房價調控政策仿真與模擬

在單位圓外。

對於 $k>1$ 的 VAR（k）模型可以通過矩陣變換改寫成分塊矩陣的 VAR（1）模型形式

$$Yt = C + AYt-1 + et$$

模型穩定的條件是特徵方程 $|A-\lambda I|=0$ 的根都在單位圓內，或者相反的特徵方程 $|I-LA|=0$ 的全部根都在單位圓外。

2. AR 模型①

（1）AR 模型推導

$$y_i = x_{i1}\beta_1 + x_{i2}\beta_2 + \cdots + x_{mi}\beta_m + \varepsilon_i \tag{6-1-1}$$

表示樣本觀測值 $y_i(i=1,2,\cdots,n)$ 對於另一數組 $(x_{1i},x_{2i},\cdots,x_{mi})$ 的關係。模型（6-1-1）將 y_i 分成兩部分：①已知的可變化因素，通常視為非隨機因素，即 $(x_{1i},x_{2i},\cdots,x_{mi})$；②由未知的因素和測量誤差產生的。一般假定 $\{\varepsilon i\}$ 為白噪聲時間序列。因此，樣本觀測值序列 $\{y_i\}$ 也是相互獨立的時間序列。

設模型（6-1-1）中的 y_i 是一個平穩時間序列的樣本觀測值，改用 Xt 表示，並將式中 $(x_{1i},x_{2i},\cdots)$ 用序列 x_t 自身某一時刻的前 p 個時刻的樣本觀測值代替。ε_t 表示隨機誤差，bj 表示迴歸係數，則可得到模型：

$$Xt = b_1 X_{t-1} + b_2 X_{t-2} + \cdots + b_p X_{t-p} + \varepsilon_t \tag{6-1-2}$$

可改寫為：

$$x_t - b_1 X_{t-1} - b_2 X_{t-2} - \cdots - b_p X_{t-p} = \varepsilon_t \tag{6-1-3}$$

此時，設 $\begin{cases} AXt = X_{t-1} \\ A^k Xt = X_{t-1} \end{cases}$ \tag{6-1-4}

將（6-1-4）帶入（6-1-3）可得：

$$Xt - b_1 AtXt - b_2 A^2 Xt - \cdots - bp A^P Xt = \varepsilon_t \tag{6-1-5}$$

可改寫為：

$$(1 - b_1 At - b_2 A^2 - \cdots - bp A^P t) Xt = \varepsilon_t \tag{6-1-6}$$

設上式中，是平穩時間序列，$\{\varepsilon i\}$ 是白噪聲序列，且滿足條件：

方程 $(1 - b_1 At - b_2 A^2 - \cdots - bp A^P t) = 0$ 的根全在單位圓外，則稱（6-1-3）為 p 階平穩自迴歸模型，p 為模型的階數。

---

① 徐慧娟，周世健，魯鐵定．自迴歸 AR 模型整體最小二乘分析 [J]．江西科學，2011，29（5）：543-545．

（2）參數估計

AR 模型的參數估計主要有三種方法：最小二乘估計、矩估計、最大似然估計。由於自迴歸 AR 模型不存在其他的自變量，不受模型變量「相互獨立」假定條件的約束。因此，用自迴歸 AR 模型可以構成多種模型以消除或改進普通迴歸預測中自變量選擇、多重共線性、序列相關等原因所造成的影響。其中，最小二乘法是最常用、計算較簡單的一種方法。AR 模型為：

$$Xt = b_1 Xt-1 + b_2 Xt-2 + \cdots + bp Xt-p + \varepsilon t$$

此時，設按時間順序排列的樣本觀測值為 $x_1, x_2, \cdots x_n$，p 階自迴歸模型的誤差方程為：

$$V_{p+1} = X_p \hat{b}_1 + X_{p-1} \hat{b}_2 + \cdots + X_1 \hat{bp} - X_{p+1}$$

$$V_{p+2} = X_{p+1} \hat{b}_1 + X_p \hat{b}_2 + \cdots + X_2 \hat{bp} - X_{p+2}$$

……

$$V_n = X_{n-1} \hat{b}_1 + X_{n-2} \hat{b}_2 + \cdots + X_{n-p} \hat{bp} - X_n$$

設：

$$V = \begin{vmatrix} V_{p+1} \\ V_{p+2} \\ \vdots \\ V_n \end{vmatrix}, \hat{\beta} = \begin{vmatrix} \hat{b}_1 \\ \hat{b}_2 \\ \vdots \\ \hat{bp} \end{vmatrix}, X = \begin{bmatrix} X_p & X_{p-1} & \cdots & X_1 \\ X_{p+1} & X_p & \cdots & X_2 \\ \vdots & \vdots & & \vdots \\ X_p & X_p & \cdots & X_{n-p} \end{bmatrix},$$

$$Y = \begin{vmatrix} X_{p+1} \\ X_{p+2} \\ \vdots \\ X_n \end{vmatrix}$$

得到誤差方程簡寫為：

$$V_{n-p,1} = X \hat{\beta} p, 1 - Y_{n-p,1}$$

β 的最小二乘解為：

$$\hat{\beta} = (X^T X)^{-1} X^T Y$$

上述討論都是從 $t=p+1$ 開始去觀測值的，即在 n 個觀測值中去 $n-p$ 個有效觀測值。相應：

$$Q_{lS} = \sum_{t=p+1}^{n} \hat{\varepsilon}_t^2$$

因此 AR（p）模型殘差方差的無偏估計為：$\hat{\sigma}_\varepsilon^2 = \dfrac{Q_{IS}}{n-2p}$

3. ARIMA 模型

（1）模型含義

ARIMA 模型全稱為自迴歸積分滑動平均模型（Autoregressive Integrated Moving Average Model，ARIMA），是由博克思（Box）和詹金斯（Jenkins）於 20 世紀 70 年代初提出的著名時間序列（Time-series Approach）預測方法，所以又稱為 Box-Jenkins 模型、博克思-詹金斯法。其中 ARIMA（p，d，q）稱為差分自迴歸移動平均模型，AR 是自迴歸，p 為自迴歸項；MA 為移動平均，q 為移動平均項數，d 為時間序列成為平穩時所做的差分次數。所謂 ARIMA 模型，是指將非平穩時間序列轉化為平穩時間序列，然後將因變量僅對它的滯後值以及隨機誤差項的現值和滯後值進行迴歸所建立的模型。ARIMA 模型根據原序列是否平穩以及迴歸中所含部分的不同，包括移動平均過程（MA）、自迴歸過程（AR）、自迴歸移動平均過程（ARMA）以及 ARIMA 過程。

在非平穩時間序列的分析方法裡，根據導致時間序列非平穩的原因是否隨機，可以將它們劃分為確定性時序分析和隨機時序分析兩大類。確定性時序分析提取信息的方法主要有趨勢擬合模型、季節調整模型、移動平均、指數平滑等方法。隨機時序分析提取信息的方法主要有 ARIMA（Autoregressive Integrated Moving Average）及自迴歸條件異方差模型等。ARIMA 是當前時間序列分析中最通用的方法，它是先通過差分運算，然後把長期趨勢、固定週期等信息提取出來，將非平穩序列變為平穩序列後進行分析的過程。

（2）ARIMA 及其相關的模型公式。

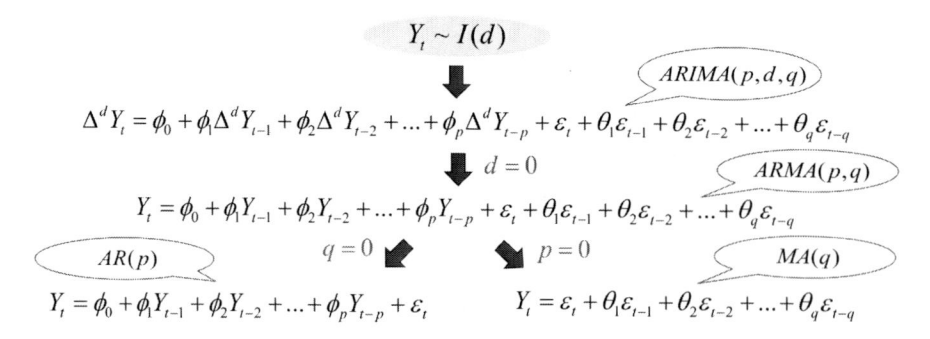

$Y_t \sim I(d)$ ARIMA(p,d,q)

$$\Delta^d Y_t = \phi_0 + \phi_1 \Delta^d Y_{t-1} + \phi_2 \Delta^d Y_{t-2} + \ldots + \phi_p \Delta^d Y_{t-p} + \varepsilon_t + \theta_1 \varepsilon_{t-1} + \theta_2 \varepsilon_{t-2} + \ldots + \theta_q \varepsilon_{t-q}$$

$d = 0$ ARMA(p,q)

$$Y_t = \phi_0 + \phi_1 Y_{t-1} + \phi_2 Y_{t-2} + \ldots + \phi_p Y_{t-p} + \varepsilon_t + \theta_1 \varepsilon_{t-1} + \theta_2 \varepsilon_{t-2} + \ldots + \theta_q \varepsilon_{t-q}$$

AR(p) $q = 0$ $p = 0$ MA(q)

$$Y_t = \phi_0 + \phi_1 Y_{t-1} + \phi_2 Y_{t-2} + \ldots + \phi_p Y_{t-p} + \varepsilon_t \qquad Y_t = \varepsilon_t + \theta_1 \varepsilon_{t-1} + \theta_2 \varepsilon_{t-2} + \ldots + \theta_q \varepsilon_{t-q}$$

（3）建立 ARIMA 模型需要解決的三個問題

由以上分析可知，建立一個 ARIMA 模型需要解決以下三個問題：

①將非平穩序列轉化為平穩序列。

②確定模型的形式，即模型屬於 AR、MA、ARMA 中的哪一種。這主要是通過模型識別來解決的。

③確定變量的滯後階數，即和的數字。這也是通過模型識別完成的。

(4) ARIMA 模型的識別

ARIMA 模型識別的工具為自相關係數（AC）和偏自相關係數（PAC）。

自相關係數：時間序列滯後 k 階的自相關係數由下式估計：

$$\hat{\rho}_k = \frac{\sum_{t=1}^{n-k}(x_t - \bar{x})(x_{t+k} - \bar{x})}{\sum_{t=1}^{n}(x_t - \bar{x})^2}$$

其中 $\bar{x}$ 是序列的樣本均值，這是相距 k 期值的相關係數。$\hat{\rho}_k$ 稱為時間序列的自相關係數，自相關係數可以部分地刻畫一個隨機過程的形式。它表明序列 x_t 的鄰近數據之間存在多大程度的相關性。

偏自相關係數：偏自相關係數是在給定的條件下，x_t 和 x_{t-k} 之間的條件相關性。其相關程度用偏自相關係數度量。在 k 階滯後下估計偏自相關係數的計算公式為：

$$\hat{\phi}_{kk} = \frac{\hat{D}_k}{\hat{D}}$$

其中是在 k 階滯後時的自相關係數估計值。$\hat{\phi}_{kk}$ 稱為偏相關是因為它度量了 k 期間距的相關而不考慮 $k-1$ 期的相關。如果這種自相關的形式可由滯後小於 k 階的自相關表示，那麼偏相關在 k 期滯後下的值趨於 0。

識別：AR（p）模型的自相關係數是隨著 k 的增加而呈現指數衰減或者震盪式的衰減，具體的衰減形式取決於 AR（p）模型滯後項的系數；AR（p）模型的偏自相關係數是 p 階截尾的。因此可以通過識別 AR（p）模型的偏自相關係數的個數來確定 AR（p）模型的階數 p。

MA（q）模型的自相關係數在 q 步以後是截尾的。MA（q）模型的偏自相關係數一定呈現出拖尾的衰減形式。

ARMA（p, q）模型是 AR（p）模型和 MA（q）模型的組合模型，因此 ARMA（p, q）的自相關係數是 AR（p）自相關係數和 MA（q）的自相關係數的混合物。當 $p=0$ 時，它具有截尾性質；當 $q=0$ 時，它具有拖尾性質；當 p, q 都不為 0，它具有拖尾性質。

通常，ARMA（p, q）過程的偏自相關係數可能在 p 階滯後前有幾項明顯的尖柱，但從 p 階滯後項開始逐漸趨於 0；而它的自相關係數則是在 q 階滯後

前有幾項明顯的尖柱，從 q 階滯後項開始逐漸趨於 0。

二、人工智能算法

1. Adaboost 算法

Adaboost 算法是由 Freund 和 Schapire[①] 提出的，解決了很多早期增強算法的實踐性困難。其算法如圖 6-1-1 所示。

Given: $(x_1, y_1), \ldots, (x_m, y_m)$ where $x_i \in X, y_i \in Y = \{-1, +1\}$
Initialize $D_1(i) = 1/m$.
For $t = 1, \ldots, T$:
- Train weak learner using distribution D_t.
- Get weak hypothesis $h_t : X \to \{-1, +1\}$ with error

$$\epsilon_t = \Pr_{i \sim D_t}[h_t(x_i) \neq y_i].$$

- Choose $\alpha_t = \frac{1}{2} \ln\left(\frac{1-\epsilon_t}{\epsilon_t}\right)$.
- Update:

$$D_{t+1}(i) = \frac{D_t(i)}{Z_t} \times \begin{cases} e^{-\alpha_t} & \text{if } h_t(x_i) = y_i \\ e^{\alpha_t} & \text{if } h_t(x_i) \neq y_i \end{cases}$$
$$= \frac{D_t(i) \exp(-\alpha_t y_i h_t(x_i))}{Z_t}$$

where Z_t is a normalization factor (chosen so that D_{t+1} will be a distribution).

Output the final hypothesis:

$$H(x) = \text{sign}\left(\sum_{t=1}^{T} \alpha_t h_t(x)\right).$$

Figure 1: The boosting algorithm AdaBoost.

圖 6-1-1　Adaboost 算法

該算法以訓練集 $(x_1, y_1), \cdots, (x_m, y_m)$ 作為輸入。其中每個 XI 屬於某個域或實例空間 X，每一個標籤 y_i 存在於某種標籤集 Y。本書假設 Y= {-1，+1}。

Adaboost 在一系列的回合 $t=1$，⋯，T 中反覆調用給定的弱學習或基本學習算法。算法中一個主要的思想是保持訓練集上的分佈或權重集。這個分佈在訓練實例 I 回合 t 上的權重表示為 Dt（i）。最初，所有權重設為相等，但在每一個回合上，未正確分類的實例的權重是上升的，所以弱學習者必須專注於訓練集中的硬實例。

弱學習者的任務是找到弱假設 $ht：X→${-1，+1} 適用於 Dt 分佈。弱假

[①] Yoav Freund, Robert E. Schapire. A desicion-theoretic generalization of on-line learning and an application to boosting [M]. European Conference on Computational Learning Theory Springer, Berlin: Heidelberg, 1995: 23-37.

設的適用性是由其誤差來度量的。

$$\epsilon_t = P_{r_i \sim D_i}[h_t(x_i) \neq y_i] = \sum_{i:\ h_t(x_i) \neq y_i} D_t(i).$$

αt 一旦弱假設被接受，如圖 6-1-1 所示，Adaboost 將選擇一個參數 αt，用來衡量 Ht 被賦予的重要性。$\alpha_t \geq 0$，如果 $\epsilon_t \leq 1/2$，則該 αt 隨著 ϵ_t 的減少而增大。

使用圖 6-1-1 中所示的規則更新 DT 分佈。這個規則的作用是增加由 HT 錯誤分類的例子的權重，並減少被正確分類的實例的權重。於是，這些權重將傾向於集中到「硬」實例上。

最終假設 H 是 T 回合弱假設的加權多數投票法則，其中 αt 是 Ht 的指定權重。

圖 6-1-1 分析了 Adaboost 是如何拓展到處理輸出實值或置信度預測的弱假設之中的。即對於每一個例子 x，弱假設 ht 輸出一個預測 ht（x）∈R，該預測的符號是預測的標籤（-1 或+1）。其級數 $|h_t(x)|$ 測量預測的「可信度」。

2. 深度強化學習算法 DQN

Deep Q-Network（DQN）是一個多層卷積神經網路，它輸出給定狀態 S 和網路參數的動作值向量 θ。它是從 $\mathbb{R}^n$ 到 $\mathbb{R}^m$ 的函數，n 為狀態空間的維度，m 是動作空間的維度。Deep Q-Network（DQN）是用神經網路來執行 Q 學習（Q-learning）的網路。

DEEP Q-LEARNING 的算法[1]如圖 6-1-2 所示。

```
Algorithm 1 Deep Q-learning with Experience Replay
1:  Initialize replay memory D to capacity N
2:  Initialize action-value function Q with random weights
3:  for episode = 1, M do
4:      Initialise sequence s_1 = {x_1} and preprocessed sequenced φ_1 = φ(s_1)
5:      for t = 1, T do
6:          With probability ε select a random action a_t
7:          otherwise select at = max_a Q*(φ(s_t), a; θ)
8:          Execute action at in emulator and observe reward r_t and image x_{t+1}
9:          Set s_{t+1} = s_t, a_t, x_{t+1} and preprocess φ_{t+1} = φ(s_{t+1})
10:         Store transition (φ_t, a_t, r_t, φ_{t+1}) in D
11:         Sample random minibatch of transitions (φ_j, a_j, r_j, φ_{j+1}) from D
12:         Set y_j = { r_j                              for terminal φ_{j+1}
                      { r_j + max_a(φ_{j+1}, a_j; θ)    for non-terminal φ_{j+1}
13:         Perform a gradient descent step on (y_j - Q(φ_j, a'_j; θ))^2 according to equation 3
14:     end for
15: end for
```

圖 6-1-2　DEEP Q-LEARNING 算法

---

[1] ODA, TETSUYA, et al. Design and Implementation of a Simulation System Based on Deep Q-Network for Mobile Actor Node Control in Wireless Sensor and Actor Networks [J]. International Conference on Advanced Information NETWORKING and Applications Workshops IEEE，2017：195-200.

DQN算法來源於Google在NATURE發表的一篇論文「Human-level control through deep reinforcement learning」。該文章闡述了如何通過計算機的自我學習，在沒有預先給計算機設置游戲規則的情況下，讓計算機成功操作雅達利2600進行游戲，其中29個游戲甚至打破了人類玩家的記錄[1]，雅達利2600游戲仿真器中，DQN定義了代理人和環境之間的任務[2]。因為Q將歷史動作對映射為Q值的標量估計，一些先前的方法就把歷史和動作用於神經網路的輸入[3]。

把環境設為ξ，在每一步中，代理人在游戲的動作集中選出一個動作αt，並從當前顯示的圖像中選一個作為觀察對象xt。游戲分數rt的變化作為行動的獎勵。

對於標準強化學習方法，我們可以完成所有這些游戲序列st後直接作為馬爾可夫決策過程，其中行動和觀察量的序列為$st = x1, a1, x2, \ldots, at - 1, xt$。此外，它使用了體驗重放的方法[4]。這種方法能夠解決獎勵的時滯問題，並且有助於打破數據的相關性並從中學習過去的所有的策略。在這種技術中，每個時間步長的代理人經驗$et = (st, at, rt, st + 1)$都被儲存在數據集$D = e1, \ldots, eN$中，將許多片段集中到回放記憶中。之後，用一個因子$\gamma$來定義未來的貼現報酬，到結束為止的所有貼現報酬的總和為$Rt = \sum_{t'=t}^{T} \gamma^{t'-t} rt'$ T是游戲時間步長的終點。

在經驗回放後，根據ε-貪心策略（ε-greedy policy）代理人選擇並執行一個動作。由於使用任意長度的歷史作為輸入神經網路可能很困難，所以DQN的Q函數用於生成一個歷史的定長表示法的函數φ，目的是最大化行動價值函數$Q^*(s, a) = \max_\pi E[Rt | st = s, at = a, \pi]$。其中$\pi$是選擇最優行動的策略。從動態規劃方程可知，如果序列的下個時間步長的最優值$Q^*(s', a')$已知，那就相當於最大化$r + \gamma Q^*(s', a')$的期望值。

$$Q^*(s, a) = E_{s' \sim \xi}[r + \gamma \max_{a'} Q^*(s', a') | s, a]$$

不使用迭代更新法優化方程，而使用函數逼近器來估計方程是很常見的。

---

[1] MNIH V, KAVUKCUOGLU K, SILVER D, et al. Playing Atari with Deep Reinforcement Learning [J]. arXiv, 2013: 1-9.

[2] MNIH V, KAVUKCUOGLU K, Silver D. Human-level Control Through Deep Reinforcement Learning [J]. Nature, 2015 (518): 529-533.

[3] RIEDMILLER M. Neural Fitted Q Iteration - First Experiences with a Data Efficient Neural Reinforcement Learning Method [J]. Lecture Notes in Computer Science, 2015 (3720): 317-328.

[4] LIN L J. Reinforcement Learning for Robots Using Neural Networks [J]. Technical Report, 1993.

DQN 的 Q 網路就是這樣一種帶有權重 θ 和 $Q(s, a; \theta) = Q^*(s, a) \approx Q^*(s, a)$. 的神經網路一種函數逼近器。

訓練 Q 網路的損失方程是：

$$L_i(\theta_i) = E_{s, a \sim \rho(.)}\left[(yi - Q(s, a, \theta_i))^2\right]$$

其中 yi 是由上一個迭代結果 $\theta i - 1$ 計算出的目標，$\rho(s, a)$ 是序列 s 和 α 的概率分佈。

損失函數的梯度是：

$$\nabla_{\theta_i} L_i(\theta_i) = E_{s, \alpha \sim \rho(.); s' \sim \zeta}\left[(yi - Q(s, a; \theta i)) \nabla \theta i Q(s, a; \theta i)\right]$$

基於 DQN 的移動節點控制仿真系統的結構圖見圖 6-1-3。

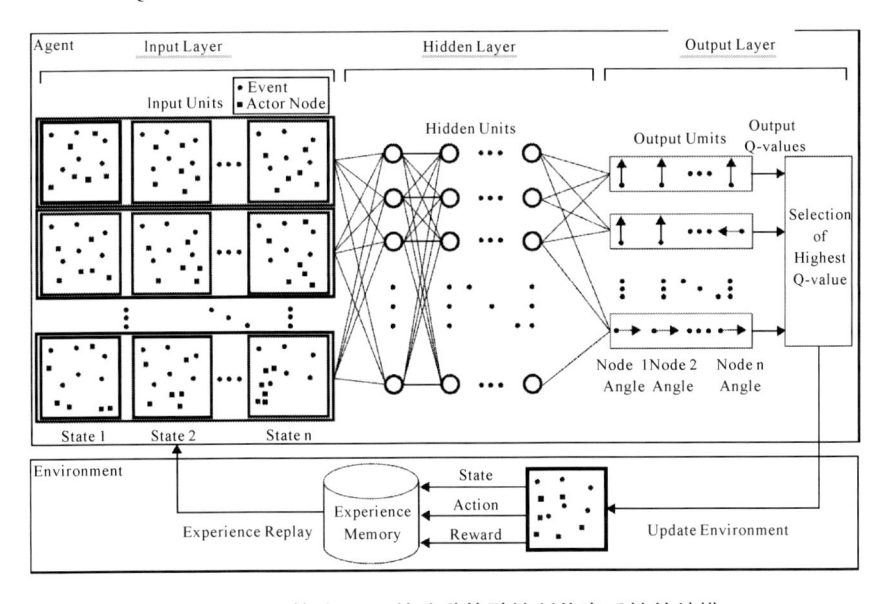

圖 6-1-3　基於 DQN 的移動節點控制仿真系統的結構

第二節　最優可行房價調控政策集合與經濟分析

一、第一個橋：從政策到宏觀變量

本部分把社會福利和社會成本作為政策影響的最終環節來評估房地產政策績效，以能夠更有效地評估政策績效和完善政策構建體系。為此，我們首先需要找出在各類政策和宏觀變量之間的聯繫，之後再把房地產調控政策、宏觀經濟變量與社會成本、社會福利聯繫起來。在第一部分中，建立房地產調控政策

與宏觀因子之間的聯繫，是為了說明房地產調控政策與主要宏觀經濟變量的內在關係，為之後將政策與社會福利、社會成本相聯繫，以及最後形成政策組合做必要準備。

(一) 模型構建過程

將 2004—2016 年的房地產政策以月份為時間間隔，按照其作用的對象分為三大類：銀行、房地產商和消費者。在每一個大類下，根據具體的政策內容對這三類進行細分。如表 6-2-1 所示，作用於銀行的政策細分為 5 類：貸款風險管理、下調（或上調）存款準備金的寬鬆（緊縮）的貸款政策、上調（或下調）貸款基準利率政策；作用於房地產商的政策細分為 8 類：房地產交易市場秩序管理、自由資本貸款比率、相關稅收徵收管理、土地供應、開發環節、信貸與信託、商品房供應及結構管理、保障性住房建設及結構管理；作用於消費者的政策細分為 11 類：上調（或下調）公積金貸款利率、首套房首付比例、二套房首付比例、差別化放貸、房產稅營業稅徵收、稅收優惠及購房補貼、降低購房置業門檻、限購禁夠、打擊投資炒房。

此外，為了建立模型觀察房地產宏觀調控政策對宏觀經濟的影響，我們用四個常用的宏觀經濟變量——CPI、GDP、M2 增速、全社會固定資產投資增速來反應宏觀環境的變化。其中 GDP 指數是反應一定時期內國內生產總值變動趨勢和程度的相對數；M2 是貨幣供應量的重要指標，反應現實購買力和潛在購買力以及中間市場和投資的活躍程度；CPI 是在特定時段內度量一組代表性消費商品及服務項目的價格水準隨時間而變動的相對數，用來反應居民家庭購買消費商品及服務的價格水準的變動情況；全社會固定資產投資是以貨幣形式表現的建造和購置固定資產活動的工作量，包括基本建設、更新改造、房地產開發和其他固定資產投資四個部分，反應其投資投資規模、速度、比例關係和使用方向的綜合性指標。

最後，將每個時間出拾的政策所涉及的內容對應以上細分的 24 類進行賦值和編碼，然後將四個宏觀經濟變量與以上的 24 類政策作為內生變量，通過 VAR 模型得到各個細化的政策與宏觀經濟變量之間的關係。

(二) 模型內容（見表 6-2-1）

表 6-2-1　模型內容

銀行 X_1	房地產商 Y_1	消費者 Z_1
X_{11} 貸款風險管理	Y_{11} 房地產交易市場秩序	Z_{101} 上調公積金貸款利率（五年以上%）
X_{12} 放貸寬鬆（下調存款準備金率）	Y_{12} 自有資本貸款比率限制	Z_{102} 下調公積金貸款利率（五年以上%）
X_{13} 放貸收緊（上調存款準備金率）	Y_{13} 相關稅收徵管	Z_{103} 公積金貸款額度（十萬）
X_{14} 下調存貸基準利率（五年以上%）	Y_{14} 土地供應管理	Z_{104} 首套房首付比例
X_{15} 上調存貸基準利率（五年以上%）	Y_{15} 開發環節（打擊土地違法行為/戶型）	Z_{105} 二套房首付比例
	Y_{16} 信託/貸款	Z_{106} 差別化放貸（利率差異等）
	Y_{17} 商品房供應及結構管理	Z_{107} 房產稅/營業稅徵收
	Y_{18} 保障性住房建設及結構管理	Z_{108} 抑制投機、炒房
		Z_{109} 限購/禁購
		Z_{110} 稅收優惠/購房補貼
		Z_{111} 降低購房置業門檻/鼓勵購房

表 6-2-1 為我們所採用的政策分類編碼，X_1 代表銀行的政策約束，Y_1 代表房地產商的政策約束，Z_1 代表消費者的政策約束。可以看到大概分為利率政策、土地政策和稅收政策等。

下列式子為銀行、房地產商、消費者對應的變量與宏觀經濟變量進行歸迴歸後的方程以及對應的系數，其中 y_1 為 GDP 指數，y_2 為固定資產投資增速，y_3 為 CPI 指數，y_4 為 M_2 增速。

$y_1^t = 1.510,691 y_1^{t-1} + 2.875,726 y_2^{t-1} + 0.042,147 y_3^{t-1} - 2.771,38 y_4^{t-1} + 0.371,764 x_{11}^{t-1} - 0.182,740 x_{12}^{t-1} + 0.086,858 x_{13}^{t-1} + 0.027,157 x_{14}^{t-1} + 0.127,840 x_{15}^{t-1} - 0.280,37 x_{21}^{t-1} + 2.994,717 x_{22}^{t-1} - 0.232,61 x_{23}^{t-1} + 0.167,104 x_{24}^{t-1} - 0.584,97 x_{25}^{t-1} + 0.371,818 x_{26}^{t-1} + 0.021,512 x_{27}^{t-1} + 0.210,701 x_{28}^{t-1} + 0.670,297 x_{31}^{t-1}$

$$- 0.075,72x_{32}^{t-1} + 0.000,771x_{33}^{t-1} - 0.709,08x_{34}^{t-1} + 0.553,267x_{35}^{t-1} + 0.117,469x_{36}^{t-1} + 0.162,835x_{37}^{t-1} - 0.181,37x_{38}^{t-1} - 0.196,08x_{39}^{t-1} - 0.062,39x_{310}^{t-1} + 0.060,233x_{311}^{t-1}$$

$$y_2^t = 0.003,02y_1^{t-1} + 1.272,37y_2^{t-1} - 0.002,88y_3^{t-1} - 0.231,56y_4^{t-1} + 0.026,896x_{11}^{t-1} + 0.004,058x_{12}^{t-1} + 0.002,106x_{13}^{t-1} + 0.001,173x_{14}^{t-1} - 0.028,579x_{15}^{t-1} - 0.004,18x_{21}^{t-1} + 0.021,832x_{22}^{t-1} - 0.000,65x_{23}^{t-1} - 0.007,63x_{24}^{t-1} - 0.017,53x_{25}^{t-1} - 0.013,01x_{26}^{t-1} + 0.024,087x_{27}^{t-1} + 0.001,532x_{28}^{t-1} + 0.152,578x_{31}^{t-1} - 0.012,52x_{32}^{t-1} - 0.000,12x_{33}^{t-1} - 0.013,86x_{34}^{t-1} - 0.015,9x_{35}^{t-1} + 0.001,625x_{36}^{t-1} - 0.013,67x_{37}^{t-1} + 0.007,649x_{38}^{t-1} + 0.000,004x_{39}^{t-1} - 0.010,72x_{310}^{t-1} - 0.000,56x_{311}^{t-1}$$

$$y_3^t = 0.181,948y_1^{t-1} + 2.106,146y_2^{t-1} + 0.991,199y_3^{t-1} - 1.493,57y_4^{t-1} - 0.441,06x_{11}^{t-1} - 0.318,09x_{12}^{t-1} - 0.102,43x_{13}^{t-1} - 0.432,07x_{14}^{t-1} + 0.153,191x_{15}^{t-1} + 0.176,888x_{21}^{t-1} - 0.299,15x_{22}^{t-1} - 0.014,64x_{23}^{t-1} - 0.080,338x_{24}^{t-1} + 0.074 467x_{25}^{t-1} + 0.202,45x_{26}^{t-1} - 0.483,93x_{27}^{t-1} + 0.010,251x_{28}^{t-1} - 0.606,11x_{31}^{t-1} + 1.349,996x_{32}^{t-1} - 0.002,94x_{33}^{t-1} - 0.642,2x_{34}^{t-1} + 0.344,296x_{35}^{t-1} + 0.142,225x_{36}^{t-1} + 0.419,159x_{37}^{t-1} + 0.150,59x_{38}^{t-1} - 0.341,06x_{39}^{t-1} + 0.407,044x_{310}^{t-1} - 0.036,57x_{311}^{t-1}$$

$$y_4^t = -0.000,149y_1^{t-1} - 0.071,802y_2^{t-1} + 0.001,571y_3^{t-1} + 1.248,255y_4^{t-1} + 0.013,369x_{11}^{t-1} + 0.004,048x_{12}^{t-1} + 0.002,42x_{13}^{t-1} + 0.002,687x_{14}^{t-1} - 0.009,156x_{15}^{t-1} - 0.002,881x_{21}^{t-1} + 0.009,711x_{22}^{t-1} + 0.001,866x_{23}^{t-1} - 0.002,486x_{24}^{t-1} - 0.007,504x_{25}^{t-1} - 0.005,74x_{26}^{t-1} + 0.010,425x_{27}^{t-1} + 0.001,498x_{28}^{t-1} + 0.039,161x_{31}^{t-1} - 0.008,111x_{32}^{t-1} - 0.000,062x_{33}^{t-1} + 0.008,527x_{34}^{t-1} - 0.007,566x_{35}^{t-1} - 0.001,032x_{36}^{t-1} - 0.008,016x_{37}^{t-1} - 0.000,255x_{38}^{t-1} + 0.002,523x_{39}^{t-1} - 0.007,253x_{310}^{t-1} - 0.000,171x_{311}^{t-1}$$

二、第二個橋：建立宏觀因子分別對社會福利和社會成本的影響的模型

首先，核算了1997—2016年的社會福利和社會成本。其中社會福利的核算使用的是王濤[1]構建的社會福利函數 $W = $ 人均 GDP $\times (1 - $ 基尼系數$) \times$ 低保水準 $\times$ 總物價指數 $\times M_2/$GDP，並將數據標準化。社會成本的核算採用了以下幾個指標[2]：居民消費、養老保險、醫療保險、生育保險、失業保險、工傷保

---

① 王濤. 社會福利函數的構建 [J]. 統計與諮詢，2,012,（6）：36-37.
② 趙在緒. 城鎮化社會成本及調控研究：以重慶市為例 [D]. 重慶：重慶大學，2016.

險、教育經費①和衛生費用,將以上指標標準化後加總,得到社會成本。之後,分別將干預模型中使用的四個宏觀因子:GDP 指數、CPI 指數、M2 增速、全社會固定資產投資增速作為外生變量,分別建立它們與內生變量社會成本、社會福利的 VAR 模型,得到以下 VAR 模型:

(1) 宏觀因子與社會福利的 VAR 模型

①GDP 指數與社會福利的 VAR 模型:

$$y_t = 0.984,516 y_t - 1 - 0.143,109 y_t - 2 - 0.000,097,2 x_t + \varepsilon_t$$

②CPI 指數與社會福利的 VAR 模型:

$$y_t = 0.984,516 y_t - 1 - 0.143,109 y_t - 2 - 0.000,097,2 x_t + \varepsilon_t$$

③M2 增速與社會福利的 VAR 模型:

$$y_t = 0.985,353 y_t - 1 - 0.141,050 y_t - 2 - 0.195,987 x_t + \varepsilon_t$$

④全社會固定資產投資增速的與社會福利的 VAR 模型:

$$y_t = 0.993,174 y_t - 1 - 0.142,906 y_t - 2 + 0.057,715 x_t + \varepsilon_t$$

(2) 社會成本與宏觀因子的 VAR 模型

①GDP 指數與社會成本的 VAR 模型:

$$y_t = 1.104,864 y_t - 1 - 0.081,439 y_t - 2 + 0.002,776 x_t + \varepsilon_t$$

②CPI 指數與社會成本的 VAR 模型:

$$y_t = 1.096,416 y_t - 1 - 0.073,330 y_t - 2 + 0.003,011 x_t + \varepsilon_t$$

③M2 增速與社會成本的 VAR 模型:

$$y_t = 1.169,733 y_t - 1 - 0.145,079 y_t - 2 + 7.053,845 x_t + \varepsilon_t$$

④全社會固定資產投資增速的與社會成本的 VAR 模型:

$$y_t = 1.208,943 y_t - 1 - 0.185,123 y_t - 2 + 5.595,584 x_t + \varepsilon_t$$

以上模型的構建的優勢在於:在原始數據的處理上較為簡單,模型的擬合效果較好,通過了有效性檢驗,其誤差也在能夠接受的範圍內。通過以上模型的構建,我們較為清晰地觀察到房地產調控政策對宏觀經濟帶來的影響,並觀察到四個主要宏觀經濟變量的變化情況,在綜合考慮宏觀變量的影響下,考慮社會成本、社會福利自身的變化。我們將房地產調控政策、宏觀因子和社會福利及社會成本三方面結合起來形成一個完整的評估體系。

三、不受限政策模擬

我們利用之前的迴歸方程,來模擬政府政策的施行及銀行與開發商之間的

---

① 郝瑩瑩. 資源枯竭型城市社會成本研究 [D]. 長春:東北師範大學,2004.

博弈過程。不受限政策是指：我們忽略掉表 6-2-1 內政策的可行性，而從所有的政策之內隨機選取，進而模擬開發商與銀行根據政策進行的博弈，期望獲得模擬程序在理論的框架下得到一個最優的結果，即社會福利與社會成本的比值最大化。

整個博弈過程分為兩個過程：其一是從房產政策到社會福利和社會成本度量的經濟傳導過程；其二是房產政策出抬之後房地產商、銀行和政府等多方的系列博弈決策過程。某一政策在多方博弈決策的共同推動下最終實現，反應為某一程度的社會成本和社會福利。

在具體實現時，將經濟傳導過程稱為第一步，通過 Adaboost 方法實現，在這一步實現了基於社會成本和社會福利的政策評價函數/機制；將博弈決策過程稱為第二步，利用深度強化學習框架對過程進行模擬，這一步實現了對政策執行過程的模擬；將經濟結果與決策之間的相互制約與相互實現稱為第三步，在這一步分別討論了無約束條件及有約束條件下的博弈均衡情況。整體過程示意如圖 6-2-1 所示。

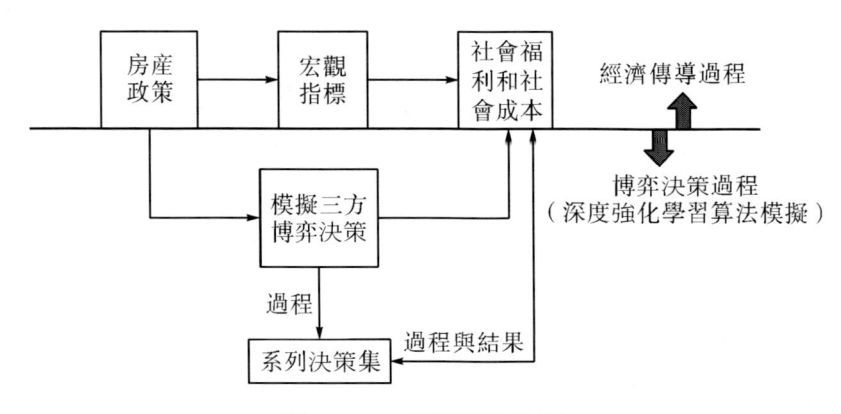

圖 6-2-1　博弈過程示意圖

模擬的基本框架如圖 6-2-2 所示，當政府做出一個調控政策決定之後，將觸發房地產開發商和銀行之間的博弈，博弈的立場是合作或衝突，通過博弈動作集中不同的動作反應，目標都是自身利益最大化。其中，合作的立場是保持對手方損益不減時自己的利益最大化，而衝突則不考慮對手方損益是否增減，以取得自身利益最大化。假定銀行和房地產商的博弈在被觸發之後，雙方做出決策的週期為 1 個月。

一般政府的政策都是政策組合，而非單個政策發布，所以我們每個月的政策大多都是以組合的形式進行模擬，以期更加貼近現實。

模擬的結果與數值如附表 1 所示，我們將模擬分為三組進行，第一組是政

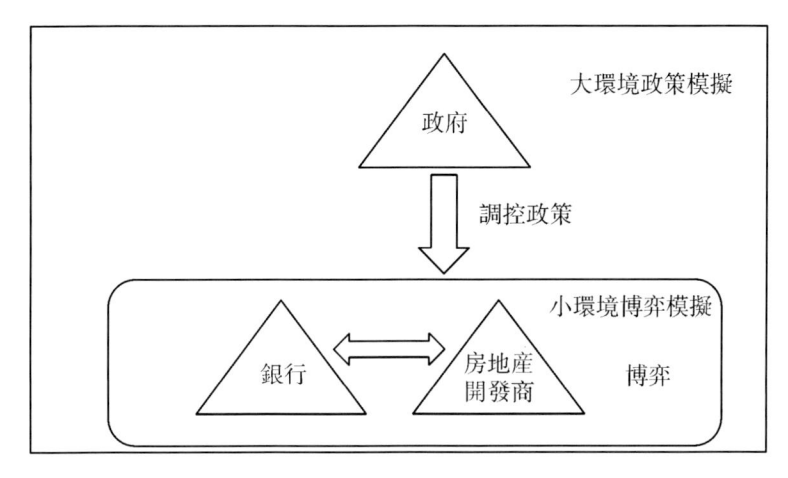

圖 6-2-2　模擬框架

府採取效率高的政策，使社會福利達到最高；第二組是政府採取效率較低的政策，即社會福利會較低；第三組我們設置為對照組，政府隨機採取政策然後我們觀察社會福利的變化。我們對未來一年的政府政策進行模擬，左半部分為對應的大環境政策模擬，而右半部分為小環境的開發商和銀行的博弈模擬。

小環境的博弈中，銀行和房地產商可以採取的博弈動作由表 6-2-2 給出。

表 6-2-2　銀行和房地產商可採取的博弈動作

銀行決策	房地產商
b0（執行放貸）	c0（主動違約）
b1（提前收款）	c1（提前還貸）
b2（遵循合同）	c2（遵循合同）
b3（拒絕放貸）	

大環境的模擬中，若數值為 1 的取值說明該變量為定性變量，0 代表沒有採取該行動或政策，而不等於 1 的數值為範圍取值，說明該政策根據取值的不同而有大小的變化，例如利率的大小等。對比三組的政策在不同月份的數值，通過折線圖我們可以較容易得出結論，首先在大環境下，觀察政府政策調控的社會福利變化與成本變化。

根據 2018 年政府工作報告，2017 年政府 GDP 增速為 6.9%，而 2018 年發展主要預期目標是：國內生產總值增長 6.5% 左右；居民消費價格漲幅 3% 左右；城鎮登記失業率 4.5% 以內；居民收入增長和經濟增長基本同步，保持廣

義貨幣 M2 合理增長。上述主要預期目標，考慮了決勝全面建成小康社會的需要，符合中國經濟已由高速增長階段轉向高質量發展階段的實際。

我們政策的分類主要參考了政府的工作報告目標，通過橋的傳導可以間接量化福利和成本，從而將提高福利的政策分類為效率較高的組，反之亦然。

我們模擬的政策選擇具體如表 6-2-3 和表 6-2-4 所示。

表 6-2-3　效率高組的政策組合

實施月份	具體政策組合				
3 月	上調存款準備金率 0.5%	上調存款基準利率 0.2%	進行限購		
6 月	增加保障性住房建設	個人公積金貸款額度 73 萬元			
7 月	整頓交易市場秩序	加強稅收徵管	對閒置土地徵稅 0.25%	加強商品房銷售管理	
9 月	首套房首付比例變為 40%	二套房首付比例變為 50%	徵收房產稅		
10 月	加強貸款風險管理	下調存貸基準率 0.25%	加強商品房銷售管埋	增加保障性住房建設	下調公積金貸款利率
11 月	加強土地供應管理	抑制投機、炒房	降低購房門檻、鼓勵購房		

表 6-2-4　效率低組的政策組合

實施月份	具體政策組合				
1 月	加強土地供應管理	差別化利率政策	購房補貼		
2 月	個人公積金貸款額度為 1 萬元				
3 月	整頓交易市場秩序	加強商品房銷售管理	限購		
4 月	下調存款準備金率 1%				
5 月	控制信託貸款	徵收房產稅	降低購房門檻鼓勵購房		

表6-2-4(續)

實施月份	具體政策組合			
6月	下調存款準備金率0.6%			
7月	加強稅收徵管	加強商品房銷售管理	差別化放貸	
8月	加強貸款風險管理	上調存款準備金0.5%	上調存貸利率0.1%	首套房首付比例調整為70%
9月	二套房首付比例調整為0.5%	差別化放貸	限購	
10月	鼓勵購房			
11月	下調存貸利率1.35%	購房補貼		
12月	加強土地供應管理	加強商品房銷售管理		

在政府選擇效率較高的政策情況下，圖6-2-3、圖6-2-4反應出了社會福利是明顯高於其他兩組，同時效率高的組對應成本相應地低於其他兩組。

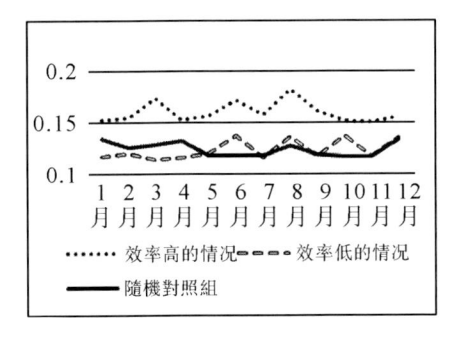

圖6-2-3　福利的變化

圖6-2-4　成本的變化

圖6-2-5反應的是福利與成本的比值，由我們本節追求的社會福利/社會成本比值的最大化可得出結論，即是在政府選擇效率高的政策下，社會是可以達到福利最大化和成本最小化的結果的。效率低組與隨機對照組的均值基本都在10以下，而效率高的組可以觀察到雖然波動較大，但是均值在16左右，明顯高於效率低與隨機對照組。說明政府採取選取合適的政策是能夠促進社會福利的增加的。

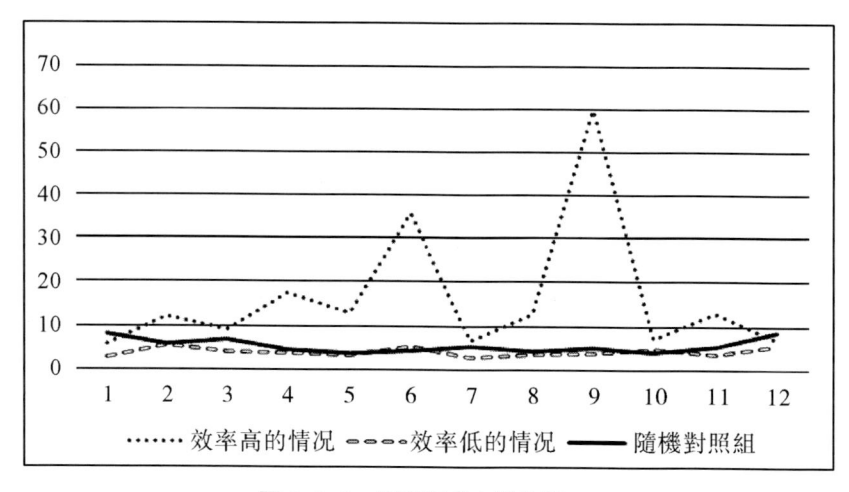

圖 6-2-5　福利與成本的比值

另外，我們還注意到小環境的博弈也會對銀行和房地產開發商的損益造成影響（見圖 6-2-6 和圖 6-2-7）。

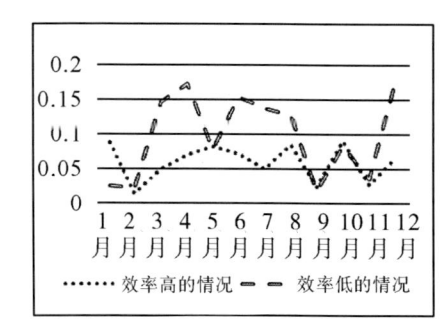

圖 6-2-6　銀行損益　　　　　圖 6-2-7　企業損益

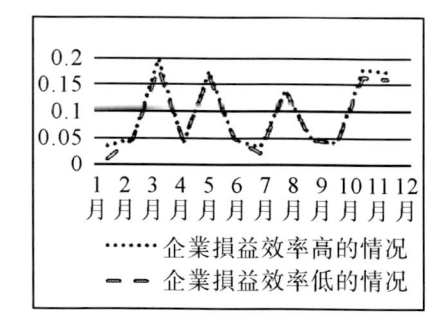

不論政策好壞，房地產開發商都能通過博弈調整自己的損益大致不變，而在政府低效率的政策下，銀行也經過與房地產開發商進行博弈，但是損益依舊高於效率高的組，由此可得出銀行的收益對政策依賴度較高，而企業對政府的調控更加具有靈活性。

四、受限政策模擬

本部分同樣是模擬政府政策的施行及銀行與開發商之間的博弈過程，但是與不受限政策模擬的區別是：①不受限模擬不考慮政策在當前階段的可行性，②受限模擬從經驗出發劃分了一些好的政策與不好的政策。我們模擬採用的政

策如表 6-2-5 和表 6-2-6 所示。

表 6-2-5 效率高組的政策組合

實施月份	具體的政策組合					
2 月	上調存款準備金率 0.1%	整頓交易市場秩序	加強稅收徵管	對閒置土地徵稅 0.25%	加強商品房銷售管理
	增加保障性住房供應	二套房首付比例調整為 20%			
10 月	加強貸款風險管理	下調存款利率 0.25%	加強商品房銷售管理	增加保障性住房供應	下調公積金利率 0.2%
11 月	上調存款利率 0.2%	加強土地供應管理	收緊信託貸款	抑制投機、炒房	給予購房補貼
	降低購房門檻，鼓勵購房				

表 6-2-6 效率低組的政策組合

實施月份	具體的政策組合		
1 月	自有資本貸款比率調整為 36%	加強土地供應管理	
2 月	公積金貸款額度調整為 1 萬元	房地產稅	購房補貼
3 月	整頓交易市場秩序	限購	
4 月	下調存款準備金率 1%		
5 月	房地產稅	鼓勵購房	
6 月	下調存款準備金率 0.4%		
7 月	加強相關稅收徵管	差別化放貸	購房補貼
8 月	上調存款準備金 0.26%	首套房首付比例 30%	
9 月	差別化放貸	限購	
10 月	抑制投機、炒房	鼓勵購房	
11 月	下調存款利率 0.73%		
12 月	整頓交易市場秩序	加強土地供應管理	加強商品房銷售管理

效率高的政策對應的社會福利是最高的，相應的社會成本也較高，我們認為這樣的結果更加貼近實際的情況，如果政府要追求更高的社會福利也相應地需要付出更高的成本。具體見圖6-2-8和圖6-2-9。

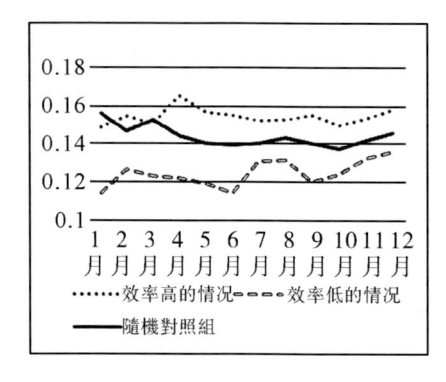

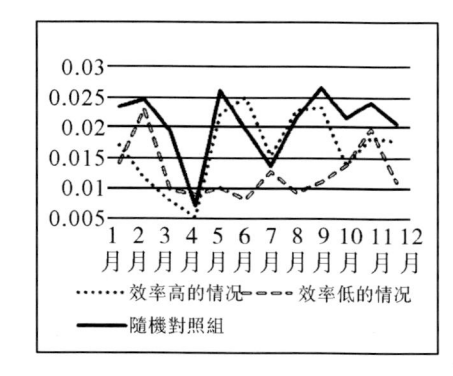

圖6-2-8 福利的變化　　　　圖6-2-9 成本的變化

結合福利與成本的比值，我們認為高效率的政策出抬在短期內可以起到很好的效果，但是在長期由於市場的自發調節，又會降低到一般的水準，因此政府可能需要建立長效的機制從供給側改革出發調節市場，才能解決政策效果不明顯的問題。具體見圖6-2-10。

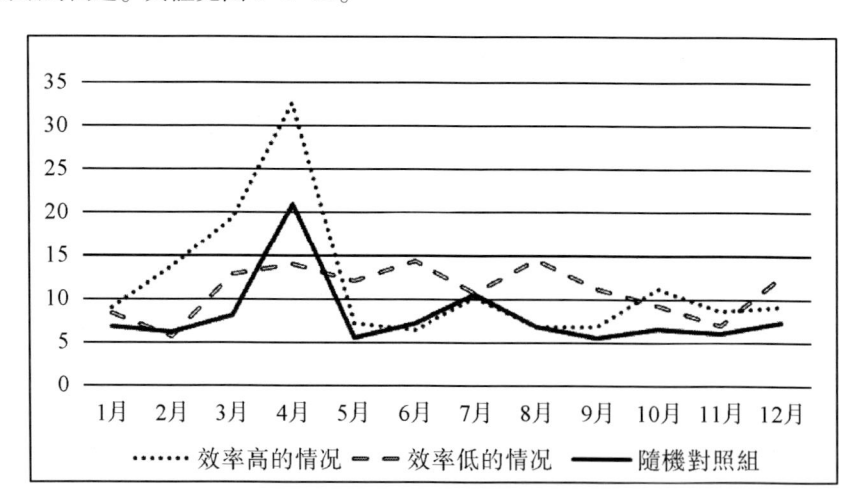

圖6-2-10 福利與成本的比值

同不受限的情況類似，受限政策下企業的損益基本可以保持穩定，但是銀行在政策效率高的情況下自身的損益會遭到些損失。當政府需要提高社會福利時，銀行可能需要犧牲自身的利益。

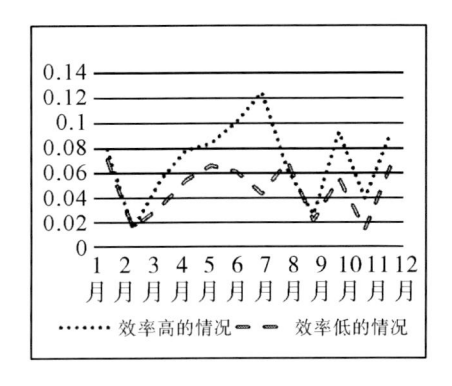

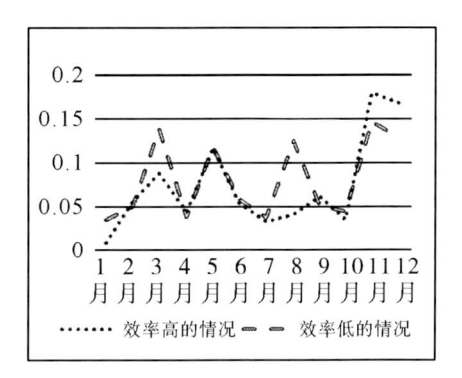

图 6-2-11　银行损益　　　　　　　图 6-2-12　企业损益

第三節　政策總結

之前，我們選取了相應指標計算出社會成本和社會福利，最後得到的 2005—2016 年的社會成本和社會福的月度數據，然後利用 Adaboosts 算法進行調試，最後得到預測的社會福利和社會成本值。我們將兩者進行對比，得到擬合結果圖。總的來說，真實值和預測值擬合程度較高，說明通過該算法能夠較為準確地估計出真實的社會成本和社會福利。

附錄中的 true-welfare 和 true-costs 為真實值，welfare 和 costs 為實際社會福利和社會成本的擬合值。

從社會福利的模擬效果來看，擬合值圍繞真實值波動的幅度在 ±0.01。從 2005 年至 2014 年年底未呈現顯著變化，總體呈緩慢上升的趨勢，但在 2015 年年初，社會福利水準急遽下降，變為負值，一直持續到了 2015 年年底，之後社會福利有大幅度的上升，超過之前的最高，增長了近十倍。

從社會成本的模擬效果來說，擬合值圍繞真實值波動的幅度也在 ±0.01，而社會成本在 2006 年開始出現大幅減少，在 2007 年輕微上升後，在 2008 至 2014 年在 0.012 附近小幅波動，在 2014 年以後一直低於 0.01。

從政策角度來看，2004 年出抬的房地產調控政策很少，主要針對銀行的貸款基準利率利率的調整和對房地產開發商的土地供應，未出抬影響消費端的政策。2005 年，政府出抬的調控政策主要針對房地產商的土地供應、信託以及房地產市場的秩序規範上，並在消費端實施了如限購、相關稅收徵收以及實施差別化放貸等抑制購房需求的政策，之後在 2006 年年初，社會成本大幅下

降，社會福利小幅度有所上升。

2006年年初至2008年年底，政府出抬了大量調控政策政策，銀行的存款準備金頻繁上調，多為每月調整一次；同時也不斷上調貸款基準利率，不斷收緊銀行貸款。對房地產開發商而言，政府三次對土地供應結構做出調整，多次強調相關稅收徵收、房地產交易市場的規範的管理，對商品房的供應結構和開發環節做出要求，並多次提到加強保障性住房的建設和結構調整。購房需求端，則主要體現在抑制投機、炒房，對房產稅的徵收規定做出調整，並提升二套房首付比例，抑制購房需求。總體而言，該時間段的住房調控政策出抬頻繁，以抑制需求端為主，抑制購房需求，且在信貸方面實施緊縮政策。在此期間，社會成本在經歷過一段上升之後又回落至接近2006年年初水準，而社會福利持續穩步上升。

從2008年下半年至2009年年底，期間的政策主要以刺激需求的寬鬆政策為主，在銀行方面，多次下調存款準備金率和貸款基準利率；在消費端多次下調公積金貸款利率，並出抬購房相關稅收優惠的政策，同時降低購房置業門檻；在房地產開發商方面，依舊強調保障性住房建設並加強土地供應管理，維持市場公平。

2010年年初至2011年年底，政府出抬了全面控制房價上漲的緊縮政策，在銀行端，頻繁上調存款準備金率，多次上調貸款基準利率，並多次強調加強貸款風險控制管理。在房地產開發商端，政策主要通過對房地產商的貸款控制、土地供應控制和房地產交易市場的規範來限調控房供應；在消費端則多次上調公積金貸款利率並限制公積金貸款額度，同時提升首套房、二套房首付比例、對部分地區徵收房產稅、取消稅收優惠，實行限購、禁購，大力打擊投機炒房行為，全面收緊住房需求。

2012年至2016年年底，房地產調控政策趨於寬鬆，期間多次下調銀行存款準備金利率，下調貸款基準利率，降低購房成本，調整尤其集中在2015年；對於房地產開發商，則仍然繼續加強土地供應的改革和管理，調節商品房和保障性住房的結構和比例，規範交易市場；消費端在2014年降低了首套房和二套房的首付比例，並不斷下調公積金貸款利率；期間也有少部分如限購、抑制炒房和徵收相關稅的政策，但整體而言政策較為寬鬆。該期間社會成本穩步下降，社會福利在前期有所下降，而後期有極為顯著的上升。

具體地，就擬合數據所顯示的來看，2007年九月，是銀行方面在半年內進行的第五次存款準備金率，第三次上調存貸基準利率；購房需求端，將二套房首付比例提升至40%，此外限制投資、炒房行為。該政策的出抬產生的結果

是社會福利明顯提高，社會成本小幅下降，但之後的幾個月裡社會福利下降顯著，社會成本上升顯著。

2010年4月，銀行方面被要求加強貸款風險控制管理；購房需求端則對第二套房的首付比例提升至50%，首套房首付比例提升至40%，並對擁有房產數量不同的購買者實行貸款利率差別化，進一步打擊炒房行為。房地產開發商方面，國家對其土地供應、開發環節、貸款方面進行限制和管理，並進一步強化交易市場規範管理問題。當月，社會福利有小幅上升，社會成本下降。在之後的幾個月裡社會福利繼續上升，而社會成本也有所上升。

2011年1月，國家出抬了一系列抑制房價過快上漲的措施。在銀行方面，上調了存款準備金率0.5個百分點，並且在之後幾個月連續上調。房地產開發商方面，加強了土地供應管理，對其貸款、商品房供應比例、結構制定相關要求，提升保障性住房的比例以及加強相關稅收的徵收管理，大力控制住房供給端。在消費端，進一步提高了首套房和二套房的首付比例，都提升為60%，進一步落實房產稅的實施，並出抬了限購政策，大力抑制購房需求。該月社會福利大幅下降，且在之後三個月中繼續下降，而社會成本也在大幅下降。

2014年10月，無相關政策出抬，但由於9月對購房需求端實施了寬鬆的政策，社會福利出現了顯著上升，社會成本顯著下降，成為負值。

本章的研究意義在於：目前該方向的研究多為定性分析，很少有對於房地產調控政策對社會福利及社會成本影響的定量的分析；缺少對政策組合拳的有效構建；人工智能算法的使用並不普遍；且由於在調控政策的績效評估中採用的評價標準存在較大差異，已有研究所得結論並不完全一致，導致對政策作用的評估不全面甚至錯誤評估，同時也無法形成一套有效的政策組合的理論依據。本章採用宏觀虛擬經濟模擬分析，建立基於壓力測試的社會成本模型和社會福利模型；然後使用中國經濟數據進行實證分析並建立基於壓力測試的社會成本模型和社會福利模型。我們使用更前沿和優化的算法對政策進行更全面的評估，能有避免由於績效評估標準差異產生的問題，並最終形成一套政策組合的理論依據。

研究優勢在於：在政策分類上，我們將政策分別為針對房地產商、銀行和消費者的政策三大類，然後進一步把每個政策細化為政策因子，如首套房首付比例、土地供應管理、貸款基準利率等20餘個。政策的細化形成了現行調控政策的「政策庫」，有利於清晰地反應每個政策因子組合的效果，並有利於之後通過人工智能算法建立有效政策組合。

為了最後能夠有效地評估政策績效，並形成政策「組合拳」，本章結合上

述兩個模型，使用 Adaboost 人工智能算法，用每個時間點上的各個政策因子組合估算出每個時間點的社會福利和社會成本，建立了各個政策因子對社會福利、社會成本的直接聯繫。該算法得到的預測值的擬合程度很高。這說明該算法能夠相當準確地估算出不同政策因子組合下對應的社會福利和社會成本的變化，能夠精確化和量化調控政策及社會成本和社會福利的評估方案，增加評估的精確度並提出形成組合拳的有效方案。

參考文獻

[1] 曹鋼鋒. 中國房地產市場主體博弈分析與政策選擇 [D]. 合肥：中國科學技術大學, 2010.

[2] 常建娥. 層次分析法確定權重的研究 [J]. 武漢理工大學學報（信息與管理工程版）, 2007（1）：153-155.

[3] 陳剛. 通貨膨脹的社會福利成本：以居民幸福感為度量衡的實證研究 [J]. 金融研究, 2013（2）：60-73.

[4] 陳俊剛. 中國商業銀行房地產信貸風險探析 [J]. 現代農業, 2013（11）：98-99.

[5] 陳彥斌, 馬莉莉. 中國通貨膨脹的福利成本研究 [J]. 經濟研究, 2007（4）：30-42.

[6] 段銀弟. 論中國金融制度變遷的效用函數 [J]. 金融研究, 2003（11）：89-94.

[7] 段忠東, 曾令華, 黃澤先. 房地產價格波動與銀行信貸增長的實證研究 [J]. 金融論壇, 2007（2）：40-45.

[8] 顧律君. 基於混合掃描模型的房價調控政策研究 [J]. 赤子（上中旬）, 2015（6）：221-222.

[9] 韓利. AHP-模糊綜合評價方法的分析與研究 [J]. 中國安全科學學報, 2004（7）：86-89.

[10] 蔣滿元. 中央與地方政府間的博弈及其效益分析 [J]. 理論導刊, 2003（12）：30-32.

[11] 李宏謹. 房地產市場、銀行信貸與經濟增長：基於面板數據的經驗研究 [J]. 國際金融研究, 2005（7）：30-36.

[12] 李來兒, 趙烜. 中西方「社會成本」理論的比較分析 [J]. 經濟問題, 2005（7）：4-6.

[13] 李世美, 曾昭志. 房地產調控的貨幣政策有效性研究 [J]. 廣東金融

學院學報，2012（6）：66-78.

[14] 李曉萍，江飛濤. 干預市場抑或增進與擴展市場——產業政策研究述評及理論重構的初步嘗試：2011 年產業組織前沿問題國際研討會會議文集 [C]. 2011.

[15] 李正全. 發達國家政府干預房地產市場的政策、演變趨勢及其借鑑意義 [J]. 世界經濟研究，2005（5）：63-67，72.

[16] 厲以寧. 中國沒有房地產泡沫 [N]. 新京報，2005-03-10.

[17] 梁運斌. 世紀之交的中國房地產發展與調控 [M]. 北京：經濟管理出版社，1996.

[18] 林增杰，武永祥，呂萍. 房地產經濟學 [M]. 北京：中國建築工業出版社，2000.

[19] 劉暢，苟於國，郭敏. 美國大型商業銀行壓力測試框架解析 [J]. 投資研究，2010，29（4）：2-9.

[20] 劉暢. 由美國次貸危機再思中國商業銀行有效壓力測試框架的構建 [J]. 中國經濟問題，2010（1）：51-57.

[21] 龍海明，郭微. 基於 VAR 模型的中國房價與地價動態計量分析 [J]. 經濟數學，2009（2）：52-58.

[22] 盧江，李春吉. 中國社會福利函數的構建及財政效果研究 [J]. 華東經濟管理，2016，30（11）：101-108.

[23] 欒溪，張子旭. 社會經濟價值評價與社會福利函數 [J]. 西安石油學院學報（社會科學版），1999，8（2）：28-32.

[24] 羅龍昌. 房地產業宏觀管理 [M]. 北京：經濟管理出版社，1999.

[25] 呂煒. 房地產業宏觀調控的績效研究：以成都市為例 [D]. 成都：西南財經大學，2009.

[26] 孟曉蘇. 為國土資源管理打開新局面 [J]. 中國房地產報，2003（9）：6.

[27] 饒曉輝. 政府支出融資方式的增長效應與福利效應 [J]. 當代財經，2017（8）：14-25.

[28] 申敏，吳和成. 基於變結構面板協整模型的房價調控政策有效性 [J]. 系統工程，2013（2）：69-76.

[29] 沈悅，張學峰，張金梅. 基於 SVAR 模型的住宅價格調控政策有效性實證分析 [J]. 統計與決策，2011（7）：111-114.

[30] 孫興全，張文婷. 中國近幾輪房價調控政策與房價波動 [J]. 財政監

督，2012（5）：70-72.

［31］孫雪. 政策調控對中國房地產週期運行的影響研究［J］. 中國市場，2017（17）：17-18.

［32］田茂華，楊慧新. 可持續發展與社會成本：基於杭州「三江兩岸」綜合治理分析［J］. 中國鄉鎮企業會計，2014（5）：226-227.

［33］王璐，陳銀蓉. 房地產近期調控政策對房價影響的研究：以武漢市為例［J］. 現代物業（上旬刊），2013（1）：26-29.

［34］王濤. 社會福利函數的構建［J］. 統計與諮詢，2012（6）：36-37.

［35］王文華. 中央與地方財政關係的博弈分析［J］. 社會科學研究，1999（2）：86-91.

［36］王新玉. 人力資本、經濟增長與社會福利關係［J］. 首都經濟貿易大學學報，2017，19（4）：14-19.

［37］吳萌強，王建平，趙淑貞. 動態規劃（DP）方法在房地產投資分配最優化問題中的應用研究［J］. 工程質量，2008（1）：44-48.

［38］吳文君. 基於 PSR 模型的房價調控政策有效性評價［J］. 商情，2014（20）：63.

［39］熊會祥，朱元昌，劉穎，等. 基於 AHP-模糊綜合評估方法的虛擬裝備訓練評估模型［J］. 兵工自動化，2008，（12）：1006-1576.

［40］熊志軍. 科斯的成本問題及其現實意義［J］. 江漢論壇，2002（1）：22-25.

［41］徐靜，武樂杰. 房地產價格影響因素的解釋結構模型分析［J］. 金融經濟，2009（10）：22-23.

［42］許蕾，段旭捷. 政府在降低社會成本中的作用［J］. 合作經濟與科技，2008（24）：104.

［43］楊蕾，武玉英. 房地產週期波動的博弈分析［J］. 計劃與市場探索，2004（3）：65-66.

［44］葉提芳，龔六堂，葛翔宇. 資本流動、地方政府支出效率與社會福利［J］. 中南財經政法大學學報，2017（2）：59-67.

［45］易憲容. 房價博弈［M］. 北京：中國經濟出版社，2008.

［46］餘凱. 中國房地產宏觀調控的長效機制研究［J］. 首都經濟貿易大學學報，2008（4）：65-69.

［47］俞毅，萬煉. 中國進出口商品結構與對外直接投資的相關性研究：基於 VAR 模型的分析框架［J］. 國際貿易問題，2009（6）：96-104.

[48] 臧旭東, 徐光友. 當前房價過高與調控政策分析 [J]. 中國新技術新產品, 2009 (19): 209.

[49] 張傳國, 鄧文平. 廣東省能源消費、經濟增長與 FDI 互動關係的研究: 基於 VAR 模型 [J]. 國際商務 (對外經濟貿易大學學報), 2009 (3): 60-65.

[50] 張維迎. 博弈論與信息經濟學 [M]. 上海: 上海人民出版社, 2007.

[51] 張喜峰, 趙雪. 銀行按揭貸款、開發貸款與商品房銷售價格的實證關係研究: 基於上海 6 市相關數據的實證研究 [J]. 經濟師, 2009 (9): 200-201.

[52] 張堯庭. 連接函數 (copula) 技術與金融風險分析 [J]. 統計研究, 2002 (4): 48-51.

[53] 趙成美. 廣義可持續發展經濟學主要理論分支的關係與整合 [J]. 山東財經大學學報, 2014 (2): 58-66.

[54] 白保中, 宋逢明, 朱世武. Copula 函數度量中國商業銀行資產組合信用風險的實證研究 [J]. 金融研究. 2009 (4): 129-142.

[55] Agung A, Gaol F L. Game Artificial Intelligence Based Using Reinforcement Learning [J]. Procedia Engineering, 2012 (50): 555-565.

[56] ANGEL C I. Risk assessment for pipelines with active defects based on artificial intelligence methods [J]. International Journal of Pressure Vessels and Piping, 2009 (7): 403-411.

[57] ATHANASSOPOULOS A D, PODINOVSKI V V. Dominance and potential optimality in multiple criteria decision analysis with imprecise information [J]. Journal of the Operational Research Society, 1997, 48 (2): 142-150.

[58] BALESTRA G, TSOUKIàS A. Multicriteria Analysis Represented by Artificial Intelligence Techniques」, Journal of the Operational Research Society, 1990, 41 (5): 419-430.

[59] BARNETT T, ZELEZNIKOW J, MACMAHON C. Using Game Theory to Optimize Performance in a Best-of-N Set Match [J]. Journal of Quantitative Analysis in Sports, 2010 (6): 1228.

[60] BELTON V, PICTET, J. A Framework for Group Decision Using a MCDA Model: Sharing, Aggregating or Comparing Individual Information [J]. Journal of Decision Systems, 1997, 6 (3): 283-303.

[61] BELTON V, STEWART T. Multiple Criteria Decision Analysis: An Integrated Approach [J]. Springer Science & Business Media, 2002.

[62] BERKOWITZ J. A Coherent Framework for Stress-Testing [J]. Journal of Risk, 2000, 2 (2): 647-663.

[63] BILSKI A. A Review of Artificial Intelligence Algorithms in Document Classification [J]. International Journal of Electronics and Telecommunications, 2011, 57 (3): 263-270.

[64] BINBASIOGLU M. Key features for model building decision support systems [J]. European Journal of Operational Research, 1995, 82 (3): 422-437.

[65] BOLTON G E. Game theory's role in role-playing [J]. International Journal of Forecasting, 2002, 18 (3): 353-358.

[66] BROMHAL G S. Birkholzer J, Mohaghegh S D, et al. Evaluation of rapid performance reservoir models for quantitative risk assessment [J]. Energy Procedia, 2014 (63): 3425-3431.

[67] CAVUS N. The evaluation of Learning Management Systems using an artificial intelligence fuzzy logic algorithm [J]. Advances in Engineering Software, 2010, 41 (2): 248-254.

[68] CAVUSOGLU H, RAGHUNATHAN S, YUE W T. Decision-Theoretic and Game-Theoretic Approaches to IT Security Investment [J]. Journal of Management Information Systems, 2008 (25): 281-304.

[69] CHEN J M, LI H X. Behavioural decision game between organizational support and work engagement [J]. Journal of Discrete Mathematical Sciences and Cryptography, 2017, 20 (6-7): 1327-1332.

[70] CHEN Y C, LIEN H P, TZENG G H, et al. Cutting-Edge Research Topics on Multiple Criteria Decision Making [M]. Berlin: Springer Berlin Heidelberg, 2009: 744-752.

[71] CID-LóPEZ A, HORNOS M J, CARRASCO R A, et al. Linguistic multi-criteria decision-making model with output variable expressive richness [J]. Expert Systems with Applications, 2017 (83): 350-362.

[72] DEWHURST F W, GWINNETT E A. Artificial Intelligence and Decision Analysis [J]. Journal of the Operational Research Society, 1990, 41 (8): 693-701.

[73] DRAKE J I, DE HART J C T, MONLEóN C, et al. Utilization of multi-

[73] ple-criteria decision analysis (MCDA) to support healthcare decision-making FI-FARMA, 2016 [J]. Journal of Market Access & Health Policy, 2017, 5 (1): 136.

[74] Dulmin R, Mininno V. Supplier selection using a multi-criteria decision aid method [J]. Journal of Purchasing and Supply Management, 2003, 9 (4): 177-187.

[75] Ferreira F A F, Santos S P, Rodrigues P M M, et al. How to create indices for bank branch financial performance measurement using MCDA techniques: an illustrative example [J]. Journal of Business Economics and Management, 2014, 15 (4): 708-728.

[76] Genest C, MacKay J. Copules Archimédiennes et Familles de Lois Bidimensionnelles Dont les Marges sont Données [J]. Canadian Journal of Statistics, 1986, 14 (2).

[77] Ginevi R, Krivka A. Application of game theory for duopoly market analysis [J]. Journal of Business Economics and Management, 2008, 9 (3): 207-217.

[78] Gottlob G, Szeider S. Fixed-Parameter Algorithms For Artificial Intelligence, Constraint Satisfaction and Database Problems [J]. The Computer Journal, 2007, 51 (3): 303-325.

[79] Gottlob G, Szeider S. Fixed-Parameter Algorithms For Artificial Intelligence, Constraint Satisfaction and Database Problems [J]. The Computer Journal, 2007, 51 (3): 303-325.

[80] Gouveia M C, Dias LC, Antunes C H. Additive DEA based on MCDA with imprecise information [J]. Journal of the Operational Research Society, 2008, 59 (1): 54-63.

[81] Graham J D. Decision-analytic refinements of the precautionary principle [J]. Journal of Risk Research, 2010 (4): 127-141.

[82] Grosser P W, Goodman A S. Determination of groundwater sampling frequencies through Bayesian decision theory [J]. Civil Engineering Systems, 1985, 2 (4): 186-194.

[83] Guala F. The logic of normative falsification: rationality and experiments in decision theory [J]. Journal of Economic Methodology, 2000, 7 (1): 59-93.

[84] Han Y, Yuzgec E, Khasawneh M T. An Artificial Intelligence Approach

for Breast Cancer Early Risk Assessment [J]. IIE Annual Conference [J]. Proceedings, Institute of Industrial and Systems Engineers, 2013: 1712.

[85] Harvey R K, Cabot A V. A Decision Theory Approach to Capital Budgeting Under Risk [J]. The Engineering Economist, 1974, 20 (1): 37-50.

[86] Huang C, Ruan D. Fuzzy Risks and an Updating Algorithm with New Observations [J]. Risk Analysis, 2008, 28 (3): 681-694.

[87] Insua S R, Martin J, Insua D R, et al. Bayesian Forecasting for Accident Proneness Evaluation [J]. Scandinavian Actuarial Journal, 1999 (2): 134-156.

[88] Kai Christoffel, Tobias Linzert. The role of real wage rigidity and labor market frictions for unemployment and inflation dynamics [J]. ECB Working Paper, 2006: 556.

[89] Kaufman G M. Remarks on Engineering Economy Studies from the Viewpoint of Statistical Decision Theory [J]. The Engineering Economist, 1966, 12 (1): 23-30.

[90] Kim Y M, Kim J H, Kim S H. Use of multi-attribute decision analysis for designing operations system framework in telecommunications management network [J]. Computers & Operations Research, 2000, 27 (14): 1375-1388.

[91] Le Téno J F, Mareschal B. An interval version of PROMETHEE for the comparison of building products' design with ill-defined data on environmental quality [J]. European Journal of Operational Research, 1998, 109 (2): 522-529.

[92] Lei T E van der, Thissen W a H. Quantitative problem structuring methods for multi-actor problems: an analysis of reported applications [J]. Journal of the Operational Research Society, 1009, 60 (9): 1198-1206.

[93] Linkov I, Moberg E. Multi-Criteria Decision Analysis: Environmental Applications and Case Studies [M]. Boca Raton: CRC Press, 2011.

[94] Meacham C J G, Weisberg J. Representation Theorems and the Foundations of Decision Theory [J]. Australasian Journal of Philosophy, 2011, 89 (4): 641-663.

[95] Merton Robert C. On the Pricing of Corporate Debt: The Risk Structure of Interest Rates [J]. Journal of Finance, 1974 (29): 449-470.

[96] Metaxiotis K, Ergazakis K, Samouilidis, et al. Decision support through knowledge management: the role of the artificial intelligence [J]. Information Man-

agement & Computer Security, 2003, 11 (5): 216-221.

[97] Moore J H. Artificial intelligence programming with LabVIEW: genetic algorithms for instrumentation control and optimization [J]. Computer Methods and Programs in Biomedicine, 1995, 47 (1): 73-79.

[98] NOWAKOWSKA M. New Theoretical, Methodological, and Empirical Possibilities in Decision Theory [J]. Cybernetics and Systems, 1981, 12 (4): 311-343.

[99] Oliveira M D N T, Ferreira F A F, Ilander G O P B, et al. Integrating cognitive mapping and MCDA for bankruptcy prediction in small- and medium-sized enterprises [J]. Journal of the Operational Research Society, 2017, 68 (9): 985-997.

[100] Oppe S. The concept of risk: a decision theoretic approach [J]. Ergonomics, 1988, 31 (4): 435-440.

[101] Ouma Y O. Kipkorir E C, Tateishi R. MCDA-GIS integrated approach for optimized landfill site selection for growing urban regions: an application of neighborhood-proximity analysis [J]. Annals of GIS, 2011, 17 (1): 43-62.

[102] Phillips L D. How MCDA is Moving Decision-Making From Intuitive and Qualitative, To Explicit and Quantitative [J]. Impact, 2017, 3 (2): 21-24.

[103] Ramamoorti S, Bailey Jr A D, Traver [J]. R O. Risk assessment in internal auditing: a neural network approach [J]. International Journal of Intelligent Systems in Accounting, Finance & Manag, 1999, 8 (3): 159-180.

[104] Rios Insua D, Rios J, Banks D. Adversarial Risk Analysis [J]. Journal of the American Statistical Association, 2009, 104 (486): 841-854.

[105] Rizzo J. Newcomb's Problem for Decision Theory and Critical Theory [J]. Rethinking Marxism, 2005, 17 (3): 471-485.

[106] Roy B, Présent M, Silhol D. A programming method for determining which Paris metro stations should be renovated [J]. European Journal of Operational Research, 1986, 24 (2): 318-334.

[107] Shan F, Yuan T, Tong L. Artificial Intelligence Embedded Object-Oriented Methodology for Model Based Decision Support [J]. IFAC Proceedings Volumes, 1995, 28 (7): 371-379.

[108] Smith L D, Sanchez S M, Lawrence E C A. Comprehensive Model for

Managing Credit Risk on Home Mortgage Portfolios [J]. Decision Sciences, 1996, 27 (2).

[109] Tan C, Chen X. Intuitionistic fuzzy Choquet integral operator for multi-criteria decision making [J]. Expert Systems with Applications, 2010, 37 (1): 149-157.

[110] Varis O. Bayesian decision analysis for environmental and resource management [J]. Environmental Modelling & Software, 1997, 12 (2-3): 177-185.

[111] Venezia I. A Decision-Theoretic Approach to the Aggregation Problem at the Pre-Data-Collection Stage [J]. Journal of the American Statistical Association, 1978, 73 (363): 552-558.

[112] Xu J Tao Z. Rough Multiple Objective Decision Making [M]. Boca Raton: CRC Press, 2011.

[113] Xu X. The SIR method: A superiority and inferiority ranking method for multiple criteria decision making [J]. European Journal of Operational Research, 2011, 131 (3): 587-602.

[114] Yu L, Lai K K. A distance-based group decision-making methodology for multi-person multi-criteria emergency decision support [J]. Decision Support Systems, 2011, 51 (2): 307-315.

[115] Zandi F, Tavana M, O'Connor A. A strategic cooperative game-theoretic model for market segmentation with application to banking in emerging economies [J]. Technological and Economic Development of Economy, 2012, 18 (3): 389-423.

[116] Zhang L, Zhou P, Newton S, et al. Evaluating clean energy alternatives for Jiangsu, China: An improved multi-criteria decision making method [J]. Energy, 2015 (90): 953-964.

[117] Zhu F, Zhong P, Xu B, et al. A multi-criteria decision-making model dealing with correlation among criteria for reservoir flood control operation [J]. Journal of Hydroinformatics, 2016, 18 (3): 531-543.

附錄

附表1 不受限政策模擬結果

	X11	X12	X13	X14	X15	Y11	Y12	Y13	Y14	Y15	Y16	Y17	Y18	Z101	Z102	Z103	Z104	Z105	Z106	Z107	Z108	Z109	Z110	Z111	welfare	cost	小不點博弈動作序列	銀行收益	企業收益
效率高的情況																													
1月	0	0	0	0	0	0	0	0	0	0	0	0	0	0	0	0	0	0	0	0	0	0	0	0	0.15251	0.02675	未觸發博弈	0.0671033	0.0354595
2月	0	0	0.5	0	0	0	0	0	0	0	0	0	0	0	0	0	0	0	0	0	0	0	0	0	0.15457	0.01289	未觸發博弈	0.0120804	0.0488320
3月	0	0	0.5	0.2	0	0	0	0	0	0	0	0	0	0	0	0	0	0	0	0	0	0	0	0	0.17380	0.01953	觸發博弈至終止，b1c2b2	0.0484467	0.1983167
4月	0	0	0	0	0	0	0	0	0	0	0	0	0	0	0	0	0	0	0	0	0	0	0	0	0.15246	0.00879	未觸發博弈	0.0691214	0.0384903
5月	0	0	0	0	0	0	0	0	0	0	0	0	0	0	0	0	0	0	0	0	0	0	0	0	0.15590	0.01214	未博弈	0.08133985	0.1753475
6月	0	0	0	0	0	0	0	0	0	0	0	0	0	5	0	73	0	0	0	0	0	0	0	0	0.17154	0.00479	觸發博弈，c0b3	0.0711652	0.0473702
7月	0	0	0	0	0	0	1	0	0	0	0	1	0	0	0	0	0	0	0	0	0	0	0	0	0.15767	0.02465	未連續博弈	0.0491682	0.0331264
8月	0	0	0	0	0	0	1	1	0	0.25	0	1	0	0	0	0	0	0	0	0	0	0	0	0	0.18213	0.01448	觸發博弈	0.0837587	0.1391729
9月	0	0	0	0	0	0	0	0	0	0	0	0	0	0	0	0	0.4	0.5	0	0	0	0	0	0	0.16081	0.00269	觸發博弈，未連續博弈	0.0230332	0.0495570
10月	1	0	0	0.25	0	0	0	0	0	0	0	0	0	0.2	0	0	0	0	0	0	0	0	0	0	0.15126	0.02205	觸發博弈，未連續博弈	0.0896777	0.0403313
11月	0	0	0	0	0	0	0	0	0	0	0	0	0	0	0	0	0	0	0	0	0	0	0	1	0.15075	0.01188	觸發博弈，未連續博弈	0.0249272	0.1805474
12月	0	0	0	0	0	0	0	0	0	0	0	0	0	0	0	0	0	0	0	0	0	0	0	0	0.15493	0.02295	未觸發	0.0650518	0.1753039
效率低的情況																													
1月	0	0	0	0	0	0	0	0	1	0	0	0	0	0	0	0	0	0	0	0	0	0	0	0	0.11711	0.04365		0.0238977	0.0094771
2月	0	0	0	0	0	0	0	0	1	0	0	0	0	1	0	0	0	0	0	0	0	0	0	1	0.11988	0.02243		0.0215691	0.0490503
3月	0	0	1	0	0	0	0	0	0	0	0	0	0	0	0	5	0	0	0	0	0	0	0	0	0.11345	0.02947	未連續博弈序列	0.1459088	0.1799366
4月	0	0	1	0	0	0	0	0	0	0	0	0	0	0	0	0	0	0	0	0	0	0	0	0	0.11633	0.03342		0.1720179	0.0447121
5月	0	0	0	0	0	0	0	0	0	0	0	1	0	0	0	0	0	0	0	3	0	0	0	0	0.11968	0.03721		0.0770612	0.1660256
6月	0	0	0.6	0	0	0	0	0	0	0	0	0	0	0	0	0	0	0	0	0	0	0	0	0	0.12695	0.02698		0.1523842	0.0485333
7月	1	0	0	0	0	0	0	0	0	0	0	0	0.5	0	0	0	0	0	0	0	0	0	0	0	0.15690	0.04393		0.1368569	0.0212937
8月	1	0	0.5	0	0	0	0	0	0	0	0	0	0	0	0	0	0.7	0	0	0	0	0	0	0	0.13647	0.04058		0.1261072	0.1411162
9月	0	0	0	0.1	0	0	0	0	0	0	0	0	0	0	0	0	0	0.5	0	0	0	0	0	0	0.11686	0.02941		0.0165965	0.0465929
10月	0	0	0	1.35	0	0	0	0	0	0	0	0	0	0	0	0	0	0	0	0	1	0	1	0	0.13677	0.03034		0.0822762	0.0405949
11月	0	0	0	0	0	0	0	0	0	0	0	0	0	0	0	0	0	0	0	0	0	0	0	0	0.11663	0.03509		0.0347745	0.1642243
12月	0	0	0	0	0	0	0	0	0	0	0	0.5	0	0	0	0	0	0	0	0	0	0	0	0	0.13545	0.02473		0.1744525	0.1614957
隨機對照組																													
1月	0	0.5	0	0	0	0	0	0	0	0	0	0	0	0	0	0	0	0	0	0	0	0	0	0	0.13368	0.01692	未博弈過程，全隨機，作為空白對照	0.0222040	0.1259543
2月	0	0	0	0	0	0	0	0	0	0	0	0	0	0	0	0	0	0	0	0	0	0	0	0	0.12543	0.02240		0.0224040	0.1255433
3月	0	0	0	0	0	0	0	0	0	0	0	0	0	0	0	0	0	0	0	0	0	0	0	0	0.12884	0.01902		0.0190234	0.0352143
4月	0	0	0	0	0	0	0	0	0	0	0	0	0	0	0	0	0	0	0	0	0	0	0	0	0.13177	0.03064		0.0190234	0.0306432
5月	0	0	0	0	0	0	0	0	0	0	0	0	0	0	0	0	0	0.5	0	0	0	0	0	0	0.11733	0.03314		0.0331423	0.0331423
6月	0	0	0	0	0	0	0	0	0	0	0	0	0	0	0	0	0	0	0	0	0	0	0	0	0.11804	0.02871		0.0287123	0.0287123
7月	0	0	0	0	0	0	0	0	0	0	0	0	0	0	0	0	0	0	0	0	0	0	0	0	0.12769	0.03013		0.0225543	0.0225543
8月	0	0	0	0	0	0	0	0	0	0	0	0	0	0	0	0	0	0	0	0	0	0	0	0	0.11859	0.02494		0.0249454	0.0249454
9月	0	0	0.5	0	0	0	0	0	0	0	0	0	0	0	0	0	0	0	0	0	0	0	0	0	0.11705	0.03025		0.0302532	0.0302532
10月	0	0	0	0	0	0	0	0	0	0	0	0	0	0	0	0	0	0	0	0	0	0	0	0	0.11707	0.02294			
11月	0	0	0	0	0	0	0	0	0	0	0	0	0	0	0	0	0	0	0	0	0	0	0	0	0.13297	0.01592			
12月	0	0	0	0	0	0	0	0	0	0	0	0	0	0	0	0	0	0	0	0	0	0	0	0					

附表2　受限政策模拟结果

	X11	X12	X13	X14	X15	Y11	Y12	Y13	Y14	Y15	Y16	Y17	Y18	Z101	Z102	Z103	Z104	Z105	Z106	Z107	Z108	Z109	Z110	Z111	welfare	cost		消费者剩余	企业剩余
效率高的情况																													
1月	0	0	0	0	0	0	0	0	0	0	0	0	0	0	0	0	0	0	0	0	0	0	0	0	0.147885	0.016871	未触发	0.077977	0.006313
2月	0	0.1	0	0	0	0	0	0	0	0	0	1	0	0	0	0	0	0	0	0	0	0	0	0	0.153718	0.011364	小环境博弈动作序列	0.01423	0.053398
3月	0	0	0	0	0	1	0	0	0	0	0	0	0	0	0	0	0	0	0	0	0	0	0	0	0.149572	0.00775	触发小概率，由社会	0.053128	0.085443
4月	0	0	0	0	0	0	0	0	0	0	0	0	3	0	0	0	0	0	0	0	0	0	0	0	0.164681	0.005043	福利达到局部高点事	0.076881	0.042002
5月	0	0	0	0	0	0	0	0	0	0	0	0	0	0	0	0	0	0	0	0	0	0	0	0	0.155504	0.021946	件票剑中断博弈	0.082499	0.115132
6月	0	0	0	0	0	0	0	0	0	0	0	0	0	0	0	0	0	0	0	0	0	0	0	0	0.154122	0.024836	未触发	0.100154	0.051151
7月	0	0	0	0	0	0	0	0	0	0	0	0	0	0	0	0	0	0	0	0	0	0	0	0	0.151084	0.015186	未触发	0.123882	0.030172
8月	0	0	0	0	0	0	0	0	0	0	0	0	0	0	0	0	0	0	0	0	0	0	0	0	0.151601	0.022657	未触发	0.062128	0.039103
9月	0	0	0	0	0	0	0	0	0	0,25	0	0	0	0	0	0	0.3	0	0	0	0	0	0	0	0.154071	0.023088	未触发	0.025113	0.059225
10月	1	0	0	0.25	0	0	0	0	0	0	0	0	1	0	0	0	0	0	0	2	0	0	0	0	0.148699	0.013529	触发	0.091592	0.032775
11月	0	0	0	0	0.2	0	0	0	2	0	0	0	0	0	0.2	0	0	0	0	0	0	0	0	0	0.152118	0.018077		0.038318	0.178507
12月	0	0	0	0	0	0	0	0	0	0	0	0	0	0	0	0	0	0	0	0	0	0	0	0	0.1571	0.017499	未触发	0.090104	0.16722
效率低的情况																													
1月	0	0	0	0	0	0	0	0	0	0	0	0	0	0	0	0	0	0	0	0	0	0	0	0	0.113364	0.013886		0.069625	0.032578
2月	0	0	0	0	0	0	0	1	1	0	0	0	0	0	0	0	0	0	0	1	0	0	0	0	0.125746	0.022807		0.015002	0.04794
3月	0	0	1	0	0	1	0	0	0	0	0	0	0	0	0	0	0	0	0	0	0	0	0	0	0.122375	0.009624		0.031697	0.137376
4月	0.4	0	0	0	0	0	0	0	0	0	0	0	0	0	0	0	0	0	0	2	0	0	0	0	0.121252	0.008795		0.053852	0.036352
5月	0	0	0	0	0	0	0	0	0	0	0	0	0	0	0	0	0	0	0	0	0	0	0	0	0.118341	0.009882		0.064925	0.116572
6月	0	0	0	0	0	0	0	0.5	0	0	0	0	0	0	0	0	0	0	0	0	0	0	0	0	0.113366	0.007991		0.059887	0.056091
7月	0	0	0.26	0	0	0	0	0	0	0	0	0	0	0	0	0	0	0	0	0	0	0	0	0	0.130113	0.012443	无连续博弈序列	0.041925	0.034505
8月	1	0	0	0	0	0	0	0	0	0	0	0	0	0	0	0	0.3	0	0	1	0	0	0	0	0.13037	0.009076		0.068364	0.122551
9月	0	0	0	0	0	0	0	0	0	0	0	0	0	0	0	0	0	0	0	0	0	0	0	0	0.119304	0.010854		0.020822	0.048512
10月	0	0	0	0.73	0	0	0	0	0	0	0	0	0	0	0	0	0	0	0	0	0	0	0	0	0.123158	0.013559		0.054191	0.042407
11月	0	0	0	0	0	0	0	0	0	0	0	0	0	0	0	0	0	0	0	0	0	0	0	0	0.131456	0.019498		0.013026	0.144533
12月	0	0	0	0	0	1	0	0	0	0	0	0.3	0	0	0	0	0	0	0	0	0	0	0	0	0.13495	0.010831		0.063658	0.126681
随机对照组																													
1月	0	0	0	0	0	0	0	0	0	0	0	0	0	0	0	0	0	0	0	0	0	0	0	0	0.155296	0.02328		0.145594	0.02453
2月	0	0	0	0	0	0	0	0	0	0	0	0	0	0	0	0	0	0	0	0	0	0	1	0	0.151857	0.019166			
3月	0	0	0	0	0	0	0	0	0	0	0	0	0	0	0	0	0	0	0	0	0	0	0	0	0.143413	0.00687			
4月	0	0	0	0	0	0	0	0	0	0	0	0	0	0	0	0	0	0	0	0	0	0	0	0	0.13953	0.025827			
5月	0	0	0	0	0	0	0	0	0	0	0	0	0	0	0	0	0	0	0	0	0	0	0	0	0.13864	0.019564	无博弈过程，全随		
6月	0	0	0	0	0	0	0	0.5	0	0	0	0	0	0	0	0	0	0	0	0	0	0	0	0	0.139436	0.013461	机，作为空白对照		
7月	0	0	0.5	0	0	0	0	0	0	0	0	0	0	0	0	0	0	0	0	0	0	0	0	0	0.142176	0.02137			
8月	0	0	0	0	0	0	0	0	0	0	0	0	0	0	0	0	0	0	0	0	0	0	0	0	0.136586	0.021321			
9月	0	0	0	0	0	0	0	0	0	0	0	0	0	0	0	0	0	0	0	0	0	0	0	0	0.139619	0.026334			
10月	0	0	0	0	0	0	0	0	0	0	0	0	0	0	0	0	0	0	0	0	0	0	0	0	0.141017	0.023802			
11月	0	0	0	0	0	0	0	0	0	0	0	0	0	0	0	0	0	0	0	0	0	0	0	0	0.144822	0.020405			

附圖1 社會福利擬合（月度）

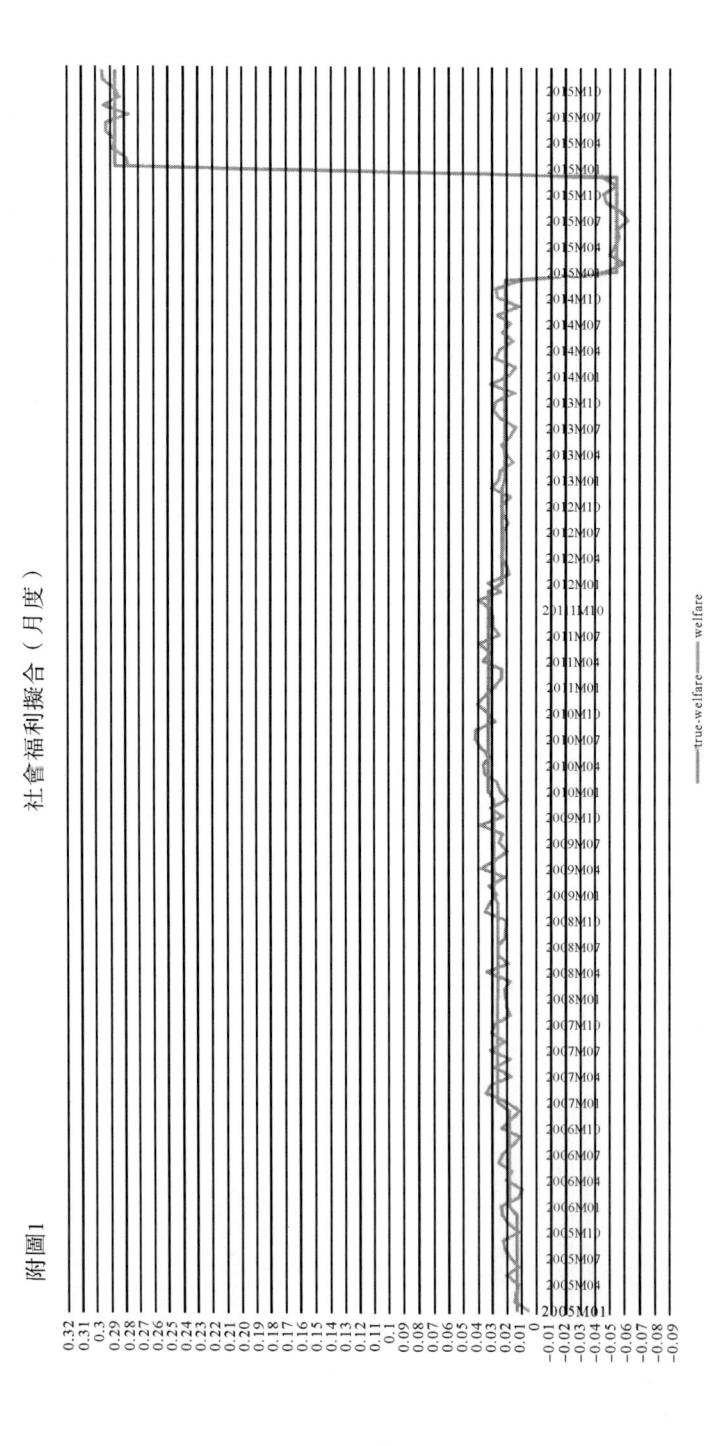

———true-welfare ———welfare

附圖2　社會成本擬合（月度）

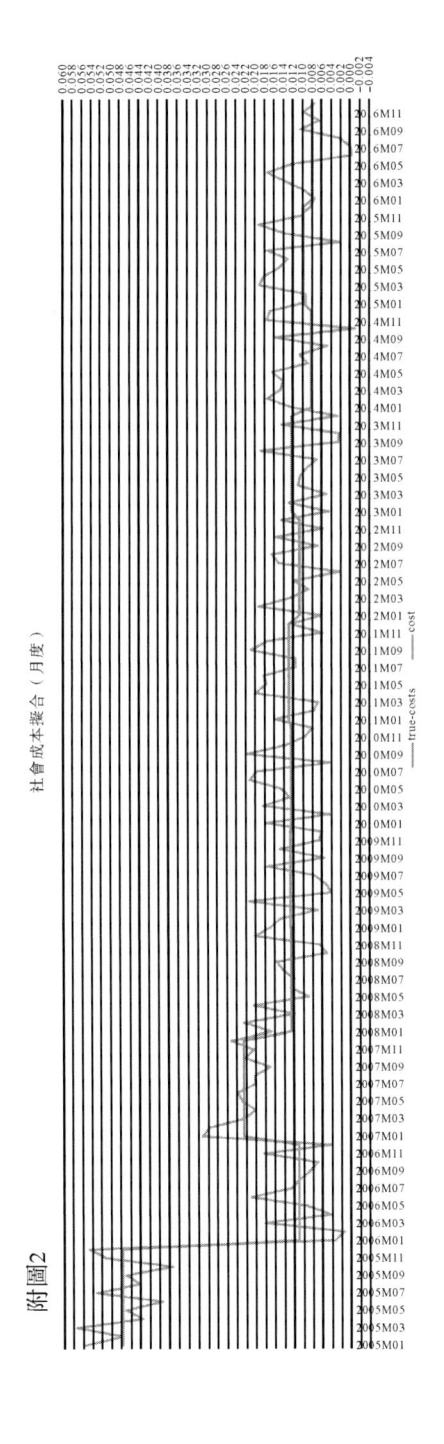

國家圖書館出版品預行編目（CIP）資料

政府、銀行和房地產的合作與衝突：基於動態博弈視角的房價調控均衡政策探索研究 / 劉暢著. -- 第一版. -- 臺北市：財經錢線文化, 2020.05
　　面；　公分
POD版

ISBN 978-957-680-410-6(平裝)

1.不動產業

554.89　　　　　109005517

書　　名：政府、銀行和房地產的合作與衝突：基於動態博弈視角的房價調控均衡政策探索研究
作　　者：劉暢 著
發 行 人：黃振庭
出 版 者：財經錢線文化事業有限公司
發 行 者：財經錢線文化事業有限公司
E - m a i l：sonbookservice@gmail.com
粉 絲 頁：　　　　網　址：
地　　址：台北市中正區重慶南路一段六十一號八樓815室
8F.-815, No.61, Sec. 1, Chongqing S. Rd., Zhongzheng Dist., Taipei City 100, Taiwan (R.O.C.)
電　　話：(02)2370-3310　傳　真：(02) 2388-1990
總 經 銷：紅螞蟻圖書有限公司
地　　址：台北市內湖區舊宗路二段 121 巷 19 號
電　　話：02-2795-3656　傳真:02-2795-4100　　網址：
印　　刷：京峯彩色印刷有限公司（京峰數位）

本書版權為西南財經大學出版社所有授權崧博出版事業股份有限公司獨家發行電子書及繁體書繁體字版。若有其他相關權利及授權需求請與本公司聯繫。

定　　價：450 元
發行日期：2020 年 05 月第一版

◎ 本書以 POD 印製發行